主编 姜丽萍

汉语国际教育研究论集

❖❖❖ 教学卷 ❖❖❖

商务印书馆
The Commercial Press

图书在版编目(CIP)数据

汉语国际教育研究论集.教学卷/姜丽萍主编.—北京：商务印书馆，2021（2023.4重印）
ISBN 978-7-100-19273-6

Ⅰ.①汉… Ⅱ.①姜… Ⅲ.①汉语—对外汉语教学—教学研究—文集 Ⅳ.①H195.3-53

中国版本图书馆CIP数据核字(2020)第257264号

权利保留，侵权必究。

汉语国际教育研究论集·教学卷
姜丽萍 主编

商 务 印 书 馆 出 版
（北京王府井大街36号 邮政编码 100710）
商 务 印 书 馆 发 行
北京虎彩文化传播有限公司印刷
ISBN 978-7-100-19273-6

2021年6月第1版　　开本 880×1230 1/32
2023年4月北京第2次印刷　印张 12½
定价：76.00元

《汉语国际教育研究论集》编委会

主　任：崔希亮

委　员：姜丽萍　梁彦民　吴应辉

　　　　张　博　郑艳群

《汉语国际教育研究论集·教学卷》

主　编：姜丽萍

副主编：李　荷　张　辉

目 录

"结构—功能—文化相结合"的汉语教学理念再思考··· 刘　珣　　1

汉语作为第二语言教学语法：格局＋碎片化·········· 赵金铭　21

关于创造型对外汉语教学与创造式汉语学习的思考······ 鲁健骥　39

试说"北语模式"······································ 崔永华　52

汉语进修教育教学模式的继承与发展·················· 张　辉　64

基于后方法理论的"汉字—词汇"二元动态
　　教学模式探索······················· 郭修敏　刘长征　82

翻转课堂"三步十环节"班级教学模式构建探索
　　——以商务汉语翻转学习为例··················· 沈庶英　93

任务型高级汉语综合课教学
　　——以人物专访为例··························· 于天昱　113

任务型口语课堂汉语学习者协商互动研究············ 赵　雷　130

互动式动态评估应用于汉语口语教学口试初探········ 种一凡　158

留学生课外汉语分级阅读框架体系建设构想
　　——以经贸类材料为例························· 王鸿滨　183

基于反馈的留学生汉语多稿写作教学行动研究········ 莫　丹　201

汉语朗读教学的必要性与教学策略……………………赵　菁　224

句法操作在初级汉语语法教学导入环节中的应用………韩玉国　238

基于案例观察的语法教学失误分析……………………苏英霞　251

美国大学生汉语学习动机与成绩的相关分析
　　——以美国哥伦比亚大学学生为例………………张　莉　268

汉语教材编写的继承、发展与创新……………………姜丽萍　281

对外汉语教材中练习的目标与方法……………………聂　丹　298

海外汉语教师的知与能…………………………………崔希亮　317

汉语国际教育专业人才培养的现状、问题和发展方向…施家炜　333

"明德模式"之汉教硕士培养……………………………杨玉玲　342

汉语语音教学中教师策略性知识的发展研究…………严　彦　356

对外汉语教师教学效能感、职业倦怠及其关系研究……郭　睿　373

"结构—功能—文化相结合"的汉语教学理念再思考*

刘 珣

一、引言

新中国的对外汉语教学已有六十多年历史，进入汉语加快走向世界的新时期也已八九年了，要问起我们所主张的汉语作为第二语言教学的教学理念是什么，在这交际法、任务型教学法盛行的时代，我们所认同的对外汉语教学法又是什么，这个问题其实早有答案。

20 世纪 80 年代初就有很多文章开始进行这方面的研究，1988 年出版的中国对外汉语教学学会汉语水平等级标准研究小组研制的《汉语水平等级标准和等级大纲（试行）》中，就明确提出了"结构—功能—文化相结合"的教学原则。"大纲"中说："三十年来，对外汉语教学在继承传统和不断吸取各种教学法长处的基础上，正在形成富有中国特点的教学法体系，向结构—功能—文化相结合的道路上前进。"90 年代，学界曾展开过热烈的

---

* 原文发表于《国际汉语教学研究》2014 年第 2 期。

讨论。当时的论文中，已经用"教学路子的共识""主导教学法体系"等来称述这一中国特色的汉语教学法。更为重要的是，在实际的课堂教学中，我们大多数学校和教师也一直是按此理念实践的。可是近十多年来，在海内外汉语教学大发展、汉语国际教育本科专业和研究生专业如雨后春笋般地涌现、每年都要为新入行的教师或志愿者开办至少几十个培训班的新形势下，对这样一个事关一线教学、事关人才培养和学科建设、既重要也迫切需要、既是理论也是实践的问题，除了个别文章有所涉及外，相关的研究成果却很少看到，以致至今仍缺乏对我们所主张的这一"主导教学法体系"专门的、全面的、系统的理论阐述，一些年轻的同行们也许对它还闻所未闻。

本文想在第二语言教学的大背景下，结合个人这些年来对这个问题的思考，特别是在《新实用汉语课本》等教材的编写中对它的实践体验，再次提出这个问题，求教于关心教学理论和教学方法研究的同行。

二、重视第二语言教学的一般规律

对外汉语教学作为整个第二语言教学的一个组成部分，必然体现第二语言教学的共性，也应该与世界第二语言教学相接轨。特别是居于第二语言教学领先地位的英语教学的经验和研究成果，非常值得我们重视和借鉴。第二语言教学的一般规律，原则上也适用于对外汉语教学。

2.1 第二语言教学的新理念

第二语言教学的专家们提出过很多新的理念。本文认为其中

最重要的、适合于汉语教学的,主要是以下几点:

培养交际能力——第二语言学习的根本目的是为了交际,要培养学习者综合运用语言的能力,特别是跨文化交际能力,而不是仅仅掌握语言知识。

强调互动运用——语言是一种能力,能力就需要在"用中学",学了才能用;讲只能讲懂,练才能练会。

重视认知规律——语言与思维密切相关,互相促进;语言学习是认知活动,是智力活动。特别是对逻辑思维能力强的成人学习者,必须强调以理解为基础,重视语言规则的掌握。

体认多元文化——了解目的语文化才能得体地运用目的语;通过文化对比,才能更好地认识母文化,增强多元文化意识。

突出学生主体——语言学习是否成功,主要取决于学习者本身,特别是他的动机、态度和学习策略。

2.2 要研究第二语言教学理论的新发展及其对对外汉语教学的启示

西方学者们提出的新教学理论很多。本文认为用来诠释学生如何学习的"社会建构主义理论"和用来诠释什么是教师教学的"后方法理论"是非常值得我们关注的两个理论。

社会建构主义理论强调知识不是由外部灌输的,而是由学习者在原有经验的基础上对当前事物加以主动理解而自己建构的。只有主体自我建构的知识,才能真正得到内化。而个人对知识的建构,又必须借助于外界的环境,发生在与他人的交往(合作、磋商、调整、修正)当中,是社会互动的结果。社会建构主义的学习观突出了学习者的主体作用,强调了主体的活动、认知、情感的重要性。

后方法理论认为语言教学已经从"方法时代"转向"后方法时代"。以往的教学法是专家们由上而下建立起来的理论模式，不能适应复杂多变的、特定的教学环境；实际上也根本不可能找到放之四海而皆准、解决一切问题的所谓最佳的教学方法。后方法理论不是不要方法，而是要求教师针对自己的教学实际，自主地运用、开发适用的教学方法。这样，教师就不仅是教学理论和教学方法的实践者、消费者，也是教学理论和教学方法的研究者、探索者，要把自己的教学经验理论化，从宏观上掌握教学理论和教学法发展的趋势。

除了这两个理论外，对我们具有较大启发意义的还有美国提出的《21世纪外语学习标准》和欧洲提出的《欧洲语言共同参考框架》。美国的外语学习"5C"标准，包括运用目的语进行交际、体认多元文化、贯连其他学科、比较语言和文化特性、运用于国内外多元文化社区等五个目标和语言沟通、理解诠释、表达演示等三种交际模式，已成为美国外语教学和教材编写的"宪章"，也为国际第二语言教学界广为接受。欧洲的《欧洲语言共同参考框架》详细列举了外语学习者具备有效的言语行为所必须掌握的知识、能力和文化因素，就外语教学目标、教学内容和教学方法做了明确的描述，为外语水平规定了详细的等级标准。这些对我们的汉语教学都有很高的参考价值。

2.3 把握好新教学理念的"度"，不走极端

人们常说，真理再往前跨越半步也许就成了谬误。一些本来很好的新教学理念，如果强调过度，甚至推向极端，就可能走向反面。这样的例子在第二语言教学史上也屡见不鲜。

2.3.1 学生与教师

"以学生为中心"是针对以往存在过的由教师主宰一切、包办一切，只管教而不管学生的学，让学生死读书、读死书的教学状况而提出的革命性的口号，目的是为了强调学习的主体是学生，要实现成功而有效的教学，必须激发起学生主动学习的精神，必须提倡启发式地教、创造性地学。这是正确的解读。但如果把它理解为应由学生来决定一切，包括教学内容、教学方法、教学进度，让学生牵着教师的鼻子走，教师完全放弃"传道、授业、解惑"的使命，在一旁仅消极地充当"被咨询者"，这就有点过了"度"。毕竟教师比学生懂得多一点，懂得早一点，是给学生引路的；学生既来跟老师学习，就不同于个人自学，就要发挥教师的指导作用。所以在"以学生为中心"或"以学生为主体"的后面，我们觉得还要再加一句"以教师为主导"才比较全面。

在"以学生为中心"的原则下，有的理论或教学法提出，教师纠正学生的偏误会打击学生的积极性；学生不能受到一点压力，不能有一点焦虑；课堂上不能有反复的操练，教学内容必须像听相声那么有趣，让学生轻轻松松、快快乐乐地学习，等等。这些要求都没有错，有的也确实是针对旧教学法的弊端提出的。但把它强调过度，或只强调这一面，就会出现另一方面的问题了：学生真的就脆弱到听不得教师对他错误的指正？有哪一个人的新知识和能力不是通过反复的"尝试—改正"的模式而获得的？世界上有哪门知识、专业或技术是在没有一点压力和焦虑的情况下，快快乐乐、轻而易举地掌握的？学芭蕾舞、学声乐、学演奏、学打球、学武术，哪样不需要反复操练、勤学苦练，甚至包括机械性的操练？唯独学语言就能是个例外？

2.3.2 "用"与"学"

"用中学"是针对语言是一种能力、学习语言是为了运用而提出的。能力确实只有在运用中学,边用边学才能学会,学了以后才能用。但学习一种第二语言,毕竟不同于学游泳或学骑自行车,因为语言同时又是知识,语言包含着文化。在用中学语言,不能只强调"用"而忽视了"学"。从长远来看,现在的"学"固然是为了将来的"用";但就学习阶段而言,现在的"用"却是为了当前更好地"学",是为现在的"学"服务的。课堂上的"用"和课堂上的"交际"一样,虽然要求逼真,但怎么也难以达到生活中真实的"用"或"交际"的程度;课堂上的"用"也是有限的,不可能让你试遍未来可能"用"到的所有情况。因此,课堂上每解决一个问题,完成一项任务,不仅是让学生就事论事地学会解决该问题、完成该任务,重要的还是学生从中"学(领悟)"到了什么。"用中学"的中心词还是"学",而"学"的关键则是是否掌握了语言的规律和语言使用的规律、能举一反三解决类似的新问题。

2.3.3 成人与语法

成人第二语言学习虽然也有"不经意"习得的部分,但大多数教师和学者们都认为,与儿童早期"无意识"习得母语不同,主要还是以理解为基础、注重掌握语言规律的认知活动。成人在目的语的学习时间上、接触目的语的机会上都受到很大的限制,一般说来只能用较短的时间、速成的方式先学一些急用的、不那么复杂的而且是比较规范的句子,获得目的语的概貌,留待以后再逐步地加以丰富。这是一个由整体到局部、由粗到细的过程。怎样才能做到短期速成呢?幸亏我们的前辈学者能从一种语言的无限的话语中归纳出有限的主要规则（语法）来，让人们通过学习这些有限的主要规则，举一反三，在较短的时间里就能掌握该语言的主要表达方式，而不需要一句一句地"学遍"可能产生的"所有"言语。这本是人类学习方法的一大进步，排斥或不重视语法教学，实在是令人难以理解的。

也正因为成人采用的是（通过一定的大纲和教材）人为的、设计好的、有选择的学习，这就跟儿童的自然的习得不一样。用来学习的语言材料，当然必须是真实的、自然的，但同时又必须有典型性、规范性，有利于学习目的语的主要表达方式，有利于迅速获得目的语的概貌。否则，再自然、再真实的语言（比如，买公共汽车票时，乘客常用的口语"两个颐和园"），也不宜在初始阶段就学。也就是说，开始学习的阶段，对语言的真实性和自然性的强调也得有个"度"。

对时新的教学理论，需要有正确的解读，需要多点辩证法，更需要有自己的思考。不过，应当承认当前我们的主要问题还是对第二语言教学的一般规律研究不够，对西方第二语言教学新的研究成果了解不多，需要更多地强调研究西方语言教学法特别是英语教学法的新发展，以获得借鉴。

三、研究和探索汉语教学的特殊规律

上述第二语言教学的一般规律，体现了第二语言教学的共性，对我们汉语教学同样有指导意义。但我们还必须看到汉语教学的特殊性。汉语本身的特点使得汉语教学具有与其他很多第二语言教学不同的特殊规律。

汉语一直被认为是世界上最难学的外语之一，美国国防语言学院把汉语列为对美国学生来说最难学的第四类语言。原因在于，属于汉藏语系的汉语与绝大多数学习者的母语，不论是印欧语系的还是阿尔泰语系的，甚至包括目前学汉语人数最多的学习者的母语——日语和韩国语等语言的谱系关系，都相距很远。以英语为母语的学习者为例，与同属于印欧语系的"亲属语言"相比，汉语对他们来说是一门"真正的外语"（Walton，1989）。美国和澳大利亚的学者们研究认为，达到同样的水平，学汉语所需的时间是学习德、意、西、葡语等"亲属语言"的三倍多。应该说"汉语难"是客观存在。作为一名对外汉语教师，我们需要正视"汉语难"的现实，客观地、科学地分析汉语难在哪里，以及如何化解它。

3.1 汉语作为第二语言的特点和"汉语难"

把任何一种语言作为母语来习得，无所谓难易；但作为第二语言来学习，由于两种语言谱系关系的远近和目的语本身的特点，确实存在容易学和难学的情况。特别是初学阶段由于受到母语的迁移作用，目的语和母语之间的差异就成了学习过程中的难点。一般说来，差异越大，学习这种语言的难度就越高。

"汉语难"首先体现在语言的结构方面。特别是以语序和虚词作为主要的语法手段、词类和句法成分不一一对应、常用"意合法"组织句子的汉语，对于习惯于以词的形态变化为母语语法手段的众多的学习者来说，感到很难把握。他们在学习同样是以词的形态变化为特征的"亲属语言"时，母语有关性、数、格、时、态、体变化的知识，能对他们学习目的语产生"正迁移"（至少提个醒）的作用；而对学习汉语则可能产生"负迁移"的作用。

一个典型的例子就是学了助词"了"以后，他们很容易把它理解为过去时的标志而加以泛化。在词汇方面，跟我们有较紧密文化联系的周边国家和民族的语言中，可能会有一些发音相同或接近的词汇，给他们的汉语学习带来一些"便利"。但对世界大多数国家的汉语学习者来说，要通过汉语中的"外来词"来减轻词汇学习的负担，机会是不多的。即使能碰到也未必能提供帮助。比如，英语为母语的学习者，就很难把"啤酒"和"beer"联系起来。

汉语特殊的书写系统——汉字，已被公认为学习汉语的最大难点。其实汉字的结构还是有规律可循的。掌握数百个常用汉字后，通过部件组合、形声结构等有关知识，再学习新汉字就容易多了。比汉字更难的是汉语声调的掌握。汉语每个音节（汉字）都有自己的声调，而声调与音节的关系可以说毫无理据性，完全凭记忆。达到汉语中级水平如果要求掌握五千词，就得记住约一万左右的声调（还不算变调），这绝不是一项很轻松的学习任务。即使是以汉语为母语者，我们碰到不会念声调的词语，查一遍字典也未必能记住。

除了汉语结构方面的特点、难点外，"汉语难"还表现在由于东西方习俗、文化的较大差异，对理解和使用汉语所造成的困难。西方学习者在学习汉语结构的同时，还需要学习他们所不熟悉的大量的汉语语用规则和社会文化规范，这也成为掌握和运用汉语"难"的一个方面。

对于具有这些特点和难点的目的语，显然不能和学习"亲属语言"同等对待。学亲属语言，可以重意义而轻形式；学汉语，忽视结构的教学则可能带来灾难性的后果。主要以教授"亲属语言"为基础的西方第二语言教学理论和教学方法,可能非常适用于西方语言的教学,但不一定完全符合汉语教学的规律,不能全盘照搬。汉语教学主要只能由中国和世界各国从事汉语教学和研究的教师和学者们,在了解世界第二语言教学的一般规律的基础上,从汉语的特点出发,在实践中探讨汉语教学的特殊规律,研究汉语教学的特殊方法,解决汉语教学中的特殊问题,自己探索一条教这一"真正外语"的路子。

3.2 汉语教学法的争论和汉语教学的现状

正因为汉语存在上述特点,对汉语教学该采用何种方法,海内外一直有着不同的看法。以海外汉语教学的重镇美国为例,围绕如何教汉语的问题,至少从20世纪80年代初的"proficiency movement"开始,就一直存在着争论。而争论的核心,就是重"功能"还是重"结构"。美国作为世界英语教学的研究基地和许多第二语言新教学理论和新教学法的策源地,一些中文教师和研究者主张汉语教学应该走西方语言教学的路子,完全采用交际法和任务法。代表人物是夏威夷大学的任友梅(2003:32—39)教授等。任友梅在20世纪90年代初编写了一套供中学用的交际法汉语教材《汉语交际》(耶鲁大学远东出版社1994年出版),最近又主编了任务法汉语教材《环球汉语》(华语教学出版社2012年出版),竭力推介交际法和任务法。她在《二十一世纪初美国国内的汉语教材漫谈》一文中,曾批评美国的中文教学界"更倾向于保守""固守词汇语法原则",只是"为了好看,撒胡椒面一样地加点功能性练习,算是对第二语言习得的新成果有个交代"。她主张用任务式教学法取代传统的课程内容,因为她认为"纯粹的形式练习不能获得运用这些形式的能力,形式只有在任务式练习中学得最快"。以普林斯顿大学的周质平（2004：41—44）教授为代表的另一派则主张以听说为主的操练法，他在《美国汉语教学的隐忧》一文中所列举的"隐忧"，恰恰主要是指强调语言功能教学和强调运用多媒体科技手段等。他认为80年代的"proficiency""是一场噩梦"，"人人都教饭店菜单、火车时刻表、报纸广告"，其结果是"很多学生在这场噩梦中学了一口极不 proficient 的中文"。他认为在师资培训中，不讲如何教语音，也不讲如何教语法，而只是讲一些关于"student-centered""classroom activities"之类的高谈阔论，"这样的师资培训是误导教师，这样的课堂活动是摧残学生"。他把这一切都归因于"中文教学努力迎合西方外语教学法"，是"洋理论"对中文教学的"冲击"。在具体教学法上，他强调首先必须让学生掌握句子结构，"首先要说对""不能用流利代替正确性"。他认为语言结构的教学必须以操练为主。

两派观点针锋相对，其实质也还是汉语教学界的"功能派"与"结构派"之争。其实，在第二语言教学的历史上，"结构"与"功能"之争一直存在，不仅限于汉语教学。在西方语言教学中，有重语言形式和重语言意义两种不同的教学途径。前者是以语法翻译法和听说法为代表的传统的结构主义教学法，后者是以交际法和任务型教学法为代表的作为当前西方语言教学法主流的功能主义教学法。两种不同教学途径的教学理念一直针锋相对。这一争论似乎也延伸到功能主义教学法内部：主张以功能为纲、不强调语法教学和语言正确性的交际法。近年来学者们也对已有的理念进行反思、争议和调整。正如 J. C. Richards 所指出的，这种调整表现为一是教学重点回归语法，二是语言表达的流畅性与正确性并提。作为交际法新发展的任务型教学法，放弃了交际法的一些极端化做法，在以内容为中心的前提下，比较关注语言形式的教学。我国英语教学界的同行们在引进任务型教学法时也提出防止过分追求任务的"热闹"，而忽视基本语言知识和语言技能的掌握。

而俄罗斯的第二语言教学又与欧美的教学理念不一样，自成一派。在苏联自觉实践法的影响下，俄罗斯汉语教学特别重视语言学理论的指导，强调首先要理解语法，然后通过大量的实践来掌握语言。在教材中对目的语和母语的语法要做十分详尽的分析与比较。

总的来看，汉语教学法的现状是怎样的呢？经过调查了解，我们发现，到目前为止，即使在交际法、任务法的策源地和中心——欧美国家，这两种方法在各西方语言的教学中已取得无可争议、几乎"一统天下"的地位时，纯的、经典的交际法和任务法在成人、专业性汉语教学方面，至今似未成为主流；这里的汉语教学实际走着一条与西方其他第二语言教学不完全一致的路子：强调以掌握结构为基础，重视语法的讲解和句式的操练；同时也汲取了交际法、任务法的一些新元素，呈综合化的趋势。我们所知道的美国著名的明德模式、普林斯顿北京班、哈佛北京书院、哥伦比亚北京暑期中文项目等，汉语教学的路子无不如此。将这一结论用于世界其他各地的成人汉语教学，相信也不会失之武断。但在少年儿童的汉语教学中，以任务、活动、游戏为特征的汉语教学，显示了很大的优越性，正迅速地发展。

四、"结构—功能—文化相结合"的综合法

借鉴第二语言教学的一般规律,研究汉语教学的特殊规律,都是为了进一步阐明我们的"结构—功能—文化相结合"的教学理念,完善我们的"结构—功能—文化相结合"的综合法。

4.1 对教学法理念和方法的思考

在现代语言教学一百多年历史上,第二语言教学出现过数十种教学法,流派纷呈,百花竞放,各领风骚十几年、几十年,为提高我们对第二语言教学规律的认识和提高教学效率做出了贡献。但同时也要看到,教学法流派之争常常是强调一点,不及其余;有时甚至标新立异,推向极端;或者在两个极端之间跳来跳去(如听说法主张对学生严纠错而交际法则不纠错的两种极端做法)。

以上述对待结构与功能的关系为例,第二语言教学法史上常常把两者对立起来:结构主义教学法只重视语言结构教学,不注重培养语言运用能力;功能主义教学法(特别是交际法)重视了语言功能,又不重视语言结构的教学,不要求语言表达的准确性,两者均难以适应作为"真正外语"的汉语的教学。

解决这个问题,也许需要求助于中国文化,运用中国式的思维方法——充分考虑到各方面的因素,不走极端,找一个平衡点。

我们认为,结构主义教学法有其长处:它强调通过规则来掌握语言的结构,通过反复操练达到熟练反应的程度。教学安排中,每课学几个句式和语法点非常清楚,符合成年人的学习习惯和规律,尤其适合学习那些在语言结构上与母语差别较大的目的语。

这些长处没有必要把它扔掉。但其缺点是掌握结构以后没能强调很好地运用到交际之中，结构的学习也就失去了目的和意义。功能主义教学法强调运用，这正是语言学习的根本目的。它重视语言和情境的真实性和实用性，也是非常必要的。但它又过于忽视作为运用前提的语言结构的学习，这就难以达到正确运用的目的。特别是像汉语这样对大多数学习者来说有着比较陌生的语法、文化和难学的声调等，不通过一定的准备和训练，包括语言结构的操练，就能轻而易举地运用，是不太现实的。按照中国人的思路，我们可以在结构与功能之间找一个平衡点，把两者结合起来，发挥各自的优势，既保留了我们传统结构法的长处，又汲取了西方功能法的优点。而且，今天时代又要求把文化作为第二语言学习的主要目标之一结合到教学中，这就需要进一步加强文化的教学。

大部分中国大陆学者主张：对外汉语教学要恰当地处理结构、功能和文化的关系，并使三者很好地结合起来。结构、功能和文化是对外汉语教学的三个主要内容，而三者的完美结合，不要以结构来拒绝功能，也不要因功能而放弃结构，同时还要重视文化的体现，这就是我们所主张的教学理念和教学法。

4.2 对外汉语教学法的探索之路

"结构—功能—文化相结合"的综合法，是以北京语言大学为代表的中国对外汉语教学界半个多世纪以来在汉语教学法探索的道路上逐渐形成的。

六十多年来，我国对外汉语教学大体上经历了三个时期：从 20 世纪 50 年代到 70 年代的结构法时期；80 年代到 90 年代的"结构—功能—文化相结合"时期；21 世纪初进入以化解"汉语难"、完善汉语教学法体系为中心的新时期。

对外汉语教学从一开始就注意研究汉语的特点和汉语教学的特殊规律。既没有自我封闭，拒绝了解和借鉴西方教学法，也没有盲目跟随，全盘照搬，而是较好地做到从汉语的特点出发，创造性地汲取西方第二语言教学的研究成果，摈弃其不利于汉语学习的做法，逐渐形成适合汉语特点和教学规律的一套理论和方法。像20世纪50年代对外汉语教学受语法翻译法影响较大，以语法为纲，但我们并未引导学生死钻语法知识，而是强调通过大量练习在实践中掌握语法规则，并逐步减少对母语翻译的依赖。六七十年代受到直接法、听说法很大的影响，句型操练成为主要教学手段，但我们在强调"练"的同时仍注意对语法规则的总结。80年代，功能法传入我国，我们汲取了它的优点，引进了功能的教学，但没有抛弃自己的传统——适合汉语特点的结构教学，在继承我们特别擅长的汉语结构教学传统的基础上，提出了"结构与功能相结合"。80年代发表了不少论述"两结合"的文章。在90年代的"文化热"中，我们借鉴了西方有关语言文化的理论，就文化问题展开过热烈的讨论，从而进入"三结合"时期。

"结构—功能—文化相结合"的综合法，一方面汲取了交际法、任务法的主要优点：强调培养交际能力的目标；强调调动学习者的主动性；强调教学内容的真实性和实用性；强调课堂的活动和互动，包括最高的任务式的活动。同时，从汉语教学的特点出发，又继承了语法翻译法和听说法的主要优点：强调以语言结构的教学为基础；强调认知和掌握语言规律的重要性；强调（特别是基础阶段）必要的操练以获得正确性。

4.3 结构、功能、文化的界定和三者的关系

语言的"结构"，指语言的形式，或者说语音、词汇、句子、

语段等的构成规则，特别是语法规则。语言的"功能"，指用语言做事，即语言在一定的情境中所能完成的交际任务。而将交际任务按内容归类，就形成了话题。因此，我们所说的"功能"部分，还包括情境和话题。语言中的"文化"，首先指正确、得体地运用语言所必须遵守的目的语国家的风俗习惯、语用规则和社会文化规范等（常用"语言的文化因素"表示）；也指语言所反映的目的语国家的基本国情和一般社会文化知识（至于系统的历史、文学、哲学、政治、经济等文化知识，不在语言教学的范围之内）。

如何来处理结构、功能、文化三者的关系？结构是形式，是基础；功能是目的，是导向；文化是内容，是条件。在这"三结合"中，结构是正确地运用语言的基础，功能是有效地运用语言的目的，文化是得体地运用语言的条件。处理三者的关系，既是"结合"，就需要水乳交融、互相渗透；又因为三者各有自己的大纲，就应该体现"兼顾"的原则，这就需要巧妙地安排与平衡。而三者在教学中的分量，又是随着不同的学习者、不同的学习目的和不同的学习阶段而灵活变化的。简单说来，越是初级阶段，学习结构的比重越大；越到高级阶段，文化的比重越大。

4.3.1 结构是基础

这是结构—功能—文化相结合的综合法与功能主义教学法最大的区别。

（1）不掌握一定的语言结构，谈不上语言的运用。通过语言结构的学习，可以在较短的时间内了解或掌握某语言的基本表达方式和它的概貌。

（2）有限的语言规则可以生成无限的话语，任何一种语言的基本规则都是可以归纳的，人们对语言结构的研究已取得了较多的成果。

(3) 语言习得是一种认知活动，是内化语言规则系统的过程。人类特别是成人，有逻辑思维的能力，在学习过程中不可能不对复杂的语言现象进行分析、综合、归纳的理性思考。

(4) 从语言类型学考虑，汉语的结构有更多的特殊性，与大多数学习者的母语距离较远，难于掌握，更需要重视结构的教与学。

如何科学地安排结构（主要指语言点）的教学？

首先，结构的安排要结合功能的需要；要突出难点，要照顾到语法点之间的依存关系；要采用螺旋式编排，有规律地重现；教学过程要体现精讲多练，尽可能结合情境，加强练习。

特别重要的是，要根据学习者的特点、学习目的和学习程度的不同，分别采用显性或隐性的方式进行结构教学。对成年人、专业学习者、较高水平的学习者，可以采用演绎法或归纳法，显性地进行语言结构的教学，让学习者在大量实践的基础上，有意识地掌握语言结构规则；对儿童、非专业学习者，教师、教材对每课结构教学的重点（作为暗线），要心中有数；而课堂教学则避免对规则显性地讲解或操练，主要通过大量的活动让学习者获得正确使用语言的能力。

4.3.2 功能是导向

学会语言结构是为了交际和运用，掌握功能才是习得第二语言的根本目的和方向。离开了功能，结构的学习没有意义；结构也只有在功能所要求和提供的情境、内容中才能掌握。

如何安排话题和功能的教学？

首先从学习者的需要出发，并参照有关教学大纲的规定，确定话题和功能；同时也要兼顾语言点难易，取得两者的平衡；每课话题要相对集中，强调符合学习者的需要；对功能项目同样也要做螺旋式安排。

4.3.3 文化是条件

结构是语言的形式，文化则是语言的内容；文化同时制约语言的运用，是正确、得体地运用语言的必备条件。了解目的语国家的文化，增强多元文化的观念，又是第二语言学习的重要目的。

如何安排文化点的教学？

初级阶段（主要通过课文中的对话）以介绍紧密结合语言运用的语言文化因素为主；中高级阶段（主要通过课文）逐步介绍基本国情和一般社会文化知识。教材内容应重点介绍目的语文化，适当对比，有可能体现一定的母语文化。课文内容、情境设置应尽可能反映目的语国情文化。辅之以每课课后用媒介语介绍的文化专题。

文化教学重要的是要研究如何提高呈现技巧，让学习者乐于接受。至少要做到两点：了解学生对什么感兴趣；不要使用宣传的口吻。

4.4 "结构—功能—文化相结合"应体现的十大元素

在后方法时代，方法可以自行选择，比具体的教学方法更为重要的是指导语言教学的原则。总结我们自己的经验，参照世界第二语言教学发展的新趋势，我们提出下列十大元素，希望能概括国内外提出的最为重要的教学原则：

能力　主体　运用　认知　比较
输入　输出　策略　情感　技术

4.5 "结构—功能—文化相结合"课堂教学的一种模式

不同的教学流派有不同的课堂教学模式,各有其特色。但我们认为,就学生的课堂学习而论,"展示、操练、表达"模式,还是比较全面、务实、靠谱。在此基础上,我们吸收功能主义教学法的一些创新做法,提出下列课堂或教材的教学设计的建议:

(1) 根据学生的需求,提出明确的学习目标,引起学习的兴趣;

(2) 热身,激活学生原有的知识,温故而知新,导入新课;

(3) 展示新课内容,包括处理课文、生词及对语言点和文化点的适当讲解;

(4) 对新语言点进行操练(不排除机械性操练),达到熟练掌握语言结构的程度;

(5) 结合本课功能和话题进行有情境的、有意义的双人或小组活动,并根据因材施教的原则,提供拓展性学习;

(6) 综合运用所学知识和所获能力,以小组形式进行接近生活实际的交际性、任务型活动;

(7) 自我测评,总结学习收获。

"结构—功能—文化相结合"是根据我们长期的教学实践总结出来的汉语教学的理念,也是大多数对外汉语教师和学者所主张的或实际上在使用的具有中国特色的汉语教学法,它体现了汉语的特点和汉语教学规律,也符合第二语言教学发展的总趋势。这一理念和方法,已为越来越多的海外汉语教学工作者所赞同。

但"结构—功能—文化相结合"又绝不是汉语教学唯一的方法。教学和学习理论的研究是无止境的,社会对第二语言教学的要求是在不断发展的,学习者的特点和需求更是多种多样的。因此,汉语教学理念和方法的探索总是有无限的空间,我们期待进行不同教学法的探索,包括把交际法、任务法更多地引入汉语教学中来。

但无论如何探索,都必须从汉语教学的特点出发。

参考文献

[1] 欧洲理事会文化合作教育委员会(2008)《欧洲语言共同参考框架:学习、教学、评估》,刘骏、傅荣主译,北京:外语教学与研究出版社。
[2] 任友梅(2003)二十一世纪初美国国内的汉语教材漫谈,杨双扬译,《国外汉语教学动态》第3期。
[3] 中国对外汉语教学学会汉语水平等级标准研究小组(1988)《汉语水平等级标准和等级大纲(试行)》,北京:北京语言学院出版社。
[4] 周质平(2004)美国汉语教学的隐忧,《国外汉语教学动态》第1期。
[5] ACTFL (1999) *Standards for foreign language learning in the 21st century* (《21世纪外语学习标准》). Lawrence, KS: Allen Press.
[6] BROWN H. D. (2001) *Teaching by principles: an interactive approach to language pedagogy*. White Plains, NY: Longman.
[7] RICHARDS Jack C. (2006) *Communicative language teaching today*. Cambridge: Cambridge University Press.
[8] WALTON A. R. (1989) *Chinese language instruction in the United States: some reflections on the state of the art*. JCLTA, .
[9] WILLIAMS M., BURDEN R. L. (1997) *Psychology for language teachers*. Cambridge: Cambridge University Press.

汉语作为第二语言教学语法：
格局+碎片化*

赵金铭

一、引言

　　汉语作为第二语言教材中语法内容的呈现方式，历来大都严格遵守一条原则，即依据对外汉语教学语法大纲，每课出现一两种语法格式，作为本课的语法点。这一两个语法点要解释清楚，并有足够的练习。有的教材，还配有范句，作为这个语法点的典型示例。此后，课文就要围绕着这个语法点进行编写，结果往往致使课文难以生动活泼，特别是初级阶段，教材语言常常生涩拗口，不够流畅自然。

　　我们提出对初学汉语者应该先介绍一个汉语语法的基本框架，称作语法格局。即：用最简单的方法，给学习者揭示出汉语语法的基本组织与结构。而支撑这个语法格局的是大量的语法事实。这些语法事实称作碎片化语法。即将系统完整的语法体系拆分为多个碎片化的语法知识点，亦即将系统知识分割为较小的单

---

* 原文发表于《语言教学与研究》2018年第2期。

位。这样,课文就可以依据交际需要而编写,不再受语法大纲顺序的束缚。而其中出现的语法事实,可从碎片化语法中去提取,进行展示、讲解、练习。

这样就改变了以往汉语作为第二语言教材的语法的呈现方式。我们称之为:语法格局+碎片化语法。

二、第二语言教学中语法教学之必需

2.1 学习一种语言必须学习语法

从认知语言学的观点看,语言能力是多种认知能力复杂交错而形成的。学习者不仅应该学习语言的陈述性知识,还应该学习在其个体参与体系下的语言的程序性知识。汉语语法便是这种程序性知识,它是需要给学习者以解释的。韩礼德(2012)认为:"汉语中需要解释的内容很多,而解释的唯一方法便是在语法框架内给它们定位。成年学习者需要解释,但是,他们需要的是根据语言本身内在的模式和法则做出的正确解释。"

如果从第二语言习得、学习者和教学三个角度来探讨语法教学的重要性,就会从实证研究中发现语法教学的必要与必需。Rods Ellis 说:"接受课堂语法教学的学生与在自然语境中学习语言的学生有着基本相同的习得顺序;且相比而言,接受课堂语法教学的学生普遍能获得较高的语法能力。"并进一步明确指出:"目前已有可信的直接和间接证据可被用来支持语法教学。"(参见程晓堂主编,2014:105)

2.2 语言教学需要教授语法

不同的语言教学观,对语法教学产生不同的认识,是很正常的。有人说语言教学的历史,本质上就是主张支持和反对语法教学的历史。话虽说得有些绝对,但多少也反映了语法教学的实际。

我们认同这样的观点:"纵观外语教学史,语法教学几经沉浮,尽管一度被抛弃或边缘化,语法教学在外语教学中的作用却是不容忽视的。新的时代已赋予了语法新的角色,语法不再是一个脱离意义、社会功能和话语结构的自治性中心系统,它同词汇和口语语篇的语音体系一起被看作是通过文本创造意义和商讨积极交流的资源。这些资源需要被学习,有时还需要被讲授。"(参见程晓堂主编,2014:106—107)

采用结构主义语言理论进行语言教学,一般注重语言点的难易与教学顺序,多主张系统语法教学。而主张功能法的人也并不意味着要贬低语法系统,而是对语法系统加以重新评估,只不过是把它放在不同的位置上而已。需要指出的是,无论倾向于哪一种,所采用的语法教授方法必须与语法的新角色相符。所以,目前最大的挑战就是如何找到有效的方法。

三、汉语第二语言教材中的教学语法呈现

3.1 传统汉语教材的语法呈现

对外汉语教学有注重语法教学的传统,以结构主义语言学为基础,脱胎于使用对象为母语者语法的对外汉语教学语法体系,在教学中经过数十年的实践,不断结合教学实际,加以改进,更加符合学习者的认知规律。对外汉语教学语法有了长足的发展,形成对外汉语教学语法大纲,其中最具代表者当推王还主编的《对

外汉语教学语法大纲》(王还主编,1995)。这个大纲的语法体系,在长期使用过程中,也逐渐暴露出其短板,出现了很多亟待解决的问题,需要语法教学与研究者面对并予以解决。

近年来,学界不断研究改进汉语作为第二语言教学语法体系,讨论最多的三个问题为:选择哪些语法点进入汉语教材;这些语法点的难易程度如何确定;如何按照先易后难的原则,将这些语法点进行教学排序。

3.2 汉语教材语法呈现的改革

目前,学界要求重新认识汉语作为第二语言教学语法,修订或重订汉语语法体系和标准的呼声很高。修订就是内容的增删或置换,重订则是另起炉灶。对外汉语教学所用的语法体系,应力求简明而贴切。简明,就是用有限的格式去说明繁简多方、变化无尽的语句;贴切,就是要用大量的语法事实,来验证并丰富语法规律。这才符合语言学习的认知规律,也才更加符合教学实际。

其实,这样看来,最重要的问题是如何理解与诠释汉语作为第二语言教学语法体系。朱德熙(1985:68)认为:"语法体系在很大程度上是指的语法事实和语法规律的表述系统。说得通俗一点,就是讲语法的间架。"这也就是说,语法体系包括两个部分,"语法规律"和"语法事实"。纵观对外汉语教学语法体系,以具有代表性的王还主编(1995)的《对外汉语教学语法大纲》为例,其尽量将二者混同编写,全则全矣,却缺少初学者最需要的一个简约的语法间架,或称语法格局。为此,我们提出一个教学语法改革方案,即:汉语格局+碎片化语法。

四、"汉语格局＋碎片化语法"教学思路萌动

4.1 "汉语格局＋碎片化语法"教学雏形

在汉语作为第二语言教学的语法中,要在通用教材中给初学者一个简明扼要的语法间架,使其对将要学习的语言的语法有个大致的了解,先有个理性认识,日后再逐条学习,就会条理清楚,胸中有语法全局。因为第二语言学习者,头脑中已建立起母语的语法体系,当再接触一种新语言语法体系时,不应是一个零散破碎的语法架构,而应是一个完整简明的语法架构,要言不烦,一目了然,以为日后的语法规则的展开,以及语法事实的学习做整体的铺垫。我们回溯历史,发现前辈大师对第二语言语法教学的思路与实践,不同于目前对外汉语教学的一般做法,而是另辟蹊径。他们的思路与实践,很像是"语法格局＋碎片化语法"。

比如赵元任先生(Chao,1948)有名的《国语入门》一共24课,在国外曾多年作为汉语教本,这部教材有一个特点就是在前八课把主要的句法结构都介绍了,勾勒出汉语语法的一个框架,这种讲法不简明不行。(该教材前八课参见李荣,1985:187—213)对这种做法,杨联陞(2013:28)认为:"不过教的人如果知识不够,再不照着每课后边的注解同练习仔仔细细地跟学生一起研究练习,可能会觉着难一点。""这些年来,在美国有好几处大学都用这本书作教本,用过的学生少说也有四五千,认真学习的,无不受益。"

4.2 "汉语格局＋碎片化语法"教学思路萌动

无独有偶。1971年吕叔湘先生在审阅王还先生主编的对外汉语教材时,谈到教材中的语法编排,建议对外汉语教材"课文一

定要生动活泼些,最好能用最少几课把最基本的语法介绍了,以后的课文就可以不受拘束"(吕叔湘,1971)。

又提到搞一个语法轮廓问题,吕叔湘(1971)说"可不可以在'前三课'里不仅介绍汉语拼音和汉字的概况,而且也介绍一下语法的轮廓(针对汉语语法与印欧语语法的差异),然后从第四课起就可以用连贯的课文,不必再用不连贯的句子"。吕先生认为:"这样办还有一个好处,就是'语法介绍'可以供经常参考,后来的每课所附语法是补充的性质,零碎点儿也没关系。"

对语言交际中可能出现的大量的碎片化的语法事实,因有了语法轮廓,就可以灵活处理。"有的随学随讲,有的先学后讲,即暂时'囫囵吞枣'一下,到适当的时候再分析。理性知识和感性知识之间总是有一段时间距离的。"(吕叔湘,1971)

这也就是说先简单介绍一个汉语语法格局,以后按课文中出现的语法点再深入细致地学习,从而回归到语法格局之中,补充丰富这个格局。

4.3 汉语语音教学格局的启迪

这种在语法教学中先有个语法格局的思想,很像吴宗济先生所主张的学习汉语语音先得有个"语音格局"一样。在语音教学中,最重要的是学习者要对汉语语音形成一个基本的"语音格局"。什么是语音格局?吴宗济(2008)说:"人与人之间的对话,正如古语所说'言出于我口,入于尔耳'。尽管言者所说的每个音节和声调并不那么'到位'或规范,但由于人的听觉系统可以对听到的语音进行加工处理,通过大脑的分析、记忆、比较等等功能的综合处理,只要听来的语音'框架'不差,语境相近,就能被理解。这个'框架'就称为'格局'。"这个语音格局(或称语音框架）的归纳既要言简意赅，又要有一个容许度。帮助学习者形成汉语语音格局的观点，可以作为我们对初学汉语者进行《汉语拼音方案》教学的基本出发点。赵金铭（1985）的《简化对外汉语音系教学的可能与依据》提出一个语音教学简化方案，实则也是一种汉语语音格局。以这个格局教外国人汉语语音，就只须教声母系统的两个方阵和韵母系统的 a 系和 e 系[①]，以及 i、u、ü，再加上汉语的四个声调就基本掌握了汉语的语音格局。后来仇鑫奕编著的《外国人汉语发音训练》（2010）一书，就是"根据赵金铭先生简化对外汉语音系教学的原则，利用汉语语音规律和外国人普遍具有的音素拼合能力，简化声韵教学内容，突出声韵教学的体系性和完整性。先易后难，以易带难，分化难点，个个突破"，收到良好的语音教学效果。

4.4 "汉语格局+碎片化语法"教学思路的提出

在这种思想的驱使下，我们希望在诸位同道的共同努力下，能建立一个在汉语和印欧系语言对比基础上尽显汉语语法特点的、符合外国人学习汉语语法认知过程的、服务于汉语作为外语教学的简明的汉语语法框架，我们称为语法格局。除此之外，还要有一部包容各种汉语语法现象的介绍词和句子用法，并带有解释的大型语法参考资源库，虽碎片化而不凌乱，我们称为碎片化语法。这个碎片化语法，在教学中可以随时补充、丰富、细化那个简明扼要的语法格局。

这就是"汉语格局+碎片化语法"的教学思路。

[①] 声母的两个方阵及韵母的两个系统详见赵金铭（1985）。

五、"格局+碎片化语法"教学学理依据

5.1 以简驭繁的基本原则

初学者为什么先要了解所学语言的语法格局？为的是了解语法的基本结构框架，以便日后面对纷繁复杂的语法现象时，能以简驭繁。

科学家李政道曾说，用最简单的方法揭示出自然的奥秘就是科学。任何复杂的事物，均可以用最简方式表述。比如一幢美轮美奂的宏伟建筑，它的框架就是由梁、柱、顶等连接而成的结构，这就是这栋建筑的格局。又好比世间五彩缤纷的色彩是由"三原色"组成的。三原色或称"三基色"。红、绿、蓝三种一定波长的光波，在不同程度下可以复合成光谱中的各种色光，故称三原色。世间的五光十色的绚丽色彩，就是来自三原色格局。

格局的观点秉承的是极简主义。极简主义以简单到极致为追求，也就是"以最原始的物自身或形式展示于观者面前为表现形式"。

布龙菲尔德在其皇皇巨著《语言论》（1985：226—282）中讲语法，也就二十几条，就把普遍语法讲完了，其中词法13条，句法14条。当然，讲的只是一个简单的语法间架。

汉语作为第二语言教学语法格局，需简单、明了，以简驭繁。即：用最简单的方法，基于汉语语法本身的特点和汉语与印欧系语言对比的特点而建立的、给学习汉语的外国人揭示出的汉语语法基本组织与结构。

5.2 语言共性对语法格局的支撑

从语言共性来观察,就应把汉语置于世界语言变异的范围内来研究,汉语本质上仍受人类语言共性的制约,很多被认为是汉语特点的事实在很大程度上都是认识上的偏差而形成的,属于表面现象。汉语与其他语言之间的这些表面差异往往在较深的层次上不复存在(沈家煊,1993)。

依据这样的观点,首先就得承认语言的变异有一定的范围。沈家煊(1993)举例说:"主语、宾语、动词三者的词序变化在逻辑上有六种可能,然而这六种类型在世界语言的分布有重大偏差,即偏向于其中三种,有一种还找不到实际存在的语言。"在这六种中,汉语就占了其中的三种:SVO 我吃饭;OSV 饭我吃,(汤不喝);SOV 我饭吃,(酒不喝)。汉语中存在的这三种,在世界语言中是普遍存在的。

再比如关系小句,沈家煊(1993)认为:"各种语言在语法等级上的截止点可以不同,但决不会出现主语可以关系小句化而宾语不能关系小句化的情形,这就叫万变不离其宗。"汉语正是这样。汉语里主谓结构是既可以做主语,又可以做宾语的。例如做主语:他俩去比较合适;做宾语:我希望她成功(王还主编,1995)。

由此可见,一个了解自己母语语法的汉语初学者,在学习汉语伊始,接触到一个简单明了的汉语语法格局时,从语言共性的角度思考,会发现一些语法规则与自己母语语法规则是相同或相近的,当然,也会有些是完全没有见到过的。如果学习者学习过一种外语,他还会发现另一些汉语语法规则与其所学外语的语法规则是相同或相近的,也会见到一些完全陌生的语法规则。总的来说，一个初学汉语者，在教师的讲解下，是有可能了解并接受一个全新的简明第二语言汉语语法格局的。诚然，由于学习者不同的母语类型，以及对语法的理解与认识多有差异，对汉语语法格局的接受程度、理解程度与掌握程度也是会有差别的。故而，教师面对不同母语类型的汉语学习者应该有针对性地讲解，以便他们了解汉语语法格局。但是，无论如何，一个初学汉语者，在教师的指引下，在初始阶段是可以接受一个简单的汉语语法格局的。

5.3 碎片化语法对语法系统的科学分解

碎片化（fragmentation）一词，在20世纪80年代，常见于"后现代主义"的有关研究文献中，原意是指完整的东西破成诸多零块。如今，碎片化已应用于政治学、经济学、社会学和传播学等多个不同的领域中。

语法碎片化，即将系统完整的语法体系拆分为多个碎片化的语法知识点，亦即将系统知识分割为较小的单位，以便于学习领会。碎片化并不是对系统知识的打散，而是在系统之下的科学分解，是对局部语法问题进行更为深入细致的解析。碎片化语法教学，更符合学习者的认知规律，更适合现代人的生活节奏和学习习惯。碎片化语法是对语法格局的不断补充和丰富，碎片连缀，逐渐融入格局之中。它并不考虑教学的难易顺序，而注重使用频率。语法碎片用以补充和细化语法格局，使之充实而饱满。碎片化语法约略有四种碎片：补充丰富、深化细化、添加缺漏、新兴语法。

所谓碎片化语法，就是要建立一个能够涵盖自然语言中出现的语法事实的教学语法知识库，这是一个动态标注的语法知识语料库，贮有数量可观的相关例句，并配有可供教师应时提取所需语法点的教学解释。在现代科技背景下，也可制作大量的语法项目的规则与释义的MOOC教学讲授微型课件，以供任课教师使用。

5.4 语法格局与碎片化语法的辩证关系

索绪尔（1982：128）说，"最能说明问题的莫过于把语言的运行比之于下棋"，"下棋的状态与语言的状态相当。棋子的各自价值是由它们在棋盘上的位置决定的。同样，在语言里，各项要素都由于它同其他各项要素对立才能有它的价值"。

语法格局犹如棋盘，语法事实就是棋子。第二语言学习者头脑中先有了一副棋盘，也就是语法格局，然后无论遇到什么语法事实，都能依据下棋规则，也就是语法规律，置身棋盘之中，也就是语法格局之中，学会语法，助其表达。

成人第二语言教学，在习得语法过程中，应先有个语法格局，然后再碎片化地习得语法。儿童习得母语则不然。儿童在习得语言时实际上是先接受一些语言碎片，诸如词、词组、短句。然后，通过模仿、重复，进行简单加工，并贮存于头脑中。当他们再次面临相类似的语境时，就会把头脑中贮存的相应的碎片加以运用。其过程先是一个个的单词，再是词与词的组合，然后是一句简单而完整的话语。在语言习得过程中，成人习得第二语言与幼儿习得母语不同，婴幼儿并没有考虑如何组织这些语言碎片的规则，而是在不断的模仿和重复这些碎片中，逐渐掌握了将碎片加以组织、调整、替换的技巧，以便实现语言交际。成人则将碎片按学会的语法规则进行整理，这些规则来自已存于头脑中的语法格局，或者来自教师的展示与讲解。

六、格局＋碎片化教学语法的建立

6.1 汉语教学语法格局初拟

我们所要建立的语法格局，也就是吕叔湘先生所说的在前三课中就可以展现出的汉语语法轮廓，应该是什么样的呢？这个语法格局，我们要强调的：一是最简，虽简而有序；二是建立在汉语和印欧系语言对比的基础之上；三是基于汉语语法自身的特点；四是揭示出汉语语法的基本组织与结构。

我们先展现朱德熙先生为《中国大百科全书（语言文字）》（中国大百科全书出版社 1988 年出版）所撰写的"汉语语法"条目，实际上就是一个简明的汉语语法格局，约略可总结为六条。

1. 汉语的语素绝大部分是单音节的。语素和语素可以组合成词。有的语素本身就是词，有的语素本身不是词，只能跟别的语素一起组成复合词。（例从略，下同）

2. 汉语没有严格意义的形态变化。在汉语里，由于动词和形容词不变形，无论在什么句法位置上出现，形式都一样。

3. 汉语的动词没有限定式与非限定式的对立，因此句子的构造原则跟词组的构造原则是一样的。

4. 汉语主谓结构比较松散，主语后可停顿，或加语气词，甚至可以没有主语。主谓结构可以充当谓语。

5. 汉语中的动补结构很重要。简单的动补结构是由两个动词或一个动词和一个形容词组成的。

6. 词序的一个重要特点是，所有的修饰语都必须放在被修饰语成分的前边。

还有另一种语法格局的陈述，见于吕叔湘先生（1980：7）

主编的《现代汉语八百词》"现代汉语语法要点","要点"二字,其义自现,也可看作是一种语法格局,分三大类。(着重点为作者所加,以显示汉语特点)

1. 总论　1.1 汉语语法的特点　1.2 语素,词,短语,句子
2. 词类　共13类名词和名词性短语　方位词　数词　量词　指代词　动词和动词短语(动趋式和动结式)　形容词　副词　介词　连词和关联词语　助词　叹词　象声词
3. 句法　3.1 主语、谓语(有时可以没有主语)
   3.2 动词谓语句　(1)宾语(2)补语(3)状语(4)存在句(5)连动句(6)兼语句(7)形容词谓语句
   3.3 名词谓语句和"是"字句　(1)名词谓语句(2)"是"字句
   3.4 小句谓语句
   3.5 句子的复杂化和句式变化

至于汉语作为第二语言教学教材,在前几课中如何展现汉语语法格局,因无法援例,还需学界进行研究,取得一个科学合理的、用于汉语作为第二语言教学的汉语语法格局。

6.2 汉语碎片化语法举隅

碎片化语法是对语法格局的丰富、细化、补充和增添。比如,格局中有名词谓语句,名词可以直接做谓语,例如"他美国人"。但并非所有名词皆可做谓语,名词谓语句主要用于年龄、籍贯、容貌等,它的性质接近形容词。哪些名词可以做谓语,则要在碎

片语法中去解决。

再如格局中有动词做宾语句,例如"他喜欢打篮球"。但这些动词也可带名词宾语,例如"他喜欢篮球"。但是并非所有的动词皆带动词性宾语,这类动词都必须具有心理特点。有的动词也可以带动词宾语,例如"装作不知道",却不能带名词性宾语,例如"*装作数学"不能说。然而,不能说这类动词就不能带宾语。这些问题也只能在碎片化语法中出现。

又如格局中有小句可以做谓语,例如"他身体很好"。这只是小句谓语句中的一种,属于小句主语代表的事物隶属于大句主语代表的事物。又比如大主语在意念上是谓语的一个成分,例如"这件事我没听说"。用小句做谓语,这种句式在汉语中相当常见,大致可以分四个类型,这都是在后续的碎片化语法学习中才会学习到。

所谓新兴语言事实,比如教材出现"很中国、很淑女","很"修饰名词,语法格局中可能难以包容,那就在碎片语法中学习。"幸福你的幸福",这是形容词"幸福"的"意动"用法,为古汉语用法遗留。这也只能在碎片化语法中找到。

碎片化语法,将不计语法点的数量,不考虑学习者学习的难易度,当然也就不必排出教学顺序。它只是依据语法格局的框架,服从于交际的需要,最重要的是依据频率原则,尽可能地展现自然语言中经常出现的常用语言事实。

比如格局中有复合趋向补语,即简单动词加复合趋向动词,再带宾语,一般有三种语序:

A. 他拿出来一个新手机

B. 他拿出一个新手机来

C. 他拿一个新手机出来

据频率统计，B 式最常用，而 A 式和 C 式都用得很少。目前，有的教材是先教 A 式。其实更常用的是用"把"将宾语提到动词前面，即 D 式：他把一个新手机拿出来。按照格局＋碎片化精神处理，就先教 D 式，将其他 A 式、B 式、C 式分散在碎片化语法中，然后，视课文中出现的情况，陆续学习。

在语法格局中"简单动词加复合趋向动词带宾语"是作为一条规则而显现，在碎片化语法中上述 4 种格式是作为语法事实而存在。教学中呈现的先后顺序，是依赵元任先生的主张，主要考虑短语和结构的使用频率。当记者列文森问道，"在编写课文的时候，你把学生的困难考虑进去了吗？"赵元任回答说："我没这样做。我更强调实际使用的频率，把使用频率高的短语和结构放在首位，然后努力使学生尽量按照汉语在实际生活中的样子来多练习。"（罗斯玛丽·列文森，2010：173）

碎片化语法，是对一些语法事实的细化。比如"爱"有一个义项是"喜欢某种活动、状态"，必带动词、形容词宾语。例如"爱跳舞、爱干净"。还有一个义项是"容易发生"，也是必带动词、形容词宾语。例如"他爱着急、铁爱生锈"。但是，仅此是不够的。还应该说明，这一义项的"爱"所带的宾语通常是说话人主观上不愿意发生的。诸如这类词汇使用中的语法问题，如果教学中遇到，就只能由碎片化语法去解决（吕叔湘主编，1999：1）。

七、本文的基本结论

一个初学汉语的成年第二语言学习者，头脑中已经具备完整系统的母语语法体系，而在开始接触汉语时对其语法却一无所知，为了使其对汉语的语法有个粗浅的认识，应该给初学者介绍一下汉语的基本轮廓，以后再逐条学习汉语语法规则与语法事实，这是符合"理性知识和感性知识之间总是有一段时间距离的"原理的。这个在汉语和印欧系语言对比基础上尽显汉语语法特点的、符合外国人学习汉语语法认知过程的、服务于汉语作为外语教学的简约的汉语语法轮廓，我们称为语法格局。

遵循对"语法体系在很大程度上是指的语法事实和语法规律的表述系统"（朱德熙，1985：68）的理解，支撑语法格局的是大量的语法事实。这些在自然语言中可能出现的无尽的语法事实，也就是学习者要学习的语法内容，我们称作碎片化语法。所谓使语法系统碎片化，就是将系统完整的语法体系拆分为多个碎片化的语法知识点，亦即将系统知识分割为较小的单位，以便于学习领会。碎片化并不是对系统知识的打散，而是在系统之下的科学分解，是对局部语法问题进行更为深入细致的解析。碎片化语法教学，更符合学习者的认知规律，更适合现代人的生活节奏和学习习惯。

在汉语作为第二语言教学和教材编写中，语法格局是面对第二语言学习者普遍使用的。而碎片化语法则是由众多语法点形成的一个开放性的知识库。在这种理论支配下，有了语法格局之后，课文的编写不再受语法点顺序的束缚，也突破了语法点难易的窠臼，而以交际需要摘取自然语言。唯一的依据便是使用的频率。至于其中涉及的语法事实，则到碎片化语法中去寻求解释。碎片化中的这个语法点，就像语法格局上的一个铆钉，在格局上可以找到它的位置。碎片化语法实际上是一个能够涵盖自然语言中出现的语法事实的教学语法知识库，这是一个动态标注的语法知识语料库，可应时提取所需要的语法点的教学解释，并提供一定数量的相关例句。

在汉语作为第二语言教材中，"格局＋碎片化语法"的呈现方式，改变了以往教材中将语法点分级、排序，然后作为教材各课语法点进行讲授的做法。这势必改变以结构主义为主的语法教学，而更倾向于功能主义。这还是一种理论上的探讨和教材编写的设想，尚有待于教学和教材编写的实践来验证。

参考文献
[1] 布龙菲尔德（1980）《语言论》，袁家骅、赵世开、甘世福译，钱晋华校，北京：商务印书馆。
[2] 程晓堂主编（2014）《第二语言教学研究中的前沿问题》，北京：北京师范大学出版社。
[3] 韩礼德（2012）教外国学习者汉语要略，见周小兵主编《国际汉语》第二辑，广州：中山大学出版社。
[4] 李荣（1985）《语文论衡》，北京：商务印书馆。
[5] 罗斯玛丽·列文森采访（2010）《赵元任传》，焦立为译，石家庄：河北教育出版社。
[6] 吕叔湘（1971）给王还同志的一封信，《北京语言大学报》2015年10月10日。
[7] 吕叔湘主编（1980）《现代汉语八百词》，北京：商务印书馆。
[8] 吕叔湘主编（1999）《现代汉语八百词》（增订本），北京：商务印书馆。
[9] 仇鑫奕编著（2010）《外国人汉语发音训练》，北京：高等教育出版社。
[10] 沈家煊（1993）汉语特点研究和语言共性研究，见刘坚、侯精一主编《中国语文研究四十年纪念文集》，北京：北京语言学院出版社。
[11] 索绪尔（1982）《普通语言学教程》，高名凯译，北京：商务印书馆。
[12] 王还主编（1995）《对外汉语教学语法大纲》，北京：北京语言学院出版社。

[13] 吴宗济(2008)序，见石锋《语音格局——语音学与音系学的交汇点》，北京：商务印书馆。
[14] 杨联陞（2013）《哈佛遗墨》（修订本），北京：商务印书馆。
[15] 赵金铭（1985）简化对外汉语音系教学的可能与依据，《语言教学与研究》第 3 期。
[16] 朱德熙（1985）《语法答问》，北京：商务印书馆。
[17] Chao, Yuen Ren (1948) *Mandarin Primer: An Intensive Course in Spoken Chinese.* Cambridge, MA:Harvard University Press. 中译本，赵元任《国语入门》，见李荣（1985）《语文论衡》，北京：商务印书馆。

关于创造型对外汉语教学与创造式汉语学习的思考*

鲁健骥

〇、缘起

本文是我最近一个时期对对外汉语教学法的一些思考。就是说，在我们考虑如何进一步提高教学质量的时候，应该从什么入手。是跟在别人后面亦步亦趋呢，还是借鉴别人的理论去探索一条自己的对外汉语教学法体系？我这里说借鉴，意思是不能照搬，只能吸收其长处，而避免其短处。再有，我们要清楚我们自己的经验，有哪些是要继承的，哪些是要抛弃的。在此基础上使我们在教学法上有所创新，有所发展。

本文谈三个方面的问题：

1. 教学理念；
2. 教学原则；
3. 教学实践。

---

* 原文发表于《语言教学与研究》2010年第4期。

一、教学理念

　　教育心理学告诉我们，只要头脑健全，创造能力人皆有之，只有程度上的不同。不管什么教学，都应该发挥和利用人的创造力。张德琇（1982）认为，学校教育中，教师须引导学生自己探索新境界，自己去追求新知识，自己去发现新的原则原理；这乃是启发创造性思维与培养创造能力的必要途径。在教学方面，教师要安排适当的情境，引导学生思考学习，而非只通过感官学习；要引导学生考虑问题，或大家讨论，而非专事模仿，或机械记忆；要将学生引向自己探索发现的道路，而非完全接受教师的传授。

　　这是认知派教育心理学的一个具有普遍意义的理念，也就是说，这个理念应该是对各种教育都适用的，当然也包括外语教学和作为外语或第二语言的汉语教学，即对外汉语教学。根据这一理念，我们认为，汉语教学应该是使学生的学习成为一个不断"创造"的过程：学生在教师的激励、指导与引导下，在"创造"中理解汉语、掌握汉语，就是在对汉语认知与理解的基础上形成汉语的言语能力，包括用汉语进行交际的能力，同时发展独立地观察、发现、吸收语言的能力，不可偏废任何一个方面。这里，教师的激励、指导与引导是关键，是对外汉语教学的核心问题，是教师非常重要的职责，是"以教师为主导，以学生为中心"的真谛所在。在这个意义上，我们不妨把这样的汉语教学称作"激创法"的教学，把这样的汉语学习称作"创造式"的学习。

　　在这里，发展学生独立地观察、发现、吸收语言的能力，是"激创法"汉语教学理念中非常重要的一点，也是教学的最终目标之一。因为只有具备了这种能力，学生才能独立地继续学习。

这是可以终生受用的。这就是中国古训"授人以渔"的道理。

我们今天提出"激创法"汉语教学和创造式的汉语学习，基于以下几点考虑：

1. 目前中国的对外汉语教学中，有一种应试教育的倾向，即教学将汉语水平考试视为圭臬，把通过汉语水平考试作为对外汉语教学的目标。这种倾向，制约了汉语教学，弄不好会使它成了汉语水平考试的考前训练班，因而偏离了应有的教学目标，也限制了学生创造力的发展。汉语水平考试，包括为其服务的水平大纲，都是为了某种目的（主要是入学）而设立的，而各种门类的对外汉语教学也都有各自的培养目标和教学内容。一般来说，汉语水平考试的目标和内容涵盖不了这么多。如果说，我们可以以水平大纲来衡量学生的水平的话，那也只有在汉语预备阶段，也就是在正式进入专业学习之前判断学生的汉语水平是否已经达到入学的要求的阶段。

2. 迄今为止西方的一些外语教学法，如听说法、视听法之类，多侧重于初级阶段的教学，最多讲到中级，而对高级阶段的教学则语焉不详，较少涉及。从我们现在接触到的文献和教材（包括英语教材）可以发现，到了高级阶段，他们没有什么新的"招数"，练习方式简单，甚至还停留在初级阶段的做法上。这可能与他们对外语教学的基本观念有关。中国的对外汉语教学则是一个从初级到高级的完整的教学。以北京语言大学四年制的对外汉语专业为例，该专业开设了8个专业方向的课程。这些课程除了围绕语言的训练，还有多样的语言知识课程、文化课程、专业课程。而以上提到的教学法，无法涵盖如此丰富多样的汉语教学。因此应该认真研究和总结自己的经验，把它提高到理论的高度，建立自己的教学法体系。我认为,"激创法"汉语教学和创造式的汉语学习,可能是建立这个教学法体系的一个切入点和突破口。因为这样的教学和学习,适应各种类型、各种课型、各个阶段的教学和学习,而且程度越高,越能体现出其优越性。在这方面,我们还有很大的创新空间。

3. 近些年来,我们重视语言教学的交际性,引进了交际法,提出汉语教学培养学生用汉语进行交际的能力的要求,也提出了课堂教学"交际化"的要求。这都对汉语教学的发展起了促进作用。但我们同时也注意到,对交际性的理解有些偏颇,往往把"交际"仅仅理解为"口头交际",而忽视了整体上应该让学生在理解的基础上掌握汉语、运用汉语。这或许与交际法固有的对象特点有关。胡文仲(1989)在谈到交际法时曾经说过:"在国外,交际法的教学对象往往是准备去英美旅游或居住的人,或者至少在国内有机会与英美人有接触的人,用外语交际是现实的需要。"可见,交际法是有其特定对象的。就汉语教学的情况来说,对属于以上对象的教学,当然使用交际法很合适,对于不属于以上对象的,在教学的某一个阶段,或者某些课型(如口语课)使用交际法也是合适的。但若把交际法用于所有对象、所有课型、任何阶段,未免捉襟见肘,方枘圆凿。

4. 目前,"任务型"教学得到了汉语教学界的关注,对外汉语教学界也开始了一些探索。但主流的任务型教学理论,似乎不承认"交际任务"或"口头交际任务"之外的任务是"任务"。我们认为,"交际任务"固然是"任务"的一个重要的组成部分,但绝不是全部,在"交际任务"之外,还有其他的任务。不然就有将教学肢解的危险。我们认为,对任务型教学,应有这样的理解：（1）任务型教学所说的任务，不应该仅仅指口头交际任务。任务应该贯穿教学的全过程，即，在口头交际任务之外，在教学的各个环节上都应该有所体现，如思考性的任务，查找性的任务等。我们也认为应该让学生做事，但学生要做的事不只是交际上的事。（2）要注意任务的质的方面，即是否有利于学生调动已学过的知识进行"创造"，是否有利于他们观察语言、吸收语言、发现规律。

5. 我们所说的"激创法"教学与创造式学习，并不是要完全否定与排斥其他教学法，只是针对它们的不足提出来的。它们的某些具体做法（如操练方法），在教学的某些环节仍然可以使用。"激创法"教学与创造式的学习，与交际法、任务法，并不矛盾，而是与它们有密切的关系，是对它们的借鉴与延伸，突显了应该突显而它们突显得不够之处。我们认为，假如说交际法、任务型教学法应该有一个统领思想的话，那么这个统领思想就应该是激发和发展学习者的创造力。只有这样的交际和任务才是有意义的。

6. 上述理念也有助于我们对"发现式"学习的理解。"发现"本身就带有创造的色彩，问题是作为一种学习类型，学生的"发现"应该是在教师的指导下的"发现"。学生的每一步"发现"，都是"激创法"教学和创造式学习的结果，也是进一步创造的开端。

归纳起来，我们对"激创法"对外汉语教学和创造式的汉语学习，可以有如下的认识：

（1）"激创法"汉语教学，讲的是教学过程中应该激发学生的创造能力，教师的作用也在于此。创造式的汉语学习，指学生要在教师的激励、指导和引导下，使自己的学习成为"创造"

的过程，学习的结果（如用汉语进行交际的能力）则是"创造"的成果。

（2）我们这里所说的"激创法"教学、创造式学习，像任务型教学法、"发现式"学习一样，本身都是教与学的理念，本来都不是专门为外语教学（包括汉语教学在内）设计的，因而它的适用面比较广。在汉语教学中，它适用于汉语教学的各个阶段、各种课型、各个环节。现行的一些教学法比较强调课堂教学的交际化，那是指学生的操练，对于语言知识的讲解，则多只有一些原则性的要求，如精讲多练、讲解不得超过教学时间的20%、少而精、由易到难、由简到繁、以旧带新等，至于如何使讲解过程也成为学生的"创造"过程，则比较忽视。我们认为，语言知识的讲解是教学不可分割的一个组成部分（但这丝毫也没有要把讲解作为课堂教学的主体的意思），也是我们所说的创造式学习的一个重要元素。

（3）"激创法"教学和创造式学习，符合人的认知规律。像认知类型的教学法一样，我们主张要使学生在理解的基础上学会汉语，只要是有利于学生"创造"的办法，我们都加以利用，因此我们并不简单地排斥具体教学环节中的操练、重复和机械的训练，更不排斥在必要的时候使用学生的母语，而是要把这些都纳入创造式学习的整体中，为学生的"创造"服务。

（4）由于在汉语教学中给了学生创造的机会，他们是在不断的探求中、发现中学习，从而产生持续的成就感。这样就会提高他们学习的积极性、主动性和兴趣。

（5）在创造式的学习过程中，学生也学会了学习语言的方法，学会了如何观察和吸收语言，而这正是"激创法"对外汉语教学的目标。这对他们后面的学习和离开学校之后的继续学习大有裨益。

二、教学原则

任何一种教学法体系，不能仅仅提出一种理念，还需要处理好教学中的各种关系，这就形成了一些教学原则。后出现的教学法体系，总是对前面的教学法体系有所继承与借鉴。当然，由于教学理念的不同，自然对教学中各种关系的处理也不会完全相同，有的甚至会截然相反，这正反映了各自的特点。我们所说的"激创法"汉语教学与创造式汉语学习，也必须考虑到教学原则的问题。除了那些教育学上的普遍原则，即李泉（2002）所说的"常规教学原则"以外，与对外汉语教学直接相关的有以下几项重要的原则：

1. 外语知识与外语能力（包括外语交际能力）的关系。我们坚持认为，我们教的是语言，而不是关于这种语言的知识。直接法的先驱们提出的这一论断是具有普遍意义的。但外语知识在外语能力获得中的作用仍然是不可忽视的。成年人获得外语能力的特点是建立在理解的基础上的。外语能力的获得固然是靠大量的实践，因此在外语课堂上，知识讲解在时间上所占的比例总是尽量控制在最小量，这就是"精讲多练"的含义。但这还不够，不应该单纯地靠讲解使学生理解，还应该把学生获得外语知识的过程变成语言实践的过程，而且不单是操练的过程，而是一个在教师的指导与引导下进行创造性工作的过程。

2. 听说读写四种语言能力的获得。迄今我们对外汉语教学安排四种技能训练的时候,有"突出听说"和"突出听读"的区别。其实这是可以根据教学目的的不同灵活处理的,不必划一。但我们现在要强调的是,训练语言能力的过程中应该创造条件,让学生做一些有创造性的事情。

3. 学生母语的作用。现代的任何外语教学法,都不像初期直接法那样排斥学生的母语,即使是直接法,经过改进之后,也已经改变了初始时绝对排斥母语的做法。因此,我们同意在必要的时候可以使用母语的提法。这对于本文所论的教学与学习尤其重要。什么是"必要"的时候?就是用目的语(汉语)讲不清楚的时候,为了不影响学生理解,不管是讲知识还是布置任务、提出要求,都可以使用母语。举例说,在基础阶段,为了有助于学生做创造性的工作,需要学生准确地理解教师的指令,这时候学生的汉语水平还不足以听懂或看懂这些指令,就可以使用学生的母语。

4. 教师和学生在学习中的角色。"以教师为主导,以学生为中心"已经成为对外汉语教学界的共识。我们认为,教师的主导作用,体现在教师在教学中对学生的激励、指导和引导,是"导演";学生是"演员",他们在课堂上是主要的活动者。但学生的活动一定要在老师的指导和引导下进行。在活动中学生一步步地"创造",最后形成用汉语进行交际的能力与学习能力。

5. 对学生偏误的态度。我们既然引导学生、要求学生通过"创造"来学习和掌握汉语,那么他们在创造中就不可避免地会发生偏误。因此我们要允许学生发生偏误,并且在发生偏误时,通过分析、讲解、进一步的实践,消除偏误,达到掌握的目的。

6. 学习能力的培养。"授人以渔"而不是"授人以鱼"。这是中国传统的教育理念。具体到汉语教学，就是教会学生如何观察汉语的语言现象、发现汉语的规律、吸收新的汉语知识，这就是学习能力。这种能力的获得，不是靠讲解，而是靠教学与学习过程来培养。

7. 让学生做自己力所能及的事。也就是说，要让学生通过自己的努力去学习，而不是把什么都给他们准备好，他们不付出劳动就可以"不劳而获"。那是培养懒汉的办法。不通过自己的劳动，是学不好任何东西的。我们提出这一点，是有针对性的。目前的教学状况往往是一切都由老师和教材"包办"。这样做，学生上课非常被动，只要带着一张嘴、两只耳朵、一双眼睛来上课就够了。这与我们提出的教学方法和学习方法是相悖的。这样上课的起点接近于"零"——学生对老师教什么、怎么教心中无数；学了这一步，不知道下一步干什么。老师在课堂上做的许多工作其实都是学生在课前自己有能力做的。课上做这些事，浪费了宝贵的时间，教学效率低下。

8. 课内课外的活动相结合，课前、课中、课后的活动相结合。课内的活动指课堂教学，课外的活动指复习与预习。这是任务型教学的原则之一。但我们这里所说与任务型教学所说略有不同。主要的不同就是我们不仅仅是让学生完成交际的任务。如课前的预习，必须使学生明确将要上的课上任课老师每一步都要做什么，就是说，老师上课对学生是"透明"的。这样学生在课上从思想上就变被动为主动。为了做到这一点，老师就必须对预习提出具体的要求，让学生做他们力所能及的工作。这就需要给学生一份详细、具体的预习任务提纲。从预习开始，学生就已经在做"创造性"的工作了。只有经过这样的预习，学生上课才是"有备而来"

的，才能带着一种探求的心理走进课堂。这样，课堂教学的起点就高了，教学效率也会相应提高。

三、教学实践

教学理念和原则只有贯彻到教学实践中去，并在实践中证明是有效的，才能站得住脚，因此我们在提出教学理念和原则的同时，必须解决教学实践的问题。但我们不能只是谈设想，更重要的是总结有关的实践经验。

前面我们讲过，对外汉语教学的目的，既要培养学生的语言交际能力，还要培养他们的学习能力。从这两方面的目的出发，我们要通过教学让学生做他们力所能及的、能发挥他们创造能力的事。那么，学生能做哪些事呢？大致有这样几个方面：

1. 查找：查找的范围很广，如初级阶段从教材或教材所附的字词表中查找语素意义或词义，中高级阶段从词典中查找生词的意义、成语的出处等；查找课文作者的介绍、专名的解释，若是文学作品，可以查找有关的背景等；从课文或已经学过的课文中查找出现的某一语言现象（使用某一句型的句子、词语搭配等）；在汉字教学中，可以从已经学过的汉字中查找含有某个偏旁（声旁或形旁）的汉字，等等。

2. 调查：给学生布置课外的调查任务，譬如"打招呼"。现在的做法是通过翻译或解释，把汉语的招呼语介绍给学生，说明某些招呼语的使用范围、时间、对象等。按照"激创法"的教学，则要求学生去调查。从最简单的"你好""您好"，到"你……呢"之类，都要求学生通过自己调查，总结出以上通常是通过讲解所给出的规律。课上报告调查和总结的结果，互相补充，最后由教师总结。在国外教学时，由于语言环境的关系，调查受到限制，这时就要发挥多媒体的作用，制作或者下载一些相关的画面，让学生观看后总结规律。

3. 比较：一说起比较，我们就会想起比较学生母语和汉语的不同，或者是比较相近的汉语项目（语法的、词汇的等）之间的异同。但这仅是比较的一种，且受学生汉语水平的限制比较大，最好是在知识课上使用。在以掌握汉语为目的的语言课上，我们所说的是另外一类比较。比如在学习新课之前，让学生根据课文的题目（或插图）猜测课文的内容（如果是叙述性的课文，学生的猜测就是根据自己的想象讲一个故事）。这是第一步的创造性工作。因为学生在猜测时一定要调动他学过的词汇、语法等语言手段。既然是猜测，学生就可能猜测得五花八门，而这正是我们所希望的。这说明学生是经过自己的思考猜测的，同时也给上课创造了条件。上课的时候，报告自己猜测的内容。而后粗读课文，与自己猜测的内容做比较，引起讨论，说出自己猜测的故事与课文的故事的不同。这是第二步的创造。每一步都可以先口头，经过纠正再到笔头；从口头到笔头也是进一步创造的过程。这类的比较很能调动学生的积极性与创造性，引起他们对新课的好奇心，为进入课文的教学做出铺垫。但这里说的仅是这类比较的一种形式，教师在这方面大有创新的空间。前不久我听过一次课，老师在学了一则成语故事之后，放了该故事的动画片，然后让学生找出课文和动画片的不同之处。学生非常积极，发言踊跃，他们找出的不同甚至超过老师原来准备的。这就是比较的成功的例子。

4. 总结归纳：主要是课上要求学生总结归纳讨论中的各种

意见、看法（前面的查找、调查、比较的结果都在此列），互相补充，不断"滚雪球"，最后能够形成完整的总结。教师的作用是在学生总结的过程中不断给予启发，最后再强化总结的内容，使之更全面、更系统。

5. 创造性地运用：由于整个学习过程（无论是课前、课中、课后）就是创造的过程，所以学生随时都在创造性地运用已经学的和正在学的。但在不同的学习阶段和不同的学习环节，创造有程度的不同。在开始阶段、初级阶段，教师的引导、控制会多一些。像变换人称的复述、变换体裁的复述，就是初级阶段后期以及中高级阶段很好的创造性的运用。之后过渡到较高程度的创造，如学生独立地设计情景、根据所学内容独立地创造新的类似的内容。假如学的课文是一位作家的小传，那么学生在学习的最后应该可以口头或笔头介绍其他作家的小传。假如教了按时间顺序的篇章结构规律，我们就可以让学生运用这种规律说或写一篇作文。

以上这几种能力的训练，既是语言的训练，又是学习能力的培养。教师应该采用各种手段给学生创造"创造"的条件，包括整个教学（课前预习、课上环节与步骤、课后复习）的设计。教具和多媒体课件的设计与应用，将使得这种创造条件的工作更加丰富与方便。

还应该有意识地培养学生使用工具书和互联网的能力和习惯。我们特别要提倡让学生尽早地使用原文词典（当然主要是专门为外国学习者编写的原文词典），这是提高他们语言水平、语言能力和学习能力的一个非常重要的手段。

在结束本文之前，我们还要说明：（1）本文所阐述的"激创法"汉语教学与创造式汉语学习的方法,虽然是在说对外汉语教学,但其理念具有较强的适应性,特别是对外国学生开设的专业课、知识课,也应该而且完全可以贯彻。(2)本文旨在探索一种教学法体系及其在课堂教学中的可操作性,尚未涉及教材的编写和测试。我们初步设想,假如这个教学法体系基本上可以成立,那么将会给教材和测试带来一些相应的变化。(3)我们以上所说的教学理念、原则和方法,虽然有一定的理论和实践的基础,但仍然属于"刍议"的性质,旨在抛砖引玉。我们认为这里提出的问题或许对建立我们自己的对外汉语教学法体系有些用处,也就是说,我们还没有拿出一个完整的教学法体系。一个教学法体系的形成,要靠群体的智慧与实践。本文提出的许多问题,都有待通过进一步的理论阐发和教学实践加以充实、深化、细化。希望能够引起业内同行的兴趣,更希望得到批评。

参考文献
[1] 胡文仲(1989)《英语的教与学》,北京:外语教学与研究出版社。
[2] 李泉(2002)对外汉语教学的学科基本理论(上、下),《海外华文教育》第3、4期。
[3] 张德琇(1982)《教育心理研究》,北京:教育科学出版社。

试说"北语模式"*

崔永华

0、引言

本文所说的"北语模式"全称为"北京语言大学对外汉语教学模式"。这一教学模式初创于 1950 年的"清华大学东欧交换生中国语文专修班"和随后的"北京大学外国留学生中国语文专修班"。1962 年单独建立的"外国留学生高等预备学校"(1964 年升格的北京语言学院和以后更名的北京语言文化大学、北京语言大学,以下统称"北语"),继续了这种模式的探索。

对于"教学模式",各家所指对象、层次各异,定义、分类众说纷纭,各不相同。本文不想讨论"模式"的概念,只是试图从课程设置、课堂教学方法和作为教学模式载体的教材来宏观地理解北语模式。

需要特别说明的是,北语模式中各种不同的教学类型、层次、课堂教学过程,从广义教学模式[①]的角度看,都有不同的表现形

---

* 原文发表于《国际汉语教学研究》2018 年第 1 期。
① 这里的"广义教学模式"是在宽泛的意义上使用"教学模式"这个术语,包括大家经常讨论的预科教学模式、速成教学模式、基础汉语教学模式、综合课教学模式、语法教学模式、阅读课教学模式等。

式。这些模式可以看作北语模式的"次模式""模式变体"。本文只是从宏观上讨论北语模式,或者说希望说明北语模式的本质特征。

一、北语模式的发展

宗世海(2016:18—39)从课程设置的角度,把 7 位作者[①]在 10 种文献中描述的"我国上世纪 70 年代以来的对外汉语教学模式"归纳为三个大的阶段,即"讲练—复练模式(综合模式)""讲练—复练+小四门模式"[②]"(广义)分技能模式",其中第三个阶段又分为"综合+分技能模式"和"(狭义)分技能模式"。笔者认为,宗文将上述文献观点归纳成这三大四小模式是客观的。值得注意的是,宗文所列模式的代表教材[③]都是当时北语编写、使用的,这表明北语模式是具有代表性的,至少是这种发展过程的一个缩影。因此,本文以此作为讨论的起点。

先看宗文的一个表格。

表 1 反映了以下情况:

---

① 这 7 位作者是吕必松、赵金铭、鲁健骥、李泉、吴勇毅、刘颂浩、崔永华。
② "小四门"指在对外汉语教学形成分技能教学模式之前,在综合课外设置的听力、说话、阅读、汉字、写作、报刊阅读等辅助课程,并不限于 4 门课。这些课程作为综合课的补充,一般没有正式的教材,课时也都比较少。鲁健骥(2017:87—94)说明"小四门"课程的设置是一个渐进的过程,崔永华(1999:4—9)所说的 1980—1986 年是对外汉语教学的"讲练—复练+小四门模式"阶段的说法是不严谨的,笔者赞同鲁健骥教授的看法。
③ 主要指鲁健骥主编的《初级汉语课本》(北京:北京语言学院出版社,1986 年)和李更新、李德津主编的《现代汉语教程》(北京:北京语言学院出版社,1988 年)。

表 1　20世纪70年代以来我国汉语教学模式分析表
（引自崇世海，2016；格式略有调整）

模式代表文献	I. 讲练—复练模式（综合模式）	II. 讲练—复练+小四门模式	（广义）分技能模式	
			III. 综合+分技能模式	IV.（狭义）分技能模式
吕必松, 1985	综合教学路子			按语言技能划分课型：读写，听力，说话；或者听说，阅读，听力精读，写作，听力（第一学期）；附：70年代，听说（打头）、读写两条线，效果不错
吕必松, 2003	综合教学路子		综合教学与分技能教学相结合路子	分技能教学路子
崔永华, 1999	讲练—复练 1973—1980	讲练—复练+小四门 1980—1986	分技能（复合型模式）1986—现在 鲁健骥《初级汉语课本》（北京语言学院出版社，1986）；李德津、李更新《现代汉语教程》（北京语言学院出版社，1988）	
赵金铭, 2007	讲练—复练	讲练—复练+小四门	分技能（复合型模式）1986—现在 鲁健骥《初级汉语课本》，目前占主导地位 李德津、李更新《现代汉语教程》	听说打头 读写打头
鲁健骥, 2009	"复习—讲练—练习"为"文革"前的主要模式，源于美国，"文革"后不久变成"讲练—练习"			分技能 口笔语结合+听力，汉字读写/阅读 鲁健骥《初级汉语课本》 李德津、李更新《现代汉语教程》 李更新《现代汉语教程》 读写、听力、说话

续表

模式代表文献	I. 讲练—复练模式（综合模式）	II. 讲练—复练+小四门模式	(广义)分技能模式	
			III. 综合+分技能模式	IV. (狭义)分技能模式
赵金铭, 2010	综合教学法 代表教材多部，含鲁健骥《初级汉语课本》			
李泉, 2009			分技能教学 鲁健骥《初级汉语课本》	
吴勇毅, 2009	结构驱动的综合教学模式		分技能 鲁健骥《初级汉语课本》	
吴勇毅, 2014				技能驱动的分技能教学模式 一套三本，三门课：读写、听力、说话
刘颂浩, 2014	综合教学模式		分技能教学模式 主课综合，听力、阅读与之配合	按技能设课 分技能教学模式在全国流行后，一般将听、说、读、写四项技能分摊到三门课：读写、听力、说话课中进行训练 ▲北京语言大学听说、读写两条线教学实验

(1) 从所列的教材看，这里讨论的是基础阶段的汉语教学模式。下文所分析的北语模式，也主要指这个阶段。

(2) 北语模式是一个发展着的模式。宗文说明了各家对教学模式的发展阶段认识有所不同，但笔者仍认为可以从中看出大致的发展过程：始于"讲练—复练模式（综合模式）"，发展到"（广义）分技能模式"。同时，笔者仍认为其中存在着由"小四门"逐步过渡到分技能模式的轨迹[①]。

下面的讨论主要涉及表 1 所列"I. 讲练—复练模式（综合模式）"和"III. 综合 + 分技能模式"，为行文方便，下文分别简称为"综合模式"和"综合 + 分技能模式"。

二、北语模式的表现形式

北语现行对外汉语教学体系主要包括四大类型：汉语言本科学历教育、汉语预备教育、汉语进修教育和汉语短期教育。每种类型又因学习者的学习需求、汉语水平、教学时间等方面的不同分成不同的次类。比如汉语短期教育就至少还可以再细分为三个不同次类[②]：（1）强化型（控制性的训练更多）；（2）进修型（教学目标更倾向于了解中国、中华文化等）；（3）短期型（例如有职业目的的、夏令营性质的）。各次类教学在课程设置、教学方法、所使用的教材上都有所不同。那么，这些不同情况的教学是否可以归结为一种教学模式？笔者认为，宗文的表述隐含了

---

① 关于"小四门"在北语课程设置中的发展过程，请参看鲁健骥（2017）。
② 这里对速成汉语教学的分类是根据毛悦教授在一次座谈会上的发言整理的，如有不当，当由笔者负责。

对外汉语教学的不同类型都遵循了上述发展过程的意思,即在同一时期都可以大致归结为同一种教学模式。笔者赞同这种看法,认为当前的北语模式仍是一个"内在一致"的模式。理由如下:

第一,从课程设置上看,北语当前的各类教学都以占用周课时最多的综合课为打头课,同时配有口语、听力、阅读、汉字、写作等技能性课程。当然,各类型所设置的技能课有所不同,而且随着学生汉语水平的提高,增设的技能课也越来越多。

第二,从课堂教学过程和方法看,综合课的主体部分都是由词汇教学、语法教学、课文教学、综合练习构成(参看王青,2006)。课堂练习都是由结构练习(语音、词汇、语法的机械性练习)和运用练习(交际性练习、任务活动等)构成。其他技能性课程也在技能训练的同时不同程度地处理一些结构问题。

第三,从使用的教材看,内容都与课堂教学过程和方法相对应:综合课由课文、生词表、语法解释或注释、综合练习组成。第一学期的课文多是体现交际功能(实际运用)的对话体,第二学期开始的课文则多为与中国国情、文化相关的短文。综合练习的内容都包括语音练习(入门阶段)、词汇练习、语法练习(很多还坚持保留句型替换练习)、应用(情景)练习、任务活动等。

可见,从现行的课程设置、课堂教学过程和使用的教材来看,在形式上,北语的对外汉语教学处于宗文所说的"综合+分技能模式"阶段,在各种教学类型之中,存在着超越各种教学类型的、内在一致的"核心"教学模式。

三、北语模式的内涵

那么,这个核心模式的内涵是什么呢?通过分析上述各教学类型的课程设置、课堂教学过程和教材,尤其是综合课教材,可以看出各种类型的教学模式都具有以下基本的属性:

第一,结构第一。这里的"结构"指语音、词汇、语法、汉字[①]等语言要素的教学。这是北语模式的本质特征。北语模式对结构的重视表现在:(1)各种类型的主干教材——综合课教材都将结构教学内容放在显著的地位,特别是语音(入门阶段)、语法教学;(2)教材的明线或暗线都遵循或参照要素教学大纲排序(即相关的语法大纲、词汇大纲、汉字大纲等),其中又以大纲的语法排序为主要考虑因素;(3)教材都有大量的语音、词汇、语法、汉字练习,特别是语法结构的重复、替换等机械性、结构性练习,我们把它称为结构性练习。

结构第一的指导思想还表现在教学方法上。北语的课堂教学一直坚持结构操练。教学操作的核心原则是"精讲多练"。"精讲"是说不完全排斥解释,包括教材甚至课堂上必要的外语解释,但是要少而精,讲得必要、易懂、简洁。"多练"就是如上所说,课堂内外必须有大量的练习,特别是足够的结构性练习;当然,也越来越注重交际性练习、任务活动等。

结构第一是对外汉语教学的传统。现代汉语作为第二语言教学法的创始人赵元任先生持此做法,北语模式的源头清华大学、

[①] 严格地说,汉字不属于语言要素,本文从汉语学习的角度,把它列入汉语学习的"结构"要素。

北京大学的"专修班"基本继承了这种教学思路。此后对外汉语教学的各个发展阶段都始终坚持着结构第一的思路。

北语教材一直为国内外所欢迎，说明它有一种被认为适合汉语作为外语或第二语言教学的思路，因为它体现了汉语作为一种"独特外语教学"的特点。如刘珣教授在一次讲座中所说，"美国语言教育家 A. Ronald Walton 20 世纪 80 年代就说过汉语是美国学生'真正的外语'。德国顾安达（Andreas Guder）教授也认为，对欧洲人来说汉语是'外语中的外语'……汉语属于汉藏语系，与绝大多数学习者的母语的谱系相距很远。在语言结构方面，共同之处实在太少"。因此，对大多数汉语学习者来说，必须有对结构（语音、词汇、语法、汉字）必要的死记硬背和机械性的熟巧操练，才可能记住汉语的词汇、汉字和语法规则，才能达到脱口而出、流利书写，形成良好的汉语交际能力。

第二，突出功能。这里所说的"功能"是指以培养实现语言交际功能的能力为教学目标，简单说就是培养汉语运用能力。重视结构的最终目的是培养语言运用能力，即实现语言的交际功能的能力。北语当前"综合+分技能模式"的课程设置，正是体现了这种教学思路：掌握语言结构知识—掌握听说读写技能—获得交际能力。

实际上，北语模式从其源头就持有这一主张。1953 年周祖谟（1953：25—28）在《教非汉族学生汉语的一些问题》中就指出，语法教学的目的在于使学生掌握基本的语法知识，以便发展说话和听话的能力，并且为培养阅读的能力打下基础。北京语言学院 1982 年制定的《汉语预备教育教学计划（试行）》继承和发展了这一思想，指出要针对学生的交际需要选择语言内容和语言材料;按照辩证唯物论的认识论的原理,组织、引导学生通过大量的、自觉的语言实践来掌握语言,通过灵活多样的教学方法尽快地培养学生实际运用语言的能力(转引自吕必松,1990:55)。

当然,培养运用能力的思想还经历了一个由"结构为主"到"结构+技能"再到今天的"结构+技能+运用(功能)"逐步发展的过程。随着语言教学理论的发展和对教学效果的观察分析,如对学习者结业后运用汉语情况的调查和使用偏误分析,培养语言运用能力的思路越来越明确。近年来汉语教学强调任务型教学,也是这种思路的体现。

国家汉办2008年发布的《国际汉语教学通用课程大纲》比较好地归纳了这种思路(如图1所示)。

为了表述的需要,我们在本文中用"功能"指代"语言综合运用能力"的培养。

第三,注重文化因素。这里的文化因素大致可以分为三个方面的内容:汉语中包含的文化因素的教学(即张占一先生所说的"交际文化"[①])、中国国情介绍、中国传统文化介绍。

对外汉语教学中包含文化内容由来已久。比如赵元任先生在《国语入门》中所讲的"在'王'之后,应避免用语助词'吧'"和对"大便小便都通"的注释(参看周质平,2015:83—92)。又如1962年北京外国留学生高等预备学校的《一年级现代汉语

---

① 张占一1984年在《汉语个别教学及其教材》一文中从功能角度把语言教学中的文化内容划分成"知识文化"和"交际文化"两类:"知识文化"指非语言标志的、对两种不同文化背景的人进行交际时不直接产生严重影响的文化知识;"交际文化"指的是两种不同文化背景熏陶下的人在交际时,由于缺乏有关某词、某句的文化背景知识而发生误解。这种直接影响交际效果的文化知识就是交际文化。胡文仲、高一虹(1997)认为"这样一种文化观对于对外汉语教学尤为适用"。

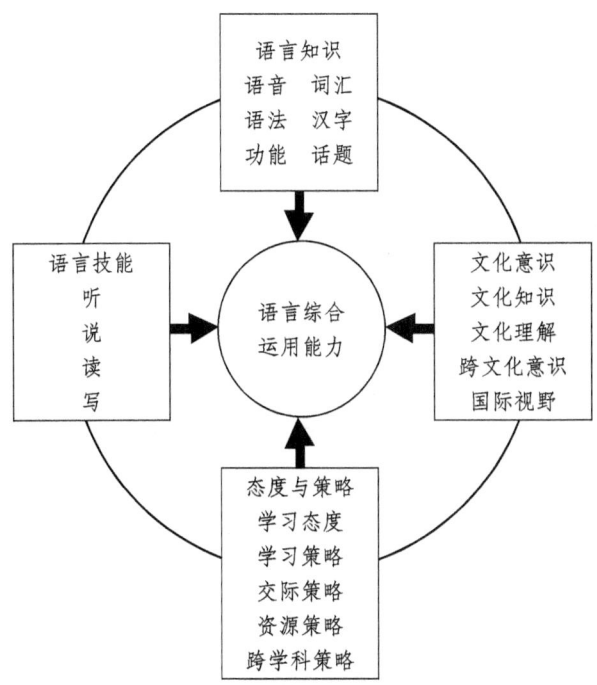

图 1 国际汉语教学课程目标结构关系图

教学大纲（试行）》规定，专题报告课"目的在于提高学生听汉语及记笔记的能力，为将来入系听课做准备，并利用这机会向学生介绍中国的新旧文化的某些方面，促进学生对中国的了解"（转引自鲁健骥，2017）。

20世纪80年代，在当时的文化思潮、文化语言学思潮和国内外第二语言教学界开始特别强调文化因素的氛围中，对外汉语教学也兴起了一阵"文化热"，主要表现为：在讨论语言和文化的关系时，张占一先生提出要区分知识文化和交际文化，引起学界的强烈反响；大力倡导"文化导入"，强调在语言教学中要加大文化教学的内容；更有同人主张对外汉语教学应当拓展为对外汉语文化教学，培养能从事汉学研究的高层次人才（参看程裕祯，2005）。

时至今日，学界对"文化"在语言教学中的地位、作用的认识仍有所不同，但文化已经成为汉语教学中一个不可或缺的因素。教学、教材注意讲解交际文化内容，教材选编涉及中国国情、文化内容的课文时，通过注释等途径帮助学生了解、理解中国文化，等等，已经成为学界的一种自觉行为。这对学习者学习、理解和正确使用汉语，了解、理解中国文化，提高学习兴趣，形成跨文化交际意识和能力，都起到了很好的作用。

四、小结

基于以上分析，本文认为，从宏观上说，"北语模式"在形式上表现为"综合课+技能课"模式，其本质属性可以用"结构—功能—文化相结合的教学模式"来概括。这是一种既不同于听说法，也不同于交际法的教学模式，是一种基于汉语作为第二语言的特点和汉语教学的特点而形成的教学模式。其本质特征是始终坚持"结构第一"。

北语模式是 20 世纪 50 年代以来国内外数代汉语人以自己的教学实践为基础，不断积累经验，积极探索，不断吸取国外第二语言教学理论和实践中的有效成分，由结构思路到结构—功能思路，逐步形成了当前的结构—功能—文化相结合的教学模式。应当看到，这一模式得到国内外汉语教学界广泛认可，是因为它是国内外对外汉语人通过自己扎扎实实的实践和探索共同创造的，如其中文化教学的思想，就凝聚了国内外多少学者的心血。这是对外汉语教学界对国际语言教学理论和实践的重要贡献，可供类似语种作为第二语言教学借鉴。

由于尚未看到正式讨论"北语模式"的文献，本文也只是尝试讲述一个未必准确的思路，并且北语模式的理论、实践、发展，需要大量讨论才能说清，所以本文只能是"试说"。笔者渴望小文能成为引玉之砖，文中偏颇、不足之处，恳请同行批评指正。

参考文献
[1] 程裕祯主编（2005）《新中国对外汉语教学发展史》，北京：北京大学出版社。
[2] 崔永华（1999）基础汉语教学模式的改革，《世界汉语教学》第1期。
[3] [3] 胡文仲、高一虹（1997）《外语教学与文化》，长沙：湖南教育出版社。
[4] 鲁健骥（2017）对外汉语教学历史上的"小四门"——初步的考察与思考，《华文教学与研究》第1期。
[5] 吕必松（1990）《对外汉语教学发展概要》，北京：北京语言学院出版社。
[6] 王青（2006）对外汉语初级阶段综合课的课堂教学模式研究，北京语言大学硕士学位论文。
[7] 张占一（1984）汉语个别教学及其教材，《语言教学与研究》第3期。
[8] 周质平（2015）美国中文教学史上的赵元任（下），《国际汉语教学研究》第1期。
[9] 周祖谟（1953）教非汉族学生汉语的一些问题，《中国语文》第7期。
[10] 宗世海（2016）我国汉语教学模式的历史、现状和改革方向，《华文教学与研究》第1期。

汉语进修教育教学模式的继承与发展 *

张　辉

〇、引言

0.1 关于"教学模式"的界定

对于"教学模式",国内外学者一直有不同的定义。对外汉语教育界的认识和界定也不尽相同,比如:崔永华(1999:3—8)认为,"教学模式指课程的设置方式和教学的基本方法",后来崔永华(2018)又将教材纳入教学模式的研究范畴之内;赵金铭(2007:41—45)认为,教学模式是具有典型意义的、标准化的教学或学习范式。近年来有关对外汉语教学模式的讨论,事实上也常常是在对"教学模式"的不同认识和理解下进行的不同层面上的对话。

本文使用的"教学模式"的操作性定义是:为实现特定教学目标,在一定教育思想、教育理论的指导下,在丰富的教学实践基础上形成的稳定、简明的教学活动框架及操作方式[①]。教学模

---

* 原文发表于《国际汉语教学研究》2018 年第 3 期。
① 此定义主要参照李如密(1996:25—29)对"教学模式"所做的界定。

式的构建既需要教学思想、教学理论的指导，也需要扎实的教学实践作为依据和支撑。教学模式涉及诸多因素，其中，课程的设置是"稳定、简明的教学活动框架"的外部形式；实施教学的程序和方法是"（教学活动的）操作方式"；与教学模式配套的教材则是模式运行的基础和保障。

0.2 关于北语汉语进修教育及其教学模式

对外汉语教育[①]中的汉语进修教育是指国内高校针对以提高汉语水平为主要目的而来华的学习者进行的非学历汉语教育。其教学对象是具有高中以上学历的来华留学生，称为语言进修生，学习的主要内容为汉语和相关课程，学习时间一至两年。汉语进修教育是对外汉语教育的一个重要类型。

北京语言大学（以下简称北语）的汉语进修教育是在学生来源、学习需求、目标、时间等日趋多元化、差异化的发展过程中，从二十世纪六十年代逐渐发展起来的。随着北语对外汉语教育的发展和教学体系的不断完善，其汉语进修教育的发展大致经历了二十世纪六十年代初至七十年代末的萌芽期、二十世纪八十年代初至二十一世纪初的探索期，逐步走到了当前的成熟期。

在这个过程中，北语的汉语进修教育的教学模式在继承传统的基础上不断探索、创新，由萌芽期的"讲练—复练"模式、探索期的"分技能"模式，逐步形成了成熟期的既与本科学历教育、汉语速成教育、汉语预备教育有共核，又独具特色的"复合型"

---

① 此次行文中，笔者感到"对外汉语教学"无法准确概括当下教育体系的发展、变化，也无法体现其与汉语进修教育、预备教育、学历教育等的上下位关系，故暂且在文中改称为"对外汉语教育"。

模式。

本文试图从教学模式的理论基础、课程设置、教学方法及教材几方面，简要回顾北语汉语进修教育初级阶段教学模式的发展历程[①]。

一、萌芽期——"讲练—复练"模式

1.1 北语汉语进修教育的萌芽期

从1962年北语前身"外国留学生高等预备学校"（以下简称高等预备学校）成立到二十世纪七十年代末，是北语汉语进修教育的萌芽期。其源头可追溯到二十世纪五十年代的清华大学"东欧交换生中国语文专修班"（以下简称专修班）的汉语教学。1962年高等预备学校成立后，北语的来华留学生渐呈多元化的发展态势，进修生的比例不断增加，但在初级汉语教学阶段，进修生与预科生一直混合编班，教学是在统一的模式下进行的。这种情况一直延续到二十世纪七十年代末[②]。

1.2 "讲练—复练"模式的来源

专修班的汉语教学采用"讲练—复练"的授课方式[③]。北语建校初期的初级汉语教学，包括处于萌芽期的汉语进修教学，继承这种授课方式。在这种授课方式基础上建立起来的教学模式

---

① 文中所讨论的北语汉语进修教育教学模式均限定在初级汉语教学阶段，大致等于在北语第一学年的学习时间。
② 这一时间节点的确定根据崔永华（1999）、鲁健骥（2003）文中的看法。
③ 此表述参照鲁健骥（2003）中的有关论述。

被学界称为"讲练—复练"模式①。

"讲练—复练"模式发端于二战期间的美国陆军特训班（Army Special Training Program，简称 ASTP）。该模式所运用的语言教学方法建立在结构主义语言学和行为主义学习理论基础之上，被称作"听说法"。其特点是把语言学习理解为"刺激—反应"和"强化"的作用，强调通过反复操练句型结构来培养语言的听说能力。其授课形式为"主讲课 + 复练课"②。

二十世纪五十年代初清华专修班成立后，曾在 ASTP 任教的邓懿先生将此法略加改造，用于专修班的汉语教学③。北语萌芽期继承了这一模式。此后课程设置虽然逐渐发生变化，但主体仍为"讲练—复练"模式。

1.3 北语"讲练—复练"模式简析

关于北语的"讲练—复练"模式，鲁健骥（2003，2016，2017，2018）、崔永华（1999，2018）均有介绍和讨论，鲁健骥（2016）也将其称为"综合模式"。

北语的"讲练—复练"模式带有强烈的"听说法"烙印：强调句型和语法结构学习，教师是课堂的主导者，课堂教学的所有活动都在教师的控制之下，学习者被要求反复"操练"学习内容，做出快速"反应"。但是另一方面，这一时期的词汇和语法教学仍保留了很多"直接法"的做法：用目的语汉语作为教学语言，

---

① 崔永华（1999，2018）、鲁健骥（2003，2016，2017，2018）、赵金铭（2007）等前辈学者在各自文中均将这一阶段教学模式称为"讲练—复练"模式。

② 文中有关"讲练—复练"教学模式及"听说法"的分析和表述参照了吕必松（1981）、崔永华（1999）、鲁健骥（2003，2016，2017，2018）三位前辈学者的相关介绍和论述。

③ 鲁健骥（2003）中对北语"讲练—复练"模式的由来有比较详细的介绍。

尽量不使用学习者的母语；采用直观的教学手段让学习者感知和理解教学内容；通过归纳法提炼语法规则；等等。可见，北语的"讲练—复练"模式并不是完全照搬美国 ASTP 的"听说法"教学模式，而是一种融合了"听说法"和"直接法"各自优势的"融合"模式。它体现了北语教学模式构建、发展的总体思路——基于汉语和汉语教学实践，"海纳""包容"各种语言教学流派的优势，探索适合对外汉语教学特点的教学模式。

1.4 "讲练—复练"模式的不足

总体来看，在初级教学阶段，尤其是词汇—语法教学阶段，"讲练—复练"模式的教学效果较为明显，学习者的学习效率普遍很高[①]。但是从今天对第二语言教学的认识出发来审视这一时期的"讲练—复练"模式，不难发现其中确实存在着"听说法"的先天缺陷：

（1）过于强调教师在课堂教学中的主体作用，学生的主观能动性和语言创造力未能得到有效发挥。

（2）课堂练习[②]方法相对机械，对于汉语进修生来说，容易产生学习的疲劳感和厌倦感。

（3）过于强调听、说训练，未能使学习者的汉语言能力得到全面发展。

（4）只重视句型和结构的教学，未顾及语篇能力的培养。

---

① 参看本文 3.1 中研讨会的共识一。
② 在"讲练—复练"模式中，"课堂练习"被称为"操练"或"训练"，可见当时教师对课堂练习的认识和做法。

二、探索期——"分技能"模式

2.1 北语汉语进修教育的发展期

二十世纪八十年代起,北语作为全国唯一一所以来华留学生汉语教育为主的高等院校,汉语进修教育的规模迅速扩大,进入发展期。发展期的标志性事件包括:1986 年成立来华留学生三系[①],进修生成为主要教学对象之一;1993 年成立汉语学院,大部分进修生的汉语教学任务由该学院的基础系承担;2003 年北语成立汉语进修学院,标志着北语的汉语进修教育已经跟汉语学历教育、汉语速成教育三分天下。此后每年在校进修生都达千人以上,学生的来源、学习需求也日趋多元化。

2.2 "分技能"教学模式的初建

北语关于"分技能"教学模式的探讨[②],从二十世纪七十年代末至八十年代末,经历了近十年的时间。大致来说,这种探讨是在以下背景下进行的:(1)1978 年,吕必松先生在北京地区语言学规划会议上提出"要把对外国人的汉语教学作为一个专门的学科来研究"[③],唤醒、活跃了北语对外汉语教师和教学关注语言教学方法,总结教学实践,进行教学研究和探索的活动。

---

① 1986 年,北语将来华留学生一系分为新一系、三系。新一系专门承担理、工、农、医类的预科教育的教学任务,三系承担汉语言本科一年级和进修生的汉语教学任务。笔者认为,此次教学机构的改革使北语的对外汉语教育更加细化和系统化。

② 必须说明,这是对北语整体对外汉语教育模式的探讨,而不是只针对汉语进修教育的。

③ 源自《中国语文》1978 年第 1 期孟琮的《北京地区语言学科规划座谈会简况》中的介绍。

（2）国外语言教学理论的引介，特别是当时非常活跃的"交际教学法"，开启了汉语教师改变、改进教学方法的思路。

（3）北语与国外的学术交流，特别是由吕必松先生和黎天睦（Timothy Light）先生（时任美国俄亥俄州立大学东亚系主任）搭建的中美学术交流桥梁，让北语教师在教学理论和方法上得以"近水楼台"，形成了进行深度教学改革的团队①。

有了上述三方面的基础，北语的对外汉语教学开始下决心解决"讲练—复练"模式产生的问题。

经过几年的探索、总结、设计和实验，前辈学者鲁健骥主编的《初级汉语课本》和李德津、李更新主编的《现代汉语教程》先后于1986年和1988年正式由北京语言学院出版社出版并投入使用，北语的教学模式由"讲练—复练"模式转型为"分技能"模式②。

北语的汉语进修教育也开始在这一模式下进行。

二十世纪八十年代末期的"分技能"模式的教学曾存在两种并行的课程设置：使用《初级汉语课本》的教学班，课程设置为"精读课+听力课+汉字课/阅读课"；使用《现代汉语教程》

---

① 据前辈学者崔永华先生介绍，1983年，黎天睦教授专门为北语对外汉语教师开设了语言教学法课程。这是我国第一次请海外专家为对外汉语教师系统讲授语言教学法课程。讲座内容整理成《现代外语教学法——理论与实践》，1987年由北京语言学院出版社出版。另外，八十年代初开始，北语十多名骨干汉语教师应邀到俄亥俄州立大学进修，受到国外语言教学理论和方法的熏陶，回校后多有建树，例如鲁健骥、张占一、刘珣、陈贤纯、崔永华等诸位先生。

② 按照当年教学改革的主要亲历者之一鲁健骥先生的描述（2003，2016，2017，2018），在真正的"分技能教学"模式形成之前，初级汉语课程有很长一段时间是按"讲练—复练"模式的补充形式——"讲练—复练+小四门"形式进行设置的。

的教学班，课程设置为"读写课+听力课+说话课"。后一种课程设置使用时间不长。第一种课程设置则一直使用到1993年北语成立汉语学院基础系，可以视为"分技能"模式的代表性课程设置形式。

1986年至1992年，即在北语成立来华留学生三系时，"分技能"模式的课程设置如表1：

表1 北语来华留学生三系一年级第一学年课程设置（1986—1992）

学时	第一学期				第二学期			
	第1学时	第2学时	第3学时	第4学时	第1学时	第2学时	第3学时	第4学时
课型	精读课	精读课	听力课	汉字课	精读课	精读课	听力课	阅读课

从表1可以看出，这是一种包含了交际法语言教学观的课程设置——既有承载着语言知识学习和综合语言技能培养双重任务的精读课，又有专门发展学习者语言能力的单项语言技能课。第一学期的技能课为听力课和汉字课，每日各1学时，分别使用与《初级汉语课本》主干教材配套的《初级汉语课本·听力练习》[①]和《初级汉语课本·汉字读写练习》[②]。汉字课的教学内容包括汉字知识和汉字书写练习，也包括句子和语段的阅读训练。要求书写当日精读课上所学生词中的汉字，阅读的句子和语段则是用精读课中的词语组成的有意义的内容，并尽量复现精读课上学过

---

① 北京语言学院来华留学生三系编，李世之、李继禹执笔，北京：北京语言学院出版社、华语教学出版社，1986年。

② 北京语言学院来华留学生三系编，刘岚云执笔，北京：北京语言学院出版社、华语教学出版社，1986年。

的语言点。第二学期,汉字课升级为阅读课,其他课程不变;听力课和阅读课仍为每日各1学时。

这种课程设置的方式对教材的要求很高,《初级汉语课本》系列教材较好地满足了课程的要求。

北语的"分技能"模式虽然是在当时"交际法"教学思潮影响下建立起来的,但并没有完全摒弃"讲练—复练"模式。相反,它继承了"讲练—复练"模式的主要教学思路和教学方法,比如仍然重视语法结构教学,保留句型操练等操作形式[①]。

2.3 "分技能"模式的改进

1993年,北语成立汉语学院,来华留学生一系与三系合并成立基础系。基础系无论学历生还是进修生,一律按语言水平编班,于是汉语进修教育被纳入本科学历教育的管理体制。初级阶段的进修教育采用与本科学历教育相同的教学模式,基本沿用表1的课程设置,但从教学管理的角度稍做改动。具体安排如表2:

表2 北语汉语学院基础系一年级第一学年课程设置(1993—2003)[②]

学时	第一学期				第二学期			
	第1学时	第2学时	第3学时	第4学时	第1学时	第2学时	第3学时	第4学时
课型	综合课	综合课	听力课/阅读课		综合课	综合课	听力课/阅读课	

---

① 这一观点基于笔者二十世纪八十年代末入职北语来华留学生三系时所接受的教学培训和对课堂教学的观察。当时入职的新教师都要接受为期3个月的岗前培训(培训教师均为当时北语的对外汉语教学专家),之后被安排入班观摩优秀教师的课堂教学。

② 事实上,表2所列的课程设置方式在北语汉语进修学院成立后仍沿用了5年,直至2008年"复合型"教学模式诞生。

在表 2 呈现的课程中，主干课由原来的"精读课"改称"综合课"，这更好地反映了该课程的性质和任务；听力课和阅读课由原来的每日各 1 学时改为隔日交叉进行的每次 2 学时。在具体操作中，第二学期的听力课和阅读课由原来每周各 6 学时减为每周各 4 学时①。这种课程安排可以看成是"分技能"模式的"改进版"。

"改进版"不仅对课程设置有所调整，教学内容和教学方法也有不同程度的变化。比如：在重视语法结构教学的基础上，强调了"功能—意念"的教学；在延续使用八十年代课堂教学的有效教学方法之外，很多教师都在课堂练习中增加了交际性较强的练习或活动；语段和语篇教学意识增强，更注重成段表达。

1999 年起使用的《汉语教程》②替代了使用了十几年的《初级汉语课本》，比较好地适应了这一阶段的汉语进修教育和本科学历教育的"分技能"模式的教学需求。

2.4 "分技能"模式的不足

北语的"分技能"模式是在"讲练—复练"模式基础上，吸纳了"交际法"的教学思想，与时俱进地对教学模式进行的一次改革。围绕主干课"综合课"开设的单项语言技能课弥补了"讲练—复练"模式的不足，有利于学习者听、说、读、写能力的全面发展。

但是，在教学实践中，"分技能"模式也暴露出一些问题。

---

① 第二学期的听力课和阅读课在各减为 4 学时后，汉语学院基础系同时增加了 2 学时的实验性课程，如曾不同期地开设过口语课、视听课、写作课等。

② 北语汉语学院基础系自 1999 年起，各类教学班统一使用《汉语教程》（杨寄洲，北京：北京语言文化大学出版社，1999 年）。

比如：

（1）这种设课方式需要多名任课教师密切配合，教学进度要保持高度一致，这给教学管理带来了很多难题。

（2）从理论上讲，分技能设课的方式需要单项语言技能课的教材与主干课教材在教学内容上高度"共核"。但是在教材编写实践中，单项语言技能课的教材都难免或多或少存在超出主干课内容的词汇和语言项目。这使得语言技能课并不能完全专注于技能训练，而要先"扫清"语言障碍，这也增加了学生的学习负担，影响了教师语言技能训练目标的达成。

（3）语言技能课过于专注单项技能的发展，忽略了语言技能之间的关联、互动发展。

三、成熟期——"复合型"模式

3.1 汉语进修教育的成熟期

本文权以北语汉语进修学院 2008 年开始使用的专门为汉语进修教育编写的《成功之路》系列教材①，作为北语汉语进修教育进入成熟期的标志。理由见"结语"。

2003 年初，北语汉语进修学院成立，使得北语的汉语进修教育上了一个新的台阶，也为汉语进修教育提供了独立发展的空间。经过一段时间的磨合、酝酿，2005 年汉语进修学院启动了教学改革和新教材《成功之路》的编写工作。为此，学院召开了不同层

---

① 《成功之路》历时三年的编写和教学实验，于 2008 年由北京语言大学出版社出版，编者团队由北语汉语进修学院有着丰富教学经验的一线教师组成。

次的汉语进修教学模式与教材编写研讨会。参与研讨的很多教师既是"讲练—复练"模式的亲历者，又是"分技能"模式的实践者。经过深入研讨，大家达成了如下基本共识：第一，在初级汉语教学的初期阶段[①]，"讲练—复练"的设课方式教学效果更明显，学习效率更高。第二，在初级汉语教学的后期阶段[②]，"分技能"教学模式可以更好地培养和发展学习者的各项语言技能，有助于形成学习者的汉语综合运用能力。基于这种共识，汉语进修学院确定教学改革的基本方针：在继承传统的基础上，创新初级汉语教学模式，调整课程设置，编写与新模式、新课程相适应的汉语教材。

3.2 "复合型"教学模式的建立

2008年9月，历经3年的研讨、编写、试用、修改，系列教材《成功之路》初级部分正式出版并投入使用。这标志着北语汉语进修教育的初级汉语教学模式正式由"分技能"模式转变为"复合型"模式。本文称新模式为"复合型"模式，是因为它是一种融"讲练—复练"模式和"分技能"模式为一体，并吸收了二十一世纪一些新的教育理念的教学模式。其课程设置体现了这一模式的特点。

从表3可以看到，"复合型"教学模式的课程设置在第一学期和第二学期是不同的。第一学期只有两门课——初级汉语综合课1和初级汉语综合课2，二者之间的关系相当于"讲练—复练"模式下的"讲练课"与"复练课"的关系。第二学期开设三门必

[①] 指语音教学阶段和词汇、语法教学阶段，即第一学年中的第一学期。
[②] 指初级汉语的短文教学阶段，即第一学年中的第二学期。

修课，主干课仍为初级汉语综合课，继续承载着语言知识的学习和综合语言技能培养的双重任务。另外两门课分别为初级汉语听和说课、初级汉语读和写课。这两门课程虽然都是语言技能课，但不同于"分技能"教学模式下的单项语言技能课。两门课都将"输入"与"输出"的语言技能结合起来，进行语言能力的整合性训练。为了更好地满足进修生的差异化学习需求，第二学期除必修课之外，还开设了一些专项选修课供学习者选择。

表3 北语汉语进修学院初级汉语系第一学年必修课课程设置（2008年至今）

学时	第一学期		第二学期	
	第1、2学时	第3、4学时	第1、2学时	第3、4学时
课型	初级汉语综合课1	初级汉语综合课2	初级汉语综合课	初级汉语听和说课 / 初级汉语读和写课

3.3 "复合型"教学模式教学方法的变化

"复合型"教学模式在继承北语传统教学方法的基础上，提倡将具有情境性、生成性、交际性和任务式的教学方法及练习方式融进课堂教学，重视学习者的语言创造能力。比如，第一学期虽沿用了"讲练—复练"模式的课程设置形式，但词汇和语言点的教学尽可能置于情境之中，句型操练不再仅限于机械式的听、说练习，而是将结构性练习和综合运用练习有机结合，渐进式、全方位地培养学习者的听、说、读、写技能和实际语言运用能力。这样的教学思想通过专门为这种教学模式编写的《成功之路》系列教材体现，并以此引导教师的教学行为。在此，以《成功之路·起步篇》[①]第 6 课的练习设计为例来说明"复合型"教学模式在教学方法上的变化。该课的语言点是"时间表达法",教材中提供给"复练"课的练习设计如图 1 所示:

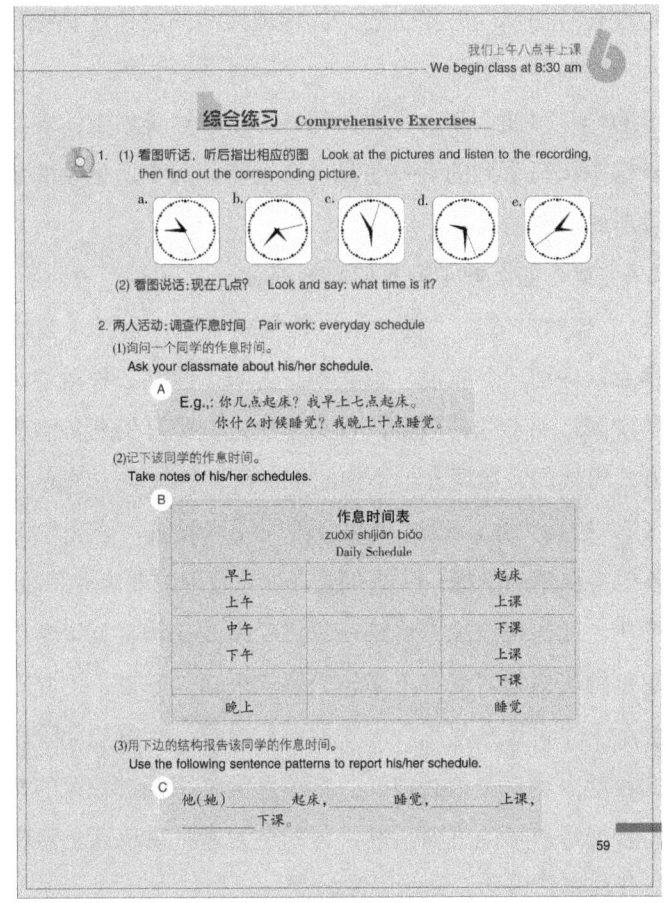

图 1 《成功之路·起步篇》第 6 课练习设计截图

———————
① 《成功之路·起步篇》由北京语言大学出版社于 2008 年 8 月出版,编者为北语汉语进修学院教师杨楠。

我们可以看到,围绕着语言点"时间表达法",该课的练习是这样设计的:第1项练习(即第1题)属于较为传统的基础性结构练习,听、说并举,操作程序为先输入后输出。在学习者掌握了"时间表达法"的基本结构基础上,进入培养语言生成能力的综合性任务活动(即第2题)。该项活动的设计注重练习的层次性,活动需分步进行:第一步为交际性的听说练习——询问一个同学的作息时间;第二步为读写练习——读懂给定的表格内容并在表格中填写听到的有关信息;第三步,加工所记录的信息并以语段形式口头输出。

3.4 "复合型"教学模式的教学理念

(1)兼收并蓄。"复合型"教学模式以"讲练—复练"模式为基点,保留"分技能"教学模式之长,吸纳各种教学法中经过教学实践证明有效的成分,包括世纪之交流行的任务型教学法和后方法时代的教学理念,不拘泥于任何一种教学法理论。

(2)结构为本。通过初期阶段的课程设置,强化学习者对汉语各语言要素的掌握,以提高语言实际运用的准确性和流利性。实践证明,北语传统的"讲练—复练"模式在语言要素学习方面为零起点的汉语学习者打下了较为坚实的语言基础。"复合型"模式继承了"讲练—复练"模式的课程设置,使得初期阶段两门课程的教学内容完全"共核",复练课紧紧围绕讲练课的教学内容进一步展开有效的练习活动,帮助学习者把讲练课上所学语言知识转化成语言能力,教学效率较高。

(3)综合训练。在学习者掌握了常用词汇和基本语法结构之后,第二学期设置技能训练课。但与"分技能"模式不同,"复合型"模式的两门技能训练课——初级汉语听和说课与初级汉语读和写课分别将听说和读写的输入技能与输出技能结合起来，使二者互相促进，相得益彰，克服了以往人为割裂综合技能训练的缺陷。

（4）重视语体。在教学和交际中，我们常常发现，不少汉语学习者的口头和书面表达都会出现语体不当的情况。鲁健骥先生早在2003年就在《口笔语分科 精泛读并举——对外汉语教学改进模式构想》一文中提出了口语、笔语（书面语）分科教学的设想。受此启发，我们在第二学期的初级汉语听和说课及初级汉语读和写课，分别使用汉语的口语体语料与书面语体语料：前者尽量通过口语体语料进行汉语听、说能力训练；后者则尽量通过书面语体语料培养学习者的读、写能力。

（5）语文分流。国内以往的汉语教学大多实行语文同步的教学安排，初学者觉得难度大，障碍多。"复合型"模式在教学初始阶段，即通常所说的语音教学阶段，采用阶段性语文分流的教学设计。这个阶段"语文分流"中的"语"包括学习汉语普通话语音系统以及一些用拼音形式呈现的日常交际用语；"文"则指独立学习50个最基本的、组成合体字频率高的汉字，熟练掌握其音、形、义。这种教学安排为下一阶段的语文合流教学分解了难点，打下了汉字学习的基础。《成功之路·入门篇》[①]采用了这样的教学设计。

（6）学生为主体。"复合型"教学模式吸收建构主义的教育思想，提倡教师由课堂教学的"主导者"变成"引导者"，重视学习者在课堂教学中的主体作用和成人学习者的认知特点，尽

---

① 张辉编著，北京：北京语言大学出版社，2008年。

量通过情境教学帮助学习者逐渐构建起汉语言知识系统,并通过机械式练习、生成性练习、综合运用练习(交际式、任务式的活动),实现语言知识内化为语言能力的目标。

四、结语

本文简要回顾了北语汉语进修教育事业和教学模式半个多世纪的发展历程。最后有以下两点想特别说明:

(1)本文把第三阶段称为"成熟期",并不意味着笔者认为北语汉语进修教育和教学模式的发展就此止步了。成熟并不意味着终结。毫无疑问,汉语进修教育还将继续发展,对更优教学模式的探索永不会止步。

(2)"复合型"模式在初级汉语教学的初期阶段回归到"讲练—复练"模式的课程设置方式,笔者认为,这反映出我们经过半个多世纪的沉淀,得到的对汉语作为第二语言教学特点的基本认识。在初级汉语教学的初期阶段,即词汇、语法教学阶段,"讲练—复练"模式的课程设置方式及其对汉语句型、结构的重视和练习强度,能非常有效地强化成人学习者对汉语各语言要素的掌握,提高语言实际运用的准确性和流利性。

参考文献
[11] 崔永华(1999)基础汉语教学模式的改革,《世界汉语教学》第 1 期。
[12] 崔永华(2018)试说"北语模式",《国际汉语教学研究》第 1 期。
[13] 李如密(1996)关于教学模式若干理论问题的探讨,《课程·教材·教法》第 4 期。
[14] 鲁健骥(2003)口笔语分科 精泛读并举——对外汉语教学改进模

式构想,《世界汉语教学》第 2 期。

[15] 鲁健骥（2016）关于对外汉语教学模式的对话,《华文教学与研究》第 1 期。

[16] 鲁健骥（2017）对外汉语教学历史上的"小四门"——初步的考察与思考,《华文教学与研究》第 1 期。

[17] 鲁健骥（2018）对外汉语教学预备教育教学模式：从综合到分技能,《国际汉语教学研究》第 1 期。

[18] 吕必松（1981）"听说法"评介,《语言教学与研究》第 4 期。

[19] 赵金铭（2007）对外汉语教学模式创新与教材编写，见《第八届国际汉语教学讨论会论文选》，北京：高等教育出版社。

基于后方法理论的"汉字—词汇"二元动态教学模式探索*

郭修敏　刘长征

在第二语言教学中,"后方法"(post-method pedagogy)是超越传统"教学法"概念、突破具体教学方法层面的教学理念。后方法理论揭示了第二语言教学是一个多因素、多层次、多学科和多维度的过程,它提出教学过程不应拘泥于固定的教学方法和具体的教学程序要求,应当是一个开放的、动态发展的系统。该理论的代表人物 Kumaravadivelu（1994）曾指出:"后方法使教师能够构建针对课堂教学的实践理论",并且"使教师能产生符合具体情境和针对课堂教学的改革实践"。在第二语言教学逐步迈入"后方法时代"(the post-method era)的今天, 怎样契合对外汉语教学的新形式和新需求,如何从汉语教师的层面进行教学的自主创新,是近年来学界研究的热点之一。

对外汉语教学中的"本位"问题历来是研究者们共同关注的问题,究竟应该以字还是词为基础单位展开对外汉语教学、编写汉语教材、设计教学模式,在学界一直存在着不同的声音。从汉字教学的层面来看,以往的汉字教学研究虽已取得了许多成果与

---

* 原文发表于《学术论坛》2016 年第 5 期。

共识，但一直未能形成被广泛认可的成型的汉字教学模式。受"后方法理论"的启发，作为对外汉语教学的一线教师，我们期望通过教学自主创新式的尝试，为对外汉语教学的相关问题提供一种新的教学思路与模式。

一、研究背景

（一）汉字教学的相关问题

1. 汉字教学的重要性。汉字教学在整个对外汉语教学体系中占有重要的地位与作用，"解决好汉字教学问题，对提高汉语教学的效率至关重要"（崔永华，2008）。李泉、阮畅（2012）曾明确指出："汉语学习的成败很大程度上取决于汉字学习的成败，汉字教学的突破就是汉语教学的突破。"为此，许多学者致力于从汉字研究到汉字教学问题的探索，从习得规律、教学设计、教学对策等不同角度展开探讨，为解决"汉字难学"的问题提供理论依据和操作方法（崔永华，2008；李泉、阮畅，2012；万业馨，2005：215—331）。

2. 汉字教学研究的新形势。近年来，不断有学者在已有研究的基础上提出新思路和新观点。王若江（2000）提出了"字词比"的概念，即字及其参构词语的比例问题，并通过统计证实，肯定了以"字"为本位的教材（如《汉语语言文字启蒙》），"以字的复现率、积极的构词能力为出发点，字词比相对较高"。吕必松先生 2008 年在北京语言大学的讲演中提出了从"字本位"到"组合汉语"的思路转变，认为汉语是组合型语言，其组合的基本单位就是"字"。也有学者认为，学习汉语应首先整体识词，到一定的阶段后再从词中析出字,通过"整词—析字—系连扩展"的方法学习汉字、扩大词汇量(赵金铭,2012)。

(二)汉语教学的"本位"问题

1."字本位"与"词本位"的论争。在对外教学领域,历来有"词本位"和"字本位"之争。所谓"词本位"教学法,是把词作为语言教学的基本单位。20世纪80年代后期,"词本位"教学法遭到了前所未有的挑战,许多学者纷纷指出以"词本位"为指导的教学安排导致教学效率低下。因此,"字本位"教学理论应运而生,它提出在教学中应把汉字看作汉语教学的基本单位。徐通锵(1994)明确提出"字本位"的观点,并连续发表十余篇论文阐述"字本位"理论,汉语理论界逐渐形成了"以字为单位"研究汉语的理念。"字本位"理论"将汉语的意指关系作为主攻方向……它不是方法论上的小修小补,而是语言本体论上的改革"(夏晴,2005)。白乐桑(2005:219)则从教材编写的角度指出,"大部分对外汉语教材,尤其是中国50年代以来所出版的教材,都不从语素入手,甚至根本不给语素应有的地位"。为此,白乐桑与张朋朋合作,按"字本位"原则编写了汉语教材《汉语语言文字启蒙》,被法国汉学家M·LOL夫人认为该教材"是按照汉语的本来面目来教汉语"的汉语教材。"字本位"教学理论的拥趸者还有吕必松先生,他在2003年明确提出:"我们现在主张把'字本位'特点作为汉语教学的语言学基础,以'字本位'教学代替'词本位'教学。"

2."字本位"与"词本位"教学法各自的优势与问题。作为对外汉语教学中最早采用并至今被广泛沿用的教学法,"词本位教学法"虽然能更好地凸显词语的交际功能与应用性,却无法体现汉字的构形系统和汉字作为语素的构词能力；此外，由于汉语从书写形式上不易明确划分出词，因此词本位"这种方法对于教授英、法语等拼音文字的语言更合适"（张朋朋，1992），在汉语教学中的适用性相对较差。而以汉字为本位的教学注重汉字系统的构形规律，这种依据汉字自身规律展开教学的方法无疑在解决汉字难学的问题上更为直接有效；同时，它便于利用语义系联来教授词语，帮助学习者更快地扩大词汇量。但是，"字本位教学法"在实际操作中难免会忽视词的使用频率以及在交际中的功能体现，而且"采用字本位教学法是不能控制词汇等级的"（王若江，2000）。也就是说，这两种教学法应用于汉语教学时，具有不同的特点与侧重点，有各自的优势和劣势。有鉴于此，有学者提出将"词本位"与"字本位"教学方法结合起来，吸收两者各自的合理因素，认为"字本位和词本位并不是势如水火，完全对立……在一定程度上兼顾两种本位是可能的"（刘颂浩，2006）。对此，也有学者表明了强烈的反对意见，认为这种做法"在理论上不合逻辑，在教学实践上也行不通"（管春林，2008）。

二、"汉字—词汇"相结合的二元动态教学模式

（一）后方法视野下"字本位"与"词本位"关系的定位

如前所述，在理论层面上，关于"本位"问题的争论不绝于耳。然而，无论是"字本位"教学法还是"词本位"教学法，都没有拿出一个令人信服的、有效的解决字词习得问题的方案，因而也就都未能有力地说服对方，这也是双方至今争论不休的原因所在（施正宇，2010）。针对这一情况，作为从事对外汉语教

学的一线教师，我们期望基于"后方法"的理论依据、结合教学实践经验，提出汉字与词汇教学的新思路。

我们的教学任务既包括教授数量众多的生词，也要帮助学生掌握大量的汉字。在教学实践中，我们发现有时候所谓"词本位"的教学方法在操作中非常实用有效，而有时我们又在遵循"字本位"的教学理念并从中获益。事实上，如果只讲词而不解字，除了难以避免汉字书写上的问题，学生还往往会出现如下的典型偏误：混淆并误用已学过的双音词中的两个汉字；识记了作为整体的词而不认识词中的汉字。究其原因，就在于"学习者采用整体识词、整体记忆，而并不了解词中汉字的意义"（赵金铭，2012）。如果全面详细地讲解汉字的形、音、义，不仅费时费力、教学效率偏低，而且难以实现对重点、难点词语的词义辨析、语用条件说明和交际应用练习的开展。此外，如果过于强化汉字字符的表意作用，还有可能出现学习者在使用"见文知义"式类推规则时过度泛化的现象，"在没有得到正确指导或运用不得法的时候，容易出现望文生义的错误"（吴晓春，2000）。

我们知道，"后方法"理论提倡突破对"方法"的局限，反对受制和拘泥于某种教学方法。在汉语教学的本位问题上，我们也同样认为，既然"词本位"教学法和"字本位"教学法各有利弊，那么汉语教学就不应存在绝对排他性的唯一本位，而是应当摆脱单一本位教学法的束缚，根据当前教学对象、教学任务和教学阶段等具体情况，在两种教学法中取长补短、综合运用。

（二）如何遵循汉语自身规律进行教学

王力在为周士琦的著作《实用解字组词词典》作序时指出："汉语基本上是以字为单位的，不是以词为单位的。要了解一个合成词的意义，单就这个词的整体去理解它还不够，还必须把这个词的构成部分（一般是两个字）拆开来分别解释，然后合起来解释其整体，才算是真正彻底理解这个词的意义了。"（赵金铭，2012）如果能够让学生掌握那些使用频率高、构词能力强的常用字的意义，那么对于他们学习汉语词汇来说必将有极大的促进作用。也就是说，在教学过程中找到汉语的基本结构单位——字，在此基础上进行合理拆分和组合，正确解释和演绎，遵循汉语自身的规律进行教学，能收到事半功倍的效果、有效提高教学效率。在对外汉语教学实践中，我们也的确是这么做的。例如在学习一个新的生词时，一般是先将整个词语作为新知识呈现，进行朗读（识记发音）、扩展读（通过扩展成简单的短语来了解该词的基本含义）和认读（建立音形义的关联），然后将词拆开解释每个字的意思，最后再重新组合起来讲解和练习整个词的意思及用法。如"关注"一词，领读后扩展为"受到关注、引起关注、关注时事"，然后拆开来解释，"关"表示"关心"、"注"表示"注意"，进而引导学习者自己总结整词"关注"的意思并展开操练。

（三）"汉字—词汇"二元动态教学模式的构建

我们认为，针对对外汉语教学，一种有效可行的方法就是根据学习者的学习阶段和语言水平等具体因素，实施"汉字—词汇"相结合的二元动态教学模式。在教学中借助语言习得的联想记忆，拆分整词中的单字并进行音义分析，通过构建含有同一语素（单字）的系列词语，以较小的记忆负担掌握更多的汉字和词语，实现汉字教学与词汇教学的融合统一、彼此推动。这种模式的提出基于我们对以往对外汉语教学及汉字教学研究的总结与分析，也来源于我们在对外汉语教学实践中的相关经验。如前文所述，我们在对外汉语教学的词汇教学中往往采用"整词—单字—整词"的模式，而且实践证明这种方法是较为合理有效的。但如果我们不止步于此，而是将这种词汇教学的模式予以延伸和拓展，将讲练环节继续推进到对汉字本身的讲解，进而列举出包含该单字的常用词语（可以是已学过的词，进行巩固和加深理解；也可以适当补充未学过的词，有助于学习者有效扩大词汇量），并帮助学习者利用对汉字音、形、义的理解建立"见文知义""见字识词"的能力和意识。如教授生词"西服"时，在按常规词汇教学模式完成该词的讲练后，可以推进到下一环节，将这一双音节词拆分为两个语素（两个单字）——"西"和"服"。在汉字教学层面，我们可以讲解汉字"西"的笔画以及与汉字"四"进行字形辨析；汉字"服"则可以讲解部首"月"与单字"月"的区别。在词汇教学层面，我们可以把"西"拓展为"西餐、西药、西医"等，而"服"则可以衍生出"校服、运动服、工作服"等。这种"汉字—词汇"相结合的二元动态教学模式如图1所示。

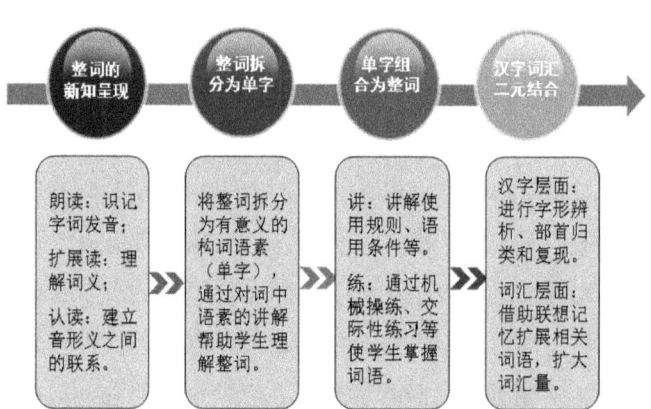

图1　汉字—词汇二元动态教学模式流程图

（四）"汉字—词汇"动态教学模式的理论依据与预期教学效果

实行这种"汉字—词汇"相结合的二元动态教学模式，既能帮助学习者知词解字，也有助于他们认字识词，还能同时有效扩大学习者所掌握的词汇量。从第二语言习得的认知心理来看，这种教学模式符合汉语的自身规律，也能更好地发挥联想记忆的积极作用。我们教学模式中字词系联扩展的理论依据之一是认知心理学。研究表明，当学习者试图记住某个信息时，如果能将这个信息跟自己的认知结构建立起更多的联系，那么就能更有效地存储、检索、提取这个信息。根据"加工水平说"理论，输入的信息能否转入长时记忆系统，在相当程度上取决于信息加工的水平与形式。在信息加工过程中，如果新信息能与已有信息建立某种有意义的联系，那么该信息就更易于转入长时记忆系统。而能否成功建立有意义的联系，有赖于人的联想。因此，当教师以单字扩展出一系列相关词语时，由于联想记忆的作用，学习者接触和掌握新词语时更为轻松；而在复现和巩固已学词语时，则能有效帮助学习者减轻记忆负担、加深印象和理解。这一点，在教学实践中不止一次得到了印证。例如在教授生词"典礼"时，按一般的教学方法，学习者或许能说出含有"参加典礼、毕业典礼"等短语的句子，但在进行造句练习时，不少学生会写错汉字"典"；而且在下次学习"盛典""婚礼"时，除了个别具备良好学习策略的学习者外，大部分学生都会将它们作为全新的生词进行识记，大大增加了记忆负担和难度。如果采用"汉字—词汇"二元动态教学模式，通过联想记忆，在汉字层面，我们可以指出"典礼"的"典"即已学过的"词典"的"典"；而在词语教学层面，我们可以拆分出"典""礼"两个单字（构词语素），并系联扩展出"盛典、大典、婚礼、葬礼、丧礼"等词语，有效解决上述问题。

此外，这种教学模式还有一个非常积极的作用，能帮助学习者理清汉语中某些近义字的关系，辨析其意义的区别。以汉字"衣""服"和"装"为例，我们在教学实践中发现，教完词语"衣服"和"服装"后，如果不对其中每个单字的意义以及该单字在词语中的常见搭配予以讲解，学习者往往容易出现以下偏误：把"洗衣机"说成"洗服机"，把"校服"说成"校装"。如果我们采用"汉字—词汇"相结合的二元动态教学模式，在教学中不仅教授"衣服"和"服装"这两个整词，还通过拆分词语析出"衣""服"和"装"三个汉字，并分别列举出扩展词语："衣"——"干衣机、洗衣机、洗衣店"；"服"——"校服、制服、工作服"；"装"——"职业装、童装、正装"，进而指出"衣""服"和"装"三个汉字在内在意义和语体风格上的细微区别，从而有效避免以上偏误的出现。

三、"汉字—词汇"二元动态教学模式在操作中应注意的问题

虽然我们认为该教学模式吸收了"字本位"和"词本位"教学法各自的积极因素，在我们的教学实践中也具有较好的效果，但是在具体操作中有以下问题需要注意：

一是汉语中不是所有的词语都适合用这种模式进行教学。有的词语难以进行有效拆分（如"因素"等），有的词语在拆分后

无法用单字的意思组合成整词的意思（如"老人家"等），有的单字在析出后构词能力差、不易于进行关联扩展（如"骄傲"等）。

二是这种教学模式应当在学习者已经具有一定词汇储备和汉字储备的基础上展开和进行操作。因此，如何选择合适的教学阶段开始实施，需要教师根据学习者的学习需求、学习能力和学习动机等具体情况进行具体分析，难以有统一的标准。

三是在实践中，该教学模式的实现程度和实际效果，在很大程度上取决于教师，包括教师选取哪些词语应用于这种教学模式、如何对选定的词语进行拆分、组合与扩展，都将直接影响最终的教学效果。因此，这种教学模式对教师的汉语本体知识和教学能力都提出了较高的要求，在操作中有可能出现教学效果不稳定的情况。

参考文献

[1] 白乐桑（2005）从"字本位"到口语表达策略，见李振清、陈雅芬、梁新欣《中文教学理论与实践的回顾与展望》，台北：师大书苑有限公司。
[2] 崔永华（2008）从母语儿童识字看对外汉字教学，《语言教学与研究》第 2 期。
[3] 管春林（2008）"字本位"与"词本位"教学方法结合质疑——兼与刘颂浩先生商榷，《暨南大学华文学院学报》第 4 期。
[4] 李泉、阮畅（2012）"汉字难学"之教学对策，《汉语学习》第 4 期。
[5] 刘颂浩（2006）对外汉语教学中的多样性问题，《暨南大学华文学院学报》第 4 期。
[6] 吕必松（2003）汉语教学路子研究刍议，《暨南大学华文学院学报》第 1 期。
[7] 施正宇（2010）从汉字教学看对外汉语教学中的本位问题，《民族教育研究》第 6 期。

[8] 万业馨（2005）《应用汉字学概要》，合肥：安徽大学出版社。
[9] 王若江（2000）由法国"字本位"汉语教材引发的思考，《世界汉语教学》第 3 期。
[10] 吴晓春（2000）FSI 学生和 CET 学生认字识词考察，《首都师范大学学报（社会科学版）》S3 期。
[11] 夏晴（2005）汉语研究的另一种思路——徐通锵"字本位"研究述评，《学术论坛》第 6 期。
[12] 徐通锵（1994）"字"和汉语的句法结构，《世界汉语教学》第 2 期。
[13] 张朋朋（1992）词本位教学法和字本位教学法的比较，《世界汉语教学》第 3 期。
[14] 赵金铭（2012）现代汉语词中字义的析出与教学，《世界汉语教学》第 3 期。
[15] 周士琦编（1986）《实用解字组词词典》，上海：上海辞书出版社。
[16] Kumaravadivelu, B., (1994) The Post-method Condition: Emerging Strategies for Second/Foreign Language Teaching. TESOL Quarterly.

翻转课堂"三步十环节"
班级教学模式构建探索*

——以商务汉语翻转学习为例

沈庶英

一、引言

翻转课堂（flipped classroom）是随着"互联网＋教育"和MOOCs的发展而兴起的一种新的教育形态。翻转课堂主要围绕在线自主学习和班级课堂学习两个环节展开，前者是相对于传统课堂的"翻"，是学习者通过在线学习进行知识输入储备的过程；后者是在信息技术引领下向新型教育的"转"，是学习者通过自主学习转回课堂，完成知识再造、输出和内化的过程。

近年来翻转课堂的研究成果主要集中于以下三方面：一是针对翻转课堂发展历史、理论基础、教学特点的研究（何克抗，2014；陶西平，2014；萨尔曼·可汗，2014：20—37；金陵，2015；崔静、王海江，2019）；二是针对具体课程运用翻转课

---

* 原文发表于《语言教学与研究》2019年第6期。

堂的教学实践研究（白迪迪，2014；孙瑞等，2015；沈庶英，2015；温玉娟，2019）；三是从信息技术角度对翻转课堂在线学习方式的研究（王红等，2013；乔纳森·伯格曼，2015：59—74；王亚盛、丛迎九，2016；刘芳芳、刘万松，2018；龙昱，2019）。上述三方面均为基于在线环境，即针对翻转课堂之"翻"进行研究。然而，针对翻转学习"转"回班级课堂环境的研究尚不充分，教学模式尚未形成。众所周知，班级课堂教学是教育的重镇，在翻转课堂中依然是教学的重要环节，如设计失当，要么成为在线学习的重复，要么成为失控的自由讨论，这都将直接影响学习的深度和知识内化的效果。为此，本文从课堂教学模式的理论发展入手，探索构建翻转课堂"三步十环节"班级教学模式，并针对商务汉语跨学科的特点，研究分析该模式在商务汉语教学中的运用及其价值。

二、"三步十环节"的形成

2.1 赫尔巴特四段七环节教学模式

班级课堂教学历史悠久。赫尔巴特四段七环节教学模式可谓课堂教学理论的始创，他把教学分为明了、联想、系统、方法四个阶段，课堂教学过程分为"检查作业—提出新问题—传授新知—巩固新知—应用—布置家庭作业—考试"7个环节（皮连生主编，2000：94）。此模式开创了完整的课堂教学组织形态之先河，集中体现了"三中心"：教师中心、教材中心、课堂中心。但未体现学生中心，缺少学生主体性地位的考量。

2.2 凯洛夫的五步教学法

凯洛夫的五步教学法（伊·阿·凯洛夫，1953：134—138）在世界教育史上占有重要地位，对新中国的教育影响最为深远。他根据学习过程把学习分为知识的理解、知识的巩固、知识的应用三个阶段，课堂教学过程分为"组织教学—检查复习—讲授新课—巩固新课—布置作业"五步骤。这种教学模式对课堂管理做了明确的细化，符合教育规律和学习者的认知规律。但是凯洛夫的五步教学法依然是以教师为中心的课堂模式，缺乏学生自主学习能力培养，缺少课外与课堂的衔接，很难实现个性化、差异化教育。

2.3 任务型语言教学法

随着功能主义和认知心理学的崛起，人们的关注点开始从教什么转向学什么，从怎么教转为怎么学，从教师主体转向学生主体。教师根据学生学习的需求，关注学生的行为、认知、思维、情感等因素，并为此设计一系列教学任务，让学生通过做事情达到教学目标，即产生了任务型语言教学法。任务型语言教学法使课堂教学发生了重要变化，它把教学分为语言材料的引入、语言练习、语言输出三个阶段，体现了学生的参与和主体地位（龚亚夫、罗少茜，2003：85）。任务型教学法使教与学的互动得以加强，学生的主体性地位得以体现，教学理念向前跨越了一大步。但是，任务型语言教学法对于课堂环节的管理相对粗放。

2.4 翻转课堂"三步十环节"教学模式

信息技术的发展使教育教学发生了重要的变革。翻转课堂通过线上与线下的学习环境转换，使个性化、差异化学习成为可能；它以任何时间、任何地点可以学习任何知识的自主学习形态为学生提供了更多理论和实践相结合的机会，拓展了学习的宽度。翻转课堂还致力于在班级课堂中进一步开放学习环境，充分调动学习者的能动性，让学生真正成为学习的主人，成为课堂的主体。为此，需要建设一套在宏观管理上收放自如、微观执行上可操作性强的、针对翻转课堂的班级教学方案，进而达到内化知识和拓展能力的教学目标。笔者综合借鉴前人课堂教学的理论思想，结合翻转课堂教学实践，设计了"三步十环节"翻转课堂班级教学模式（详见下图1）：

图1 "三步十环节"翻转课堂班级教学模式

"三步十环节"继承了凯洛夫五步教学法的认知规律，同时借鉴了任务型教学法的开放思想，结合线上、线下混合式教学模式的特点和优势，形成包括"聚心、放手、收口"三大步骤和"进入教学、自学反馈、探究引导、任务单讨论、微项目讨论、实践汇报、互动点评、课堂反思、本课总结、布置任务"十项课堂组织环节的教学模式。

三、"三步十环节"的内涵

人文主义课程观认为，"设计一系列的经验——交互或环境或产品——其目的是帮助学生有效地学习"(Wilson，1997)，作用就是"给每一个学习者提供有益于其内在体验的经历，以促进个人的自由与发展"(麦克尼尔，2007：5)。"三步十环节"的设计理念正基于此。

3.1 班级课堂的十环节

第一环节，进入教学。此环节基于凯洛夫五步教学法的"组织教学"，目的是"引起动机和求知欲"(郭睿，2015：214)，"促进学生对上课做好心理上和学习用具上的准备，集中注意，积极自觉地进入学习情境"(皮连生主编，2000：103)。或通过点名、问候、简单交流等进行，或采用探究学习的方式，运用问题引入法，通过现象或疑问吸引学习者探究的欲望；或通过任务导入，引起注意，使学习者思想进入学习环境。时间不超过2分钟。

第二环节，自学反馈。教师通过观察学生在线任务的完成情况、在线测试的结果、在线自主学习的时间分布、在线的互动交流等，了解学生知识的掌握情况和困惑所在，从中选择有代表性的问题在班级课堂答疑解惑，起到典型纠偏的作用。时间大约5分钟。

第三环节，探究引导。教师因势利导，通过多种形式将学生引入一个个课堂活动，并就认知过程的具体需求适时点拨。依据建构主义理论，为学生搭建有益于重构知识、形成元认知控制能力的支架。结合最近发展区理论，引导学生进入其能够达到但又不超越其掌握能力的富有创意和挑战性的任务中，形成最佳教育环境，能够推动学习者向更高的水平发展。此环节不是一次完成，而是穿插于课堂教学始终。时间总共不超过8分钟。

第四环节，任务单讨论。"自主学习任务单是教师设计的以表单形式呈现的指导学生自主学习的方案,是学生高效自主学习的支架和载体"(金陵,2015:137),是翻转课堂重要的学习资源之一。学生以任务单为线索参与在线自主学习,再带着学习的体会、收获、困惑等返回班级课堂,就任务单的问题各抒己见,展开讨论。在教师的引导下,学生对知识的建构可以逐步深化。时间在 20 分钟左右。

第五环节,微项目讨论。为进一步提升学习者语言组织能力和逻辑思维能力,除任务单讨论外,还需随堂设置新项目,包括微型文字资料、短小的视频资料或微电影等,供学习者现场学习讨论。"微项目"一词因其内容短小、主题集中、时间严控等特点而得名。时间 10 分钟左右。

第六环节,实践汇报。翻转课堂的优势之一就是把学习空间由班级和学校拓展到社会,通过在线实时指导学生参与社会实践,实现从接受书本知识向创造应用知识的跨越。学生带着实践的收获返回班级课堂,向全班同学展示实践成果,互相交流信息,综合应用知识。时间 25 分钟左右。

第七环节,互动点评。师生、生生对每个同学的表现相互点评,从整体的信息量、内容的难易度、语言的流畅度、分析的深刻度等方面做出评价,并评出各种奖项。时间 10 分钟左右。

第八环节,课堂反思。学生通过回顾反思、分析评价,对所学知识进行归纳整理和再认识、再创造,从而提升对所学知识的理解,锻炼语言输出能力。时间 10 分钟左右。

第九环节,本课总结。教师引导学生共同回顾总结知识的重点和难点,分析核心观点,梳理知识的逻辑顺序,补齐学习的疏漏,进一步深化和内化知识。时间 5 分钟左右。

第十环节，布置任务。为翻转学习顺利持续开展，需布置下一课自主学习任务。包括对在线学习资源的内容、学习的重点、任务的核心、学习和实践的方式方法等进行说明和指导，对特别容易出现偏误的问题重点强调，给出学习建议。时间5分钟左右。

3.2 班级课堂的三步骤

上述十环节，根据教学的组织程序可以概括为"聚—放—收"三步骤。

第一步，聚心。旨在通过多种形式使学生的注意力集中到课堂中，积极参与课堂的学习活动。包括1—3三个环节，即进入教学、自学反馈、探究引导。

第二步，放手。教师充分发挥学生的积极性、主动性和创造性，放手让学生发表自己的意见，表达自主学习过程中的收获、困惑、建议，参与课堂讨论，相互交流信息，以提升其语言能力，实现知识的深化和内化。包括4—8五个环节，即任务单讨论、微项目讨论、实践汇报、互动点评、课堂反思。

第三步，收口。这是课堂教学的收官阶段，也是实现知识重构的过程。通过师生共同总结，理清脉络，把零散的知识串联起来，建立新的知识体系，引导学生进入下一轮的学习历程。包括9、10两个环节，即本课总结、布置任务。

3.3 "三步十环节"的时间分布

上述"三步十环节"程序，以探究研习为主，过程环环相扣，螺旋式上升，构成翻转课堂班级环境下的教学模式。

100分钟的课堂，教师主要参与"聚心"和"收口"两个环节，时长约25分钟。其中，只有第一环节进入教学的2分钟和第十环节布置任务的5分钟左右是教师"主讲"，其他18分钟均以学生为主体,教师引导、启发,师生、生生互动交流。可见,以学生为主体的课堂时间占 93% 左右,而由学生完全"主演"占 75% 以上(详见下表1)。这可以充分体现学习者中心的理念。

表1 翻转课堂"三步十环节"时间分布

三步骤	十环节	时间(分钟)	主体	用时比例
聚心	进入教学	2	教师	2%
	自学反馈	5	师生	13%
	探究引导	8		
放手	任务单讨论	20	学生	75%
	微项目讨论	10		
	实践汇报	25		
	互动点评	10		
	课堂反思	10		
收口	本课总结	5	师生	5%
	布置任务	5	教师	5%

四、"三步十环节"在商务汉语教学中的应用

"商务汉语是集汉语、商务、文化为一体的多学科交叉而衍生出的新的教学形态"(沈庶英,2018),是跨学科的专门用途语言课程。它具有交叉融合的特点,同时又具有很强的实践性和可操作性,如果与信息技术结合,"可以有效解决当前教学改革中面临的两个重要任务:一是为学生提供多学科的知识窗口,训练学习者养成交叉协同思维、多元学习方法和综合知识运用的能力。二是解决目前我国高校课程设置相对孤立、封闭、固化,

人才培养知识面偏窄、专业交际能力弱、理论知识和实践能力不能对接、合作探究和自主创新能力缺乏等诸多问题"（沈庶英，2018）。下面选择商务汉语综合课中的一段课文，探讨翻转课堂"三步十环节"教学模式应用。

> 中亚地区矿产资源丰富，中国同中亚国家的能源合作一定会成为双方合作共赢的亮点。比如，土库曼斯坦是"蓝金"天然气生产和出口大国，中国是潜力巨大的消费市场。双方优势互补，合作空间无限广阔。通过建设天然气的"丝绸之路"，必定会给区域经济发展带来重要契机。①

4.1 进入教学

首先通过点名收心，然后通过新信息进入教学。本课主题为中国与中亚国家的合作交流，可通过问答的形式，对中亚国家特点及中国与中亚合作的地缘优势和人文优势等进行简单交流，引入学习内容，也可通过学生介绍中国与中亚国家最新合作情况进入学习环境，还可播放几秒钟的合作交流视频把学生的注意力引入课堂。

4.2 自学反馈

这段课文的学习任务之一为词语"共赢"的使用，可设置任务单：

> 观看教学视频，学习括号中词语的用法，并用这些词语完成下面句子，提交到学习平台上。

---

① 课文选自沈庶英《商务汉语教程》，尚未正式出版。此处文本根据中央电视台2013年9月28日晚7：40播出的特别节目《梦想，从历史深处走来》中的一段改写。

——在"一带一路"倡议下，_____。（共赢）

学生提交在平台的答案通常会出现这样的错误：

*在"一带一路"倡议下，双方互利共赢了能源合作。

课堂上，教师需要引导学生明确两点：第一，"共赢"是不及物动词，不能接宾语；第二，"能源合作"是实现"互利共赢"的手段，是一种合作方式，所以应该用在"通过……"或者"在……方面"的介词结构中，即"通过能源合作"或者"在能源合作方面"。最后在老师引导下，学生自己修改为下例（1）或（2）：

（1）在"一带一路"倡议下，双方在能源合作方面实现了互利共赢。

（2）在"一带一路"倡议下，双方通过能源合作实现了互利共赢。

4.3 探究引导

本课内容可以从区域经济合作的角度引导学生参与讨论，包括合作内容、合作项目、合作形式、合作目标等，鼓励并指导学生查找相关资料，参与探究、参与实践。通过上述 4.1—4.3 三个环节，完成了第一步骤"聚心"的过程。

4.4 任务单讨论

本课的任务单内容既包括汉语的，又包括商务的和文化的；既包括封闭的，又包括开放的。

下面是本课任务单中的两个任务：

任务一：观看视频，熟读课文，从课文中找出表示未来前景展望的词语，准备参与班级讨论。

任务二：小组合作查找相关资料，谈谈在"一带一路"倡议下，中国和中亚国家区域经济合作的亮点。准备参与班级讨论。

任务一相对封闭，目的在于考察学生对于汉语词语使用环境的理解，帮助学生学会正确得体表达。学生通过熟读课文、观看教师提供的视频，找到"一定、必定、会"等是用于表示未来前景展望的词语。通过班级讨论，补充课文以外的同类词语，比如"将、必将、有望"等，进一步拓展知识。

任务二相对开放，需要学生组成团队合作完成。每个学习共同体通过多渠道获取大量资料，进行合作探究，准备班级的发言。在班级讨论中各个小组相互补充，扩展信息量。

4.5 微项目讨论

本课教学的核心内容是中国与中亚国家的国际合作交流，中央电视台制作的视频《梦想，从历史深处走来》就以中国与中亚国家合作交流为主题，非常适合作为学习资源。其中习近平主席在纳扎尔巴耶夫大学的演讲片段"既要金山银山，又要绿水青山。宁可要绿水青山，不要金山银山。因为绿水青山就是金山银山"。就是极好的微项目学习内容。可以截取这段4秒钟的视频，按照如下过程，引导学生分阶段、按层次进行讨论。

4.5.1 第一阶段，理解内涵

可以按照以下三个层次讨论：

第一层，了解"金山银山"代表财富、经济发展，"绿水青山"代表美好的环境、美丽的家园等基本词义。

第二层，进一步了解中国的生态文明观，了解中国在环境保

护、经济可持续发展、绿色发展方面的决心。

第三层,理解这段话所体现的一个负责任的大国,对于构建人类命运共同体所做的努力和付出的代价,对于世界的责任和担当。

4.5.2 第二阶段,掌握句型

在这段视频中,包含一个非常典型的句型"既要……,又要……。宁可要……,不要……。因为……"。这是由"既要……,又要……""宁可……,也不……""之所以……是因为……"三个结构的叠加形成的。可以按照以下三个层次进行教学:

第一层,通过讨论了解这个结构的逻辑关系。

第二层,讨论理解句子的语义内涵。

第三层,背诵出原句,深刻理解内化,从而掌握这个句型。

4.5.3 第三阶段,应用句型

学生在掌握这个句型的基础上,能熟练运用。可以按照以下三个层次进行教学:

第一层,给出一般生活的情景,引导学生使用这个句型。比如,

情景1:健康和财富的取舍。

——既要财富,又要健康。宁可要健康,而不要财富,因为健康就是最宝贵的财富。

第二层,给出商务工作的情景,引导学生运用这个句型。比如,

情景2:企业需要追求利润,更需要讲求诚信。

——既要追求利润,又要讲求诚信。宁可要诚信,而不

要利润，因为诚信是最大的利润。

第三层，不给情景，由学生自由生成句子。

以上过程，通过"概念理解—分析评价—应用创造"三阶段，逐层深入，完成微项目讨论。

4.6 实践汇报

本课的核心内容是合作，以"隆中对——世界经济纵横谈"为实践任务，任务主题为"构建人类命运共同体"。要求各个学习共同体代表国家相互交流，建立合作。

学习共同体通过多种渠道获取信息，了解世界经济的大势，运用所学习的经济知识和语言知识进行分析评价，准备汇报的内容。

课堂上，"各国代表"可就相关问题展开讨论，比如能源问题、环境和可持续发展问题、网络安全问题、人口老龄化问题等，并就此达成共识，建立起合作联系。

报告过程要求：脱稿、自然流畅、发音准确、内容充实、着装正式、插放各自国家的国旗。

4.7 互动点评

学生针对每个同学的表现进行互动点评。评选出本次课上的个人优胜奖项，如汉语表达最准确奖、内容最丰富奖、最佳表现奖、展示最真实奖等；再评选出团队优胜奖项，如合作最默契团队、信息量最大团队、最认真团队、最幽默团队等。教师需提前准备奖状，现场填写相应奖项，由学生主持颁发。

4.8 课堂反思

学生就本课中自己获得的新信息、掌握的新知识，诸如中国新发展理念对世界的贡献等进行总结反思，深入分析中国社会的经济、文化现象，增强对中国市场的信心，从而加强对语言的自如运用。

通过上述 4.4—4.8 五个环节，完成了步骤二"放手"的过程。

4.9 本课总结

学生从汉语、商务、文化和实践等方面讨论总结本课学习的主要内容。汉语包括"共赢、成为……亮点、优势互补、合作空间"等词语知识、"既要……，又要……。宁可……，不要……。因为……"等语段知识、论证的顺序等语篇知识；商务是区域经济合作相关内容；文化包括"一带一路"倡议、生态文明观所体现的中华优秀传统文化等；实践是国际合作交流的相应能力。

4.10 布置任务

下次课的任务主要包括四个方面：一是通过微视频等相关学习资源进行在线学习；二是通过网络查找相关资料开放式学习；三是通过实践进行学习，准备实践报告；四是完成自主学习任务单，在线提交作业，准备班级课堂讨论等。

通过上述 4.9—4.10 两个环节，完成了步骤三"收口"的过程。

五、"三步十环节"的评价

通过教研共同体的研讨、对比班的学习效果比较、对学习者的调查，发现"三步十环节"教学模式对学习者的知识增长、能力提升以及课程建构起到了重要作用。

5.1 "三步十环节"有利于知识的深化

在"三步十环节"中，学生可以深度参与到教学中来，随着信息量的增加，使知识不断深化。比如，针对"海尔"中的"海"字教学时曾有讨论，有的学生认为"海"与海尔的企业所在地青岛有关，因为青岛有海——表层认识；有的学生认为"海"代表开放，代表博大的胸怀，代表企业走出去的雄心壮志——认识深化；有的学生联想到"海纳百川，有容乃大"这个成语——深层解读；教师顺势引导，学生说出："中国倡导'一带一路'建设，以海纳百川的胸怀，吸引了沿线国家的广泛参与"——自如运用。讨论层层递进，信息不断扩展，汉语、商务、文化三位一体的内容架构在学生头脑中逐步建立起来。

5.2 "三步十环节"有利于知识内化

翻转课堂是一种学习环境，它不仅是用信息技术辅助教和学，更是信息技术与课程的深度整合。通过"三步十环节"在班级课堂中的讨论交流，交互的层次不断提高，学习的深度得以加强，有利于知识内化和深化。比如，在微项目讨论中，针对海尔在20世纪80年代砸掉70多台不合格冰箱的视频，各个小组首先从"诚信"进入讨论；而后引用名言"与朋友交而不信乎"，提出商场应该讲究诚信的观点；进而拓展诚信是企业发展的动力，企业需要构建诚信体系等。这对于学生独立思考问题、积极组织知识、促进对所学知识的纵深理解和横向拓展、实现知识内化大有助益。

5.3 "三步十环节"有利于能力提升

翻转学习利用在线的开放环境衔接起社会和课堂，可为学生提供更多的真实或类真实的实践机会，从而拓展语言学习的信息量，强化语言的综合应用，提高自主生成语言的能力，使课堂环境由平面走向立体。比如，让留学生结合中国改革开放40年成果，自定主题完成一次调研。各个小组通过网络查找资料,亲赴中国经济社会大环境进行调研,最后以"金山银山与绿水青山""中国美丽乡村建设""中国深化'放管服'改革的成效""中国'互联网+'的成果""博鳌亚洲论坛对世界经济的影响"等为主题,完成调查报告,并在班级进行展示交流。在整个过程中,学习者扩大了视野,拓展了信息量,锻炼了汉语表达能力,提升了逻辑思维能力,增进了对中国社会的深度了解,形成了正确的中国印象,实现了"将个人的力量、群体的支持、批判意识和行动等概念运用于个人,然后推广至社区、地区和国家"(McNeil,2007:14)。

5.4 "三步十环节"有利于课程再造

在"三步十环节"教学模式的实施过程中,学生对已知的结论性知识的把握已经不是主要目的,教学内容成为学生迸发思想火花的资源,课堂成为学生体验生命意义、实现自我超越的重要环境,从而为自我的持续发展奠定基础。学习者通过多维视角获取知识,再通过人机交互、人人交互和人知交互,整合多种资源,建构新的知识系统,建立起共享学习资源,使自己从知识消费者变为知识再造者。由此课程发生了迭代更新,生成了新的课程。正如陶西平(2014)所言,"生成课程"的理念在"翻转课堂"的实践中得到了生动的体现。

六、实施"三步十环节"需要注意的问题

实现翻转课堂从"翻"到"转"的顺利进行,保证"三步十环节"的有效实施,教师、学生、学习资源三大要素是关键。

6.1 强化教师的主导地位

在翻转课堂班级教学环境中,教师的工作难度不是降低而是提升了,作用不是弱化而是进一步强化了,面对的挑战不是减少而是增加了。从课堂教学的时间分配看,教师在"三步十环节"中直接参与的时间似乎很少,表面看课堂按照学生的思路向前推进,但实际是教师在主导课堂,自始至终教师都在积极把控着整个课堂。只有教师的精心设计,才能使教学按照科学规律有序进行。所以要求教师具备以下能力:在基本素质上,教师不仅要有专业知识,还需要具备跨学科的观念,具备信息化的素养和教育学、心理学的储备;在教育能力上,教师要了解学习者的认知前提特征,根据学习者已经拥有的知识结构和个性需求因材施教,帮助他们重构知识;在操作能力上,教师要能够衡量学科知识难易度,设计适合学习者发展的自主学习任务单,组织协调课堂活动,针对课堂交流适时点拨。

6.2 保证学生真实的在线学习

"翻"是"转"的保证和前提,没有在线的"翻",就没有返回课堂的"转"。何克抗(2014)认为,实现翻转学习:"第一,课外真正发生了深入的学习;第二,高效利用课堂时间进行学习经验的交流与观点的相互碰撞能够深化学生的认知。"要让"三步十环节"教学模式顺利高效实施,就要保证学生在线学习的深度和效果。所以在线学习资源的充分利用、自主学习任务的完成情况、实践任务的进展情况等都必须落到实处,这就需要教师建设充足实用的在线资源,适时跟进在线指导,不断督促检查、适时点拨,以保证翻转学习顺利进行。同时还需要通过考试、测验等监督检测机制,推动学生自主学习。

6.3 科学合理设计自主学习任务单

在翻转课堂中，自主学习任务单是学生自主学习的抓手，是衔接"翻"和"转"的桥梁，是顺利实现翻转的资源保障。自主学习任务单的设计要以问题为导向、以路径为指引、以目标为约束，使学生在明确目标的前提下，沿着任务单指引的具体路径解决问题，并带着收获和困惑来到班级参与讨论；任务要从知识和能力两个方面设置，有在线完成的任务和返回课堂讨论的任务以及实践任务；任务要有层次，由易到难，既要体现跨学科交叉融合的知识内容，又要区分开放的任务和封闭的任务；任务数量要科学合理，既要考虑学生的能力，又要考虑学习的具体环境和条件。此外，自主学习任务单还应该设置学生学习反馈栏目，以知晓学习者的需求，实现个性化教育。

七、结语

翻转课堂是信息技术与教育的深度融合，是跨学科统整的实践。其主体是学习者，核心是交互，本质是教育。翻转课堂之"转"，不仅仅在于形式的转变，更是观念的转变、内容的转变，是教育从封闭走向开放、从平面走向立体的变革。翻转课堂班级教学模式"三步十环节"的构建是在继承基础上的改革和创新，还需在教学实践中不断探索和完善，使其在人才培养中发挥更大作用。

参考文献

[1] 白迪迪（2014）"翻转课堂"教学模式在对外汉语教学中的应用研究，《现代语文（语言研究版）》第3期。

[2] 崔静、王海江（2019）关于高等院校翻转课堂的思考，《教育教学论坛》第 5 期。
[3] 龚亚夫、罗少茜编著（2003）《任务型语言教学》，北京：人民教育出版社。
[4] 郭睿（2015）《汉语课程设计与导论》，北京：北京语言大学出版社。
[5] 何克抗（2014）从"翻转课堂"的本质，看"翻转课堂"在我国的未来发展，《电化教育研究》第 7 期。
[6] 金陵（2015）《翻转课堂与微课程教学法》，北京：北京师范大学出版社。
[7] 刘芳芳、刘万松（2018）教育信息化背景下翻转课堂问题研究，《中国教育技术装备》第 5 期。
[8] 龙昱（2019）基于翻转课堂的微课设计策略探析，《教科文汇》下旬刊第 5 期。
[9] 麦克尼尔（2007）《课程导论》，谢登斌、陈振中等译，北京：中国轻工业出版社。
[10] 皮连生主编（2000）《教学设计——心理学的理论与技术》，北京：高等教育出版社。
[11] 乔纳森·伯格曼、亚伦·萨姆斯（2015）《翻转课堂与慕课教学》，宋伟译，北京：中国青年出版社。
[12] 萨尔曼·可汗（2014）《翻转课堂的可汗学院》，刘婧译，杭州：浙江人民出版社。
[13] 沈庶英（2015）商务汉语在线教学模式探索，《中国远程教育》第 6 期。
[14] 沈庶英（2018）基于跨学科模式构建的聚合课程研究——兼谈商务汉语聚合课程建设，《教育研究》第 1 期。
[15] 孙瑞、孟瑞森、文萱（2015）"翻转课堂"教学模式在对外汉语教学中的应用，《语言教学与研究》第 3 期。
[16] 陶西平（2014）"翻转课堂"与"生成课程"，《中小学管理》第 4 期。
[17] 王红、赵蔚、孙立会、刘红霞（2013）翻转课堂教学模型的设计——基于国内外典型案例分析，《现代教育技术》第 8 期。
[18] 王亚盛、丛迎九（2016）《微课程设计制作与翻转课堂教学应用》，

北京：机械工业出版社。

[19] 温玉娟（2019）翻转课堂在大学英语阅读理解教学中的应用，《高教学刊》第 5 期。

[20] 伊·阿·凯洛夫（1953）《教育学》，沈颖、南致善等译，北京：人民教育出版社。

[21] Wilson, Brent R. (1997) Reflections on constructivism and instructional design. In Charles R. Dills & A. J. Romiszowski (eds.) *Instructional Design Paradigms*, 63-80. Englewood Cliffs, NJ: Educational Technology Publications.

任务型高级汉语综合课教学*

——以人物专访为例

于天昱

一、引言

对外汉语教学的主要目标是培养汉语学习者的语言交际能力，高级汉语教学是汉语基础教学的高级阶段，而高级汉语综合课是本阶段的主干课，理应起到核心作用。然而，目前的综合课教学"在观念上和实际操作层面，都存在着忽视将语言知识转化为语言技能这一环节，造成程度不同的综合课实施错位或实施不到位的现象"（李泉，2010）。我们认为，高级综合课存在同样的问题。

为了在教学理念、教学模式上进行新的探索，我们尝试在高级综合课教学中引入任务型教学理念。任务型教学理念基于交际语言教学理论和第二语言习得理论，它将语言学习和使用相结合，主张学生在做事情的过程中学习语言、运用语言，即所谓"做中

---

* 原文发表于《语言教学与研究》2017年第2期。

学""用中学"(程晓堂,2004:5—12)。它通常以任务为教学的基本单位,而不是以课文和语法结构为基本单位。教学目标及教学效果以学习者能够完成的任务种类、数量及质量来统计评估(靳洪刚,2011)。近年来,任务型教学理念在对外汉语教学中的应用研究颇受关注,但研究多集中在初中级阶段,课型主要是以口语课为主。在高级阶段,黄建滨、王海啸(2008)探讨过如何结合任务型教材进行大学高级英语课堂教学,而在对外汉语领域,只有龙俊宇(2010)、全贤素(2012)等少数几人提到任务型理念适合高级汉语教学,至于基于任务型教学理念的综合课教学模式的建立,课堂教学的具体实施,还未见深入探讨。基于以上研究现状,本文尝试论证任务型教学理念在高级汉语综合课教学中具有很好的适用性,在此基础上建立具有操作性的教学模型,并用一个真实的教学案例加以阐释。

二、任务型教学理念在高级汉语综合课教学中的适用性

2.1 高级综合课教学现状分析

从能否满足学习者的学习需求与达到本阶段的教学目标来分析,我们感到高级综合课教学存在以下倾向:第一,从教材选题上看,年代久远,与现实生活差距较大,文学文化的选题依然占有较高比例(高增霞,2010;崔甜,2013;黄驷楠,2015)。根据我们的访谈调查,学生对当下中国很感兴趣,愿意深入探讨有现实意义的话题,更渴望有机会亲身体验,而教材选题本身的倾向性增加了学生参与真实体验的难度。第二,从交际能力培养的方式和时间分配上看,以教师讲授为主,课堂上较多时间花

在课文理解，语言点和文化点的讲练上（李泉，2010；全素贤，2012）。综合课上，语言活动时间不充分，而且多是针对课文的、虚拟的、讨论式的，技能训练的综合性和交际性不足。第三，从教学内容之间的关联性上看，生词、课文、语言点与练习之间，呈"割裂式"的二元结构，同时练习之间也缺少必要的联系（田艳、陈磊，2014）。设计上，缺少层层推进，环环相扣的语言运用训练，而且一次性输入内容量大面广，导致学生课上所学内容较为庞杂，遗忘率高。第四，从语言输出效果上看，教学过程缺少有效的检验形式，检测手段也比较简单。课上多以学生记录，简单回应老师为主，课下就是完成书后练习。这种形式很难形成有效的语言输出，也很难检测出学生实际的语言运用情况。

2.2 任务型教学理念在高级汉语综合课教学中的适用性

马箭飞（2002）提出："现实中的言语交际活动是一个多层次复合的动态系统，它所涉及的内容是非常庞杂的，诸多因素在言语交际活动中互相作用，从而产生了言语交际活动的广博性、复杂性、动态性和开放性特点。"到了高级阶段，学生的言语交际越发接近现实中的言语交际活动，上述特点表现得也越发明显，这使得通过模拟、体验真实生活来进行语言交际能力培养的任务型教学有了更充分的施展空间。我们从任务型教学理念的一些特点可以看出它在高级汉语综合课教学中具有很好的适用性，能够在很大程度上解决前文提到的教学不足。

（1）任务的内容是真实的

我们所说的"任务"是指教学中设计的以目的语为媒介来做事的任务。Nunan（1989）将任务分为真实任务和学习型任务，但不管是再现现实生活的真实任务还是借助真实素材以学习为目的学习型任务,任务的语言材料、交际内容都是真实的。尤其是在以真实任务为主的教学中,任务的步骤和流程也是源于真实生活。在任务的实施过程中,学习者亲身经历整个事件,这种亲历感,会促使学习者主动筛选、提取自己的语言储备,并努力吸收新的语言素材。除了语言表达形式,在文化和交际策略上也会逐渐调试,由不了解到了解,由不适应到适应。这种学习过程是动态的,它可以弥补传统课堂教学中许多交际真实性上的缺憾。

高级阶段,学生关注现实,渴望体验,任务型教学中内容的真实性正好契合了这一阶段学习者的学习需求。他们希望将书本的东西转化为现实的语言生产力,他们愿意也有能力参与那些未经过大量筛选和改造的真实语言活动。例如教材中将要学习有关一处名胜古迹的课文,任务型教学中教师对本课进行了全新的编排——设计了一个任务:学生尝试真正当一次导游,通过实地考察,撰写导游词,并对古迹进行介绍和评价。有了这个任务,课文就变成了为完成任务而准备的语言素材和背景资料。而传统教学的做法是讲练课文、复述课文,回答课文相关问题。两种方式对比,真实内容能带给学生趣味性、挑战性和成就感,这无疑有助于提高学生的语言交际能力。

(2)任务中的技能训练是综合性的

一个真实的语言任务,需要学习者对语言信息进行分析、综合、处理,综合运用汉字、语音、词汇、语法、语篇知识以及交际策略,进而外化为一系列复杂的口头或书面语篇。在完成任务的过程中,不会只运用单一语言技能,而是综合语言技能的体现,输入的时候可能比较侧重于听和读,输出的时候比较侧重于说和写,多技能的综合训练是任务型教学的一个明显特点。在完成任务的过程中，强化的是通过语言行为所体现出来的人际交流、理解诠释、表达演说的语言交际能力。

在高级教学阶段，完成任务过程中语言运用的综合性体现得尤为明显。高级阶段所设计的任务一般都关涉一个复杂语言事件，任务的步骤多，完成过程难度大，复杂度高，"学习者在执行任务时能够对零散的、分散的、碎片化的语言要素和语言技能进行综合运用"（姜丽萍，2015）。跟传统教学相比，任务型教学中教师会把更多时间用在帮助、引导学生完成任务上，在这个过程中帮助学生掌握语言形式，观察学生语言综合技能的发展，并进行综合性评价。

（3）任务的操作过程是由任务链串联起同一个主题

任务的操作过程分为任务前阶段、任务中阶段、任务后阶段（Willis，1996；Ellis，2003），其中"任务中阶段"是核心，是任务实施阶段，任务前是为任务中做准备，任务后是对任务的总结和评测。这种时间上的顺序体现出一个任务在教学操作过程中内容的关联性。如果是一个复杂任务，在同一主题下，还会有大任务，有小任务，其中，小任务围绕大任务也会呈链条状，后面的任务一定是基于前面的任务来推进。

高级阶段设计的任务一般都是复杂任务，教学中首先要根据教材内容设计一个大任务主题，再由任务链将教材中的素材串联起来，服务于任务主题，能帮助完成任务的内容在教学中会细读，相关的语言形式也会作为重点进行练习，并在任务链中不断重现，而跟任务主题关系不大的内容就会淡化。这样做不但将课本内容与任务链条有机组合，而且重点突出。学习者在操作的过程中不断巩固新知，有效降低遗忘率。

(4) 任务的结果是有预期、可检验的

任务型教学强调，任务是有预期结果的，因此可以检验。如果学习者经历了整个任务链条，在每个环节都有口头或书面语篇输出，说明他完成了任务，能够运用语言去做事。至于完成得好与坏，教师还可以根据任务目标做出具体评判。高级阶段学生往往喜欢长篇大论，以此来展示自己的能力，通过任务型教学，在每一个任务环节都给他们展示的机会，同时也是对学生实际语言运用的检测，而最终的任务报告更能有效检测语言输入的效果，实现有效输出。这样就避免了课上热热闹闹，课下无从检测，或检测不到位的情况。

(5) 任务型教学也关注形式，但是由内容关涉语言形式

任务型教学容易被人质疑的就是很难兼顾语法教学的系统性。因此，除了上述任务型教学的特点能够直接针对高级教学中出现的问题提出对策以外。我们认为任务型教学由内容关涉形式的理念也适合高级教学。

任务型教学是内容导向的，一个任务中涉及的语言形式往往不是单项的，而是各种语言现象混杂在一起，但这与高级阶段学生的表达特点却相对契合。本阶段学生已经了解了基本的汉语语法规则，综合运用成为教学重点。每课的学习重点虽系统性不强，但主题鲜明。任务型教学中，教师要根据任务主题确定任务目标，目标中除了功能目标（与内容相关），还要有形式目标，即完成此项任务过程中可以用到的语言形式。在任务前阶段还会专门针对这些形式进行语言输入，并鼓励、引导学生在任务中使用，在任务后阶段也会针对这些形式进行讲评和必要的强化。这样，教学在围绕主题推进时不会因为关注内容而忽略语言形式，甚至对

偏误过于容忍,由此,教学才能落到实处。任务型教学理念始终强调内容与语言形式的统一。在高级阶段,学生的能力较强,能胜任复杂的语言活动,这种统一应该更能在教学中体现出来。

三、任务型高级汉语综合课教学模型及案例

鉴于任务型教学理念在高级汉语综合课教学中具有较好的适用性,我们尝试将其应用于教学。由于目前的高级综合教材大多并非是依据任务型理念而编写的,因此,我们所进行的教学实践是在对现有教材进行改造和整合的基础上进行的。我们希望这种模式能有更大的适用空间和推广性。

3.1 任务型高级汉语综合课教学模型

我们构建的教学模型①分为四个模块,九个步骤:

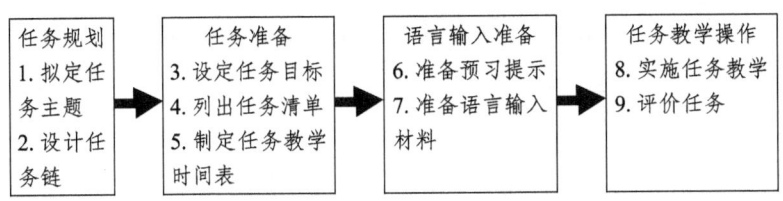

图1 任务型高级汉语综合课教学模型

模块一:任务规划。这是对本单元任务的总体规划。包含步骤1——拟定任务主题,步骤2——设计任务链。

---

① 此模型是基于高级综合课教学实践得出的,我们认为基本模型在中级综合教学中也可尝试,但操作中需要根据中级的教学重点和学生的语言水平进行相应调整。

由于高级教材多数容量巨大，教师首先应反复分析教材内容，确定一个与单元内容直接相关的任务主题，即学生要做一件什么事。这是本单元所有教学内容的核心，后续的教学安排都是围绕任务主题来设计的。然后，将任务主题分解为任务链。高级阶段的任务链中应尽量包含真实体验性的任务环节，而不应都是在课堂的模拟语境中完成的任务。任务链中各个环节的任务容量应该跟教学课时的容量相匹配。

模块二：任务准备。这是对任务具体实施所做的准备。包含步骤3——设定任务目标，步骤4——列出任务清单，步骤5——制定任务教学时间表。

步骤3，为学生设定任务目标。任务目标包括功能目标和形式目标。功能目标就是任务主题的功能化，即学生在叙述、陈述、分析、说明、比较、评估等方面应该做到什么。形式目标包括完成任务所需的高级词汇、固定结构、表达式、修辞、语篇规则、交际策略等。功能目标和形式目标并非完全从外部获得，而主要是根据教材内容提炼、转化而成。

步骤4，为学生列出任务清单。任务清单是对学生如何准备任务的清晰化指导，分两个部分。一部分是为保障任务顺利完成而由学生填写的，包括组员构成、组员分工、所需材料、可能遇到的困难等，当学生熟悉操作过程后可以省略；另一部分由老师提出，包括任务要求，以及任务提示等，这是任务清单的重点，教学中要根据教学时间表逐项提示学生。

步骤5，制定任务教学时间表。教学时间表是任务操作过程中师生都必须依循的进程表，包括具体上课的时间，课上、课下所需完成内容的简单介绍。

任务目标、任务清单、教学时间表是交叉对照完成的，三份材料均应发给学生，以便对照实施。

模块三：语言输入准备。这是为课堂教学中语言输入而做的准备。包括步骤6——准备预习提示，步骤7——准备语言输入材料。

步骤6，为学生准备预习提示。上述准备完成之后，教师要根据课文做出预习提示。方法是以批注形式在课文文档中标记出需要学生课前预习的问题。问题分为两个方面，一方面是为学生了解文章大意而设计的概括大意、主旨的题目，帮助学生在阅读中建构课文内容框架；另一方面是针对阅读重点、难点的提问，主要包括形式目标中的各项应如何理解及使用。学生按照预习提示课前预习、课上在教师指导下有针对性地强化，课下巩固、复习。

步骤7，为课堂教学准备语言输入材料。材料包括两类，一是为实施课堂教学而准备的问题和练习，这些问题和练习应该是针对课文的，与任务目标有直接关联的；二是与任务主题相关的音频、视频、图片资料等及相关问题。上述材料建议通过教学课件体现出来。

模块四：任务教学操作。这是对任务教学过程的具体实施，包括教师的形成性评价。这个模块是对前三个模块所有意图和准备的具体实施。包括步骤8——实施任务教学和步骤9——评价任务，它们是同时进行的。

这一模块在课堂教学中分四步操作。每一步都分为课上和课下部分。教师可以根据每一步的具体教学内容安排适当课时。

表 1 实施任务教学过程

	课上		课下	
第一步	教师： 1. 布置任务 2. 进行任务主题相关的背景导入。	学生：提问，师生互动。	教师：以邮件形式发放任务目标、任务清单、教学时间表、预习提示。	学生：了解所发资料，根据预习提示预习课文。
第二步	教师： 1. 进行语言输入。 2. 引导学生以小组形式为完成任务制定计划，讨论协商。	学生：提问，与同学、老师互动。	学生：复习课上所学，根据具体要求准备任务。	
第三步	学生：以小组形式，实施任务。	教师：对学生的表现进行记录和评价。（如学生分组外出，教师不参加）	学生：完成口头任务报告。	
第四步	学生：分组口头展示任务报告。	教师：对小组报告进行评价。	学生：将口头报告内容整理为书面文本，提交。	教师：批阅学生报告，个别答疑。

评价任务时，课上采用小组整体打分，再对个别学生点评的形式。建议打分比例：形式上占 50％[①]，功能上占 40％，完成任务过程中学生的参与度占 10％。此外，在分组报告后如果学生能做出精彩点评，根据情况加分 10％—20％，鼓励积极参与。课上评价根据任务目标针对共性问题做出；课下评价，主要是批阅报告，针对个人问题逐一指正。

---

① 评分权重之所以形式所占比例较大，并不是认为语言形式更为重要，这种处理也是源于教学实践，高级学生一般都会比较关注任务的内容，这样做目的是有意识地引导学生关注形式、使用新知。

3.2 教学案例介绍

本案例所使用的教材是《成功之路·成功篇2》（邱军主编，2008）。案例选择的是第十二课，节选自20世纪80年代曾轰动一时的报告文学《小木屋》，讲述我国著名生态学家徐凤翔教授献身西藏，从事高原生态学研究的故事。教学对象来自10个国家，共16人，以大学生为主。本课文本长，结构复杂，信息量大，纪实性强。文中有大量篇幅是对人物形象、语言、行为的描写和评价，语言风格个性化明显。经过仔细研读，同时考虑到语言实践的可行性（主人公徐凤翔教授一直生活在北京，欣然接受采访），我们将本课的任务主题定为：作为一名实习记者，你将参加著名生态学家徐凤翔教授的访谈会，请你设计访谈大纲，得体地对徐教授进行访谈，并根据访谈所得撰写一份人物专访。专访中要涉及两项内容：第一项是就访谈会当天的情况做纪实性叙述；第二项是对比中年和老年的徐教授，对人物进行描写，并从个人角度进行评价。然后，我们根据任务主题设计出任务链条。

下面我们主要通过任务教学操作环节的呈现来看任务链的设计如何落实，有关操作环节之前的各项准备我们在案例分析中再做相关阐释。

第一步（一次课），布置任务，介绍主题相关背景。课上通过播放视频资料，了解被访对象的基本情况，鼓励学生就人物形象自由表达，获得对被访对象的初步印象，激发学生的兴趣——访问现实中的徐教授。之后，介绍任务，确定四个采访小组，其中一组负责接送徐教授，三组学生现场采访。课下要求学生认真阅读任务目标，填写任务清单。根据预习提示预习课文。

第二步（两次课），学生课上以小组为单位，讨论、报告采访提纲。之后，教师根据任务目标，预习提示，有针对性地输入课文中与人物描写、评价有关的内容。课下学生修改、熟悉采访提纲，根据课上所学，在任务目标中圈划可能用上的语言形式，准备采访词。

第三步（一次课），召开访谈会，学生根据准备好的采访提纲对徐教授进行采访，教师做记录。学生课下整理访谈内容，对照任务目标准备人物专访的口头报告（要求以PPT作为辅助）。

第四步（一次课），学生课上做人物专访口头报告，教师根据任务目标做出评价，再集体选出最精彩报告。课下将语言报告定稿为一篇人物专访，教师修改，根据任务目标的达标率打分。

3.3 教学案例分析

本案例是前文提出的教学模型的具体实践。教学中，一方面通过一系列任务型的教学设计训练学生口头和书面的综合性语言交际能力，让他们在做中学，在用中学；另一方面鼓励学生根据自身兴趣和语言水平探究问题、自主学习，各取所需。Ellis（2003，转引自靳洪刚，2015）提出教学任务有五个基本组成部分：教学目标（goals）、教学输入（input）、任务条件（conditions）、任务程序（procedures）、预期结果（predicted outcomes）。我们从这几方面对本案例进行分析，并进一步阐释教学模型。

（1）教学目标。教学目标应是通过任务型教学使学生达到模型中任务目标的要求。本案例中，功能上要使学生做到：能够根据背景资料，设计自己的采访提纲；能够得体地进行口头访谈；能够结合访谈，对比中年徐凤翔与老年徐凤翔，用典雅得体的书面语进行描写；能够从个人的角度，对徐教授做出评价；能够撰写出人物专访。形式上，要使学生能够尽量使用我们从课文中选出的 20 个重点词语、9 个四字词语、10 个句式、1 个程式、3 种篇章衔接与连贯形式，以及现实访谈话语中的 3 种交际策略。

（2）教学输入。教学输入方面，应是根据任务链的设计分步进行输入。案例中，首先是背景资料，然后是相关课文，最后聚焦语言形式。其中有课文、视频、图片的输入，还包括任务清单中的任务说明和要求。

值得一提的是对课文的处理。本课主课文 5500 字。课前，我们通过预习提示引导学生预习。课上，再对相关内容进行理解和强化。我们没有采用传统的串讲课文形式，而是从宏观到微观，由整体到细节。我们直接将全文的叙事框架展示给学生，要求学生能够将叙事框架跟文本内容对应上。在框架内，我们直接聚焦人物描写和评价段落，因为这部分最能契合任务主题，也能为完成任务提供可参考的表达形式。教学操作上，为培养学生用得体典雅的语言进行人物描写和评价，我们先让学生自由表达对人物的第一印象，然后跟作家笔下人物描写的段落进行对比，之后，在教师的指导下，对文中人物描写的语言进行多角度的细致分析，我们逐句分析人物描写段落，分析描写的用词、句子衔接的手段、表达方式、叙述角度、顺序、话语风格，进而练习和扩展表达形式，同时让学生展开联想，与我们即将对比描写的老年徐教授——对照，尽可能为学生提供表达支架。在输入的过程中，我们反复强调任务要求，并要求学生对照任务目标去复习文本。这样做，学生既能对课文有整体理解，同时又重点突出。总之，在任务型教学中我们将课文作为内容线索、表达模板、知识底料，分类处理。

（3）任务条件。本案例中，我们尽量使信息分配多样化，小组成员需要互相交换信息，讨论、整合信息。例如：通过协商、讨论设计本组采访计划；现场采访，以听说互动信息双向交换为主；整合采访信息，完成口头报告。

（4）任务程序。任务链中有单人操作的，如对徐教授第一印象的描述，撰写人物专访；有双人合作，如两人一组接送徐教授；有小组合作，如制定采访提纲，语言报告。每项都有具体的时间和要求。

（5）预期结果。本次教学的预期结果是完成人物专访。每个任务环节也有具体预期结果，包括拟定采访提纲；准备采访词，进行得体采访；做人物专访口头报告；撰写人物专访。各环节分别通过口头和书面形式完成。

3.4 教学效果

本次任务型教学实践效果明显。根据学习维度理论（克努兹·伊列雷斯，2010），我们从学习的角度观测教学效果，看到以下变化：

（1）在学习态度和动机上，学生的兴趣被激发，参与积极性高，学习动机增强。能够跟生活在北京的科学家见面，进行访谈，这是从未有过的体验，体验过程将他们的语言储备最大限度地激活。因此，课堂上，气氛活跃，讨论热烈，制定计划主动性强。访谈中，准备充分，字斟句酌。

（2）在学习内容和资源上，开发深入，针对性强。为顺利完成任务，师生调动了全部可利用的学习资源，除课文文本外，主要是网络信息和新闻报道等社会语言资源，甚至还补充了一些高原生态学方面的知识。所有这些内容由于紧扣任务主题，因此能够为实现任务目标服务，利用率高。

（3）在综合表达能力上，由于有效输出与互动机会明显增多，学生从最初接触任务到最后完成任务表达的准确性、流利性、丰富性逐渐改善。案例中，学生接收了大量听、读信息，也输出大量说、写信息，这些信息以书面体为主，学生日常生活中鲜有机会运用。与传统教学模式相比，由于这些信息的输入和输出都是基于完成真实任务的需要，因此，无论是小组讨论还是访谈现场，学生在表达过程中都努力尝试使用新语言信息，同时获取自己所需要的语言信息。频繁的互动交流中学生不但对新信息加深了记忆，而且也越来越能够恰当、得体地使用。值得一提的是作为最终成果的人物专访无论是口头报告还是提交的书面定稿都给人描写细致、言之有物的印象。

（4）教师的行为表现体现出以学生为中心。教学中，由于学生的自主学习、合作学习的能力和积极性被开发，因此教师有机会把更多时间和精力花在组织、指导、评判上。整个教学过程衔接紧密，每个环节教师都能够根据学生的语言表现进行适时有针对性的指导。

四、结语

本文是由教学现状所促发的教学模式研究，我们从理论上阐释了任务型教学理念在高级汉语教学中的适用性，建立了教学模型，并以案例分析的形式详细阐释其可操作性和有效性。本次教学实践得到了学生好评，他们感到有趣、有用、有挑战性，教学过程使他们逐渐敢于交际、乐于交际，在很大程度上满足了他们的学习需求。在教学实践取得成效的同时，也有一些问题值得我们进一步深入思考，是我们正在研究及今后研究的方向，如任务型课堂教学如何与传统教学模式进行衔接，任务实施中学习者学习风格的差异如何平衡，教师、教材、教法如何协调。

参考文献

[1] 程晓堂（2004）《任务型语言教学》，北京：高等教育出版社。
[2] 崔甜（2013）高级对外汉语综合课课文调查研究，云南大学硕士学位论文。
[3] 高增霞（2010）高级汉语教材编写中的选文问题，《南阳师范学院学报（社会科学版）》第8期。
[4] 黄建滨、王海啸（2008）任务型语言教学与《大学体验英语高级教程》，《中国外语》第3期。
[5] 黄驷楠（2015）对外汉语高级教材课文选编研究——以《博雅汉语·高级飞翔篇Ⅰ》和《成功之路·成功篇1》为例，苏州大学硕士学位论文。
[6] 姜丽萍（2015）第一届国际汉语教材建设与创新国际研讨会大会发言，北京：北京语言大学。
[7] 靳洪刚（2011）现代语言教学的十大原则，《世界汉语教学》第1期。
[8] 靳洪刚（2015）"任务教学法的理论框架及教学设计"讲义，国际主流语言教学法高级讲习班，北京：北京外国语大学。
[9] 克努兹·伊列雷斯（2010）《我们如何学习——全视角学习理论》，孙玫璐译，北京：教育科学出版社。
[10] 李泉（2010）汉语综合课的性质和特点探讨，《海外华文教育》第3期。
[11] 李扬（1993）《中高级对外汉语教学论》，北京：北京大学出版社。
[12] 龙俊宇（2010）浅谈任务式教学与对外汉语语篇教学，《安徽文学（下半月）》第5期。
[13] 马箭飞（2002）任务式大纲与汉语交际任务，《语言教学与研究》第4期。
[14] 潘炳超（2014）"翻转课堂"对大学教学效果影响的准实验研究，《现代教育技术》第12期。
[15] 邱军主编（2008）《成功之路》，北京：北京语言大学出版社。

[16] 全贤素（2012）任务型教学法在高级汉语综合课中的应用，华东师范大学硕士学位论文。
[17] 田艳、陈磊（2014）对汉语教材结构体系中练习设置的分析与思考，《语言教学与研究》第 3 期。
[18] 吴中伟、郭鹏（2009）《对外汉语任务型教学》，北京：北京大学出版社。
[19] 赵金铭（2001）对外汉语研究的基本框架，《世界汉语教学》第 3 期。
[20] Ellis, Rod (2003) *Task-based Language and Teaching*. Oxford: Oxford University Press.
[21] Nunan, David (1989) *Designing Tasks for the Communicative Classroom*. Cambridge: Cambridge University Press.
[22] Willis, Jane (1996) *A Framework for Task-Based Learning*. London: Longman.

任务型口语课堂汉语学习者协商互动研究 *

赵 雷

一、引言

随着二语习得研究的不断深入，人们认识到会话为学习者提供了学习的机会，是一种促成习得发生的激发装置（Gass，1997），"有意义的互动将大量增加信息输入的可能性，进而促使那些对于第二语言发展而言意义深远的根本学习过程发挥作用"（库玛，2003 / 2013：76）。国内外学者对此进行了很多实证研究，但这些研究多集中于母语者和非母语者之间的协商互动、课堂上师生之间的协商互动，特别是协商互动之一的意义协商，而对于学习者之间的协商互动的全面研究则十分少见。在国内对外汉语教学领域，更是尚未见到这方面的研究成果。

强调通过用目的语互动学会交际是任务型教学的第一本质特征。（Nunan，1991）因此，课堂上学习者之间的协商互动状况直接关系着任务型课堂教学的质量和效率。对任务型口语课堂常见任务类型与学习者协商互动关系的研究，以及对任务中学习者

---

* 原文发表于《世界汉语教学》2015 年第 3 期。

协商互动类型及数量分布的研究，将有助于我们有的放矢，创造更加有利于学习者的学习环境，提升协商互动效率，进而促进教和学。

基于此，本文将重点考察任务型口语课堂两类常见任务类型——信息差和意见差任务与学习者协商互动的关系，探讨学习者协商互动的基本类型及其分布，并根据实证研究结果，提出强化协商互动、改进任务型口语课堂教学的具体策略。

二、协商互动及其相关研究

2.1 协商互动的界定及分类

"协商"在二语研究中，本来是指母语者和非母语者为克服理解障碍或修正交际失误做出的"话语调整"，后被称为"意义协商"（meaning negotiation）[①]，指会话双方为预防或解决交流中的理解障碍所进行的调整、修正过程（牟宜武，2010）。随着理论研究和实证研究的深入，"协商"概念发生了演变和扩展。

Lyster & Ranta（1997）提出了不同于"意义协商"的"形式协商"（form negotiation），指出后者是"并非因意义理解障碍而是因学生话语中的形式错误而发生，但教师不直接纠错而是'协商式'地（如请求澄清、疑问式的重复）引起学生注意或帮助其自我纠正"的言语行为。（刘学惠、钱薇薇，2007）Swain & Lapkin（1998）把学习者针对其输出的语言形式进行的谈论、

[①] 意义协商，也被有些学者译作语义协商，如靳洪刚（2010、2011），毕琦琳、陈作宏（2013）等。

质疑、自我或他人修正称为与语言有关的片断（language related episodes，简称为 LRE）。

除了"意义协商"和"形式协商"，Van den Branden（1997）还界定了"内容协商"（content negotiation）。Van den Branden（1997）为研究协商对语言学习者输出的影响，进一步明确区分了"意义协商""形式协商"和"内容协商"，并将三者并列分析。他指出，"意义协商"的基本功能是为了达成会话中的共同理解，"形式协商"则是会话的一方希望推动另一方产生更正确或更恰当的话语。这二者分别与交际问题和语言问题相关，它们并不会产出新的信息，是会话的旁侧序列（side-sequence）[①]。而"内容协商"则与这两种协商不同，它与交际问题和语言问题无关，不属于会话的旁侧序列；"内容协商"是会话"主流"（mainflow），它会引出其他新的信息，推动会话前行。

赵国霞（2002）、Liu & Zhao（2004）进一步阐释了协商互动的内涵，明确指出"内容协商"是内容沟通的需要，它与"意义协商"和"形式协商"不同，"不是因为意义不明或形式错误引起，而是由信息差或观点分歧引起"，"它不是会话的'旁支'，而是对交际本身的推进"。

根据上述学者的研究，本文采用 Van den Branden（1997）、赵国霞（2002）、Liu & Zhao（2004）关于意义协商、形式协商

[①] 旁侧序列（side-sequence），也称为"会话旁支"或"题外话"，指"会话时，其中一个说话者为弄清某一点会偏离会话的主线。通常对方也会做出回答。继这组对话即题外话之外，通常主线会话继续进行。"（里查兹（J. C. Richards）和史密特（R. Schmidt）等编《朗文语言教学与应用语言学词典》（第三版），管燕红和唐玉柱译，北京：外语教学与研究出版社，2005年）

和内容协商的概念和分类。即本文所言协商互动，包括意义协商、形式协商和内容协商三大类。

2.2 协商互动的理论基础

二语习得两大理论流派——认知心理学派和社会文化理论流派，从个人认知系统和学习共同体两个不同角度，为协商互动过程对二语习得的促进作用提供了理论依据。

2.2.1 认知心理学派将输入、输出和学习者的内部加工机能（尤其是选择性注意）有机结合起来，从二语学习者的心理认知过程阐释互动过程的二语习得机制。

Krashen（1985）的输入假说认为可理解性输入（comprehensible input）是二语习得的必要条件。通过在自然环境下大量接触略高于自身现有水平的可理解性语言输入，有助于学习者习得相关二语知识。

Swain（1985：235—253、2000：97—114）的输出假说认为可理解性输入对二语习得的影响是有限的，而可理解性输出（comprehensible output）是语言习得过程中不可或缺的关键环节。她认为可理解性输出在二语习得中具有三大功能，即注意/触发功能、假设检验功能和元语言反思功能。这些功能表明语言输出迫使学习者对语言表达形式进行加工，而唯其如此才能促使二语学习者的语言能力得到全面发展。

Long（1981：259—278、1996：413—468）的互动假说综合了可理解性输入、输出以及会话的作用，认为协商互动"能有效地把输入、学习者内在能力，尤其是选择性注意以及输出相互联系起来"，有助于提升语言意识，内化语言知识，促进二语习得。

Gass & Mackey（2007：175—199）提出了迄今为止二语习得

领域涵盖内容最广泛的一种理论假说——"输入、互动和输出模型"。该模型从心理学的角度，从学习者的语言接触、语言产出以及对语言产出的反馈方面来解释语言习得，认为互动过程中的语言反馈（尤其是负面反馈）、语言经历[①]和学习者的注意力（注意和觉知等）对学习者的语言能力发展有直接的促进作用（文秋芳等，2010）。

2.2.2 源于维果斯基（Lev Vygotsky）的社会文化理论（socio-culture theory）从合作对话与话语共建的角度，也为协商互动提供了理论支持。

社会文化理论认为学习是学习者在一定的情境下通过人际协作活动而实现的意义建构过程。学习发生在学习者与教师或同伴的互动对话中，发生在最近发展区（zone of proximal development，简称为 ZPD）[②]。通过合作会话解决问题和构建知识就是一种学习（Swain，2000）。人际互动是二语学习的必要条件，合作会话则是人际互动的具体表现。在同伴对话中，学习者以语言为中介，实现意义共建。在此过程中，他们会反复尝试如何使用正确的目的语形式表达意义，这使得同伴会同时担任专家与新手的双重角色，一起协商搭建"互动式脚手架"（scaffolding）[③]以彼此互助、相互引导来共同完成任务。正是这种互动式支架，帮助学习者跨越最近发展区，为最终实现二语知识的内化开辟了

---

① 语言经历，即指前文提到的"与语言有关的片断"（LRE）。
② 最近发展区，是指学习者独立解决问题的现实水平和在他人帮助下解决问题的潜在水平之间的区域。
③ 脚手架，也称为支架，在此是一种语言发展合作层面的隐喻，意指能力强于该学习者的他人的协助或引导。本文的互动式脚手架，指互动中互相帮助完成无法独立完成的任务的对话过程。

道路。所以，同伴互动完成交际任务的过程，也是集体智慧转化为个体智慧的过程，它使二语知识首先通过人际协商互动，再通过个体内心活动内化进个人语言系统。

综上所述，认知心理学理论和社会文化理论从个人认知系统和学习共同体两个不同角度为协商互动提供了理论支撑。协商互动既是语言知识进入个人认知系统的重要途径，也是语言知识从心理间互动内化进入心理内互动的必经途径。协商互动使可理解的输入、输出与最近发展区的建立成为可能，为二语习得创造了有利条件。基于此，我们认为任务型口语课堂学习者协商互动完成交际任务的过程，是促进二语学习的过程；而互动过程中的协商越多，越有助于二语习得。

2.3 二语课堂协商互动的相关研究

2.3.1 师生间、学习者之间协商互动的相关研究

在二语教学领域，将协商互动按照意义协商、形式协商和内容协商分类进行研究的不多，且这些研究主要关注课堂上师生之间的协商互动，关注协商互动之一的意义协商。而对二语学习者尤其是汉语学习者之间的协商互动进行研究的更少。

吴中伟、郭鹏（2009：17）指出，学习者与他人的互动是语言发展至关重要的一环，之所以重要是因为互动过程中的意义协商能促进二语习得。意义协商"既可保证让学习者接触到新的语言现象，又可以提高输入的可理解程度，并且提供关于目的语形式与功能关系的重要信息"。

靳洪刚（2011）阐述了现代语言教学的十大原则，其中的多项原则（如原则1、3、4、7、8、10）都与协商互动问题密切相关，原则3更是明确阐述了"语义协商"的类型、过程、重要意义及

具体教学方法等。

关于师生之间的协商互动研究，赵国霞（2002）、Liu & Zhao（2004）研究了在中国大学 EFL 课堂环境下师生之间的三类协商的分布情况，认为意义协商出现频率最高，形式协商频率最低。刘学惠、钱薇薇（2007）等的研究结论与之类似，认为英语课堂协商互动比例不高，意义协商和内容协商出现的频率高于形式协商。陈小丽（2014）认为课堂上教师更倾向于内容协商，内容协商对学生口语输出复杂度影响最大，增强二语课堂的师生协商互动对于学生二语会话能力的提升具有十分积极的影响。祖晓梅（2009）在研究汉语课堂师生互动模式时提及意义协商，她发现除了理解核查以外，一些汉语教师也经常使用澄清请求的方式，较少使用确认核查的策略。

关于学习者之间的协商互动研究，Van den Branden（1997）的实验研究发现，三类协商对学习者的语言输出数量及词汇量有显著影响，并有显著的延迟效应。张萱（2012）探讨了由三类协商①形式组成的英语学习者口语互动模式及其互动类型，认为三类协商是真实交际环境下说话人必须具备的口语互动能力。靳洪刚（2006）认为二语学习者课堂上互动协商越多，越有利于语言获得。分组互动是一种有助于汉语习得的教学方法。毕琦琳、陈作宏（2013）采用行动研究方法，探讨了通过提高小组活动中意义协商的数量，解决初级汉语阶段小组活动互动程度低的问题。

---

① 张萱将"协商"称为"磋商"。她的"内容协商"概念与本文不同，她认为"内容协商"是学习者为推进和管理话语内容而做的努力，包括插入话轮、转移话轮和抢断话轮。我们认为她的"内容协商"概念，与本文讨论的"意义协商""形式协商"不在同一层面，因此，相关内容不在本文讨论。

此外，靳洪刚（2010）、袁芳远[①]等运用实验研究的方法，探讨了美国汉语学习者协商中的具体问题。如靳洪刚（2010）对任务复杂度与意义协商的关系进行了实证研究，研究证实在信息差任务中，加入少量（2%—5%）非熟悉成分，可以增加任务的语言复杂度，进而增多互动及意义协商的机会，并能导致与第二语言习得相关的三种效应——选择性注意、可理解性输入及有效输出的产生。袁芳远对汉语二语课堂的"听写—重写任务"（dictogloss）的准实验研究，探索了输入、互动条件与输出之间的相关性。研究认为互助式学习有助于学习者更多地关注语言形式的使用，对输出流利度、准确度和复杂度以及语言形式的习得均有正面影响。

2.3.2 任务类型与意义协商关系的研究

由于现有研究多聚焦于意义协商，因此，很多学者着重研究了任务类型与意义协商的关系。研究普遍认为，具有信息双向交流、信息必须交换、结果封闭特点的任务更有利于意义协商（Pica，1987；Crookes & Rulon，1988；Nunan，1991；Manheimer，1995：25—28；Foster，1998；庞继贤、吴薇薇，2000；Nakahama et al.，2001；牟宜武，2008；陈继良、谭竹修，2012 等）。

还有一些学者对语言教学中常用的信息差任务和意见差任务进行了研究，研究发现，与意见差任务相比，信息差活动蕴含更多的意义协商机会（Varonis & Gass，1985；Doughty & Pica，1986；Pica，1994 等）。

---

① 根据袁芳远 2015 年 3 月 25 日在北京语言大学对外汉语研究中心所做学术报告。

综上所述，对协商互动的研究，目前多集中于英语教学领域，多聚焦于课堂上师生间或本族语者与非本族语者协商互动的表现，且多限于意义协商，限于任务类型与意义协商关系的研究，而对任务型汉语口语课堂学习者协商互动的研究目前尚未见到。本课题正是针对这一研究空缺所做的专项考察。

三、研究设计

3.1 研究问题

近年来，北京语言大学汉语学院二年级口语课采用任务型中级口语教材《沟通》[①]，通过课堂上外国学习者合作互动完成丰富多样的交际任务来贯彻"用中学"核心理念，训练提高学习者的跨文化口头交际能力。

本研究着重考察二年级任务型汉语口语课堂学习者之间的协商互动，主要研究两大方面的问题：一是任务类型对协商数量有无影响。通过统计数据，考察信息差、意见差两种任务类型与意义、形式、内容三类协商数量的关系，并分析这两类不同的任务是否会带来协商数量的显著差异。二是研究在信息差、意见差两类常用任务中，意义、形式、内容三类协商不同发起方式的数量及分布，并据此了解与分析学习者常用的协商发起方式和其中反映的问题。

为此，我们首先需要进一步明确以下概念：任务型汉语口语

---

① 赵雷主编《沟通——任务型中级汉语口语》上、下册，北京：北京语言大学出版社，2013、2014年。

课堂中的协商互动,是指外国学习者在完成口语交际任务的会话中,"为达到彼此理解,或生成更准确的表达,或填补信息空缺,而共同做出的努力,它包括一系列会话修饰方式或沟通策略"(刘学惠、钱薇薇,2007)。包括意义协商、形式协商和内容协商三大类。

意义协商是指学习者为预防或避免交际中断,克服会话中信息理解障碍所做出的努力。它不产生新的信息,属于会话的旁支系列。

意义协商的发起方式,一般认为分为说话人发起的理解核查(comprehension check,用来询问自己刚说过的话语是否为对方理解)、听话人发起的澄清请求(clarification request,指要求说话人澄清刚说过的话,重新表述或提供新信息)和确认核查(confirmation check,查证自己是否正确理解了对方刚说过的话)。如:

(1) 生1:呃,烧火煮鱼,做饭。你明白我的意思吗?(理解核查)

生2:嗯,明白,做饭。

(2) 生1:另一个人,提着鱼竿,一步步艰难(地)向海洋走(去)。

生2:海洋是什么?(澄清请求)

生1:这个,啊,有水的地方,海,大海。

生2:哦,哦。

(3) 生1:嗯,老人给她,鱼篓,鲜鱼……篓。

生2:你的意思是老人给她一篓鲜鱼?(确认核查)

生1:嗯,对,一篓鲜鱼。

形式协商是指会话中在无意义理解障碍的前提下,学习者针对自己或对方在语言形式使用方面的问题发起的求助、质疑和修正等。它不产生新的信息,属于会话的旁支系列。

形式协商的发起方式,分为说话人发起的求助(显性或隐性)、听话人发起的确认核查、元语言反馈(指出语言形式错误或直接改正)等。如:

(4)生1:最好是,呃,不,不私自?不 selfish 怎么说?(显性求助)

生2:嗯,不自私的。

生1:对,不自私的,一起,他们一起。

(5)生1:我赞成打是亲骂是爱,不打不骂不成……,嗯……(隐性求助)

生2:材。

生1:嗯,不成材,不打不骂不成材。我觉得这个有道理,说的时候,孩子可能不听,有时候不听,打是教育孩子的有效的方法。

(6)生1:从前,有两个饥饿的人,啊,在赶路,走,他们走不动的时候,遇到一位好心的老人,老人送给他们两件礼物,一根鱼(yǔ)竿?(确认核查)

生2:鱼(yú)竿。

生1:哦,鱼(yú)竿,和,和一篓、篓鱼。

(7)生1:第一个是每人拿不同的礼物。

生2:嗯,他们分块,嗯。

生1:不是分块,分开!(元语言反馈)

生2:哦,分开。

生1：嗯，对，他们没一起，没合作。

内容协商是指会话中学习者为解决由于信息差或观点差等引起的内容方面的问题而进行的讨论。它与引发意义协商的交际障碍（如意义不明）或引发形式协商的语言问题（如形式错误）无关；它不是会话旁支，而是会话主流（main flow）。它是内容沟通的需要，会促使双方提供更多信息，推进会话进程。同时，它也会因此增加语言表达非准确性的几率，创造出更多意义协商和形式协商的机会（Van den Branden，1997；Liu & Zhao，2004；钱薇薇，2005）。

内容协商的发起方式主要包括由说话人发起的显性或隐性求助，由听话人发起的澄清请求、确认核查等。如：

（8）生1：不同的是，呃，在故事A，两个人死了，故事B……（隐性求助）

生2：啊，故事B两个人幸福了，娶妻生子，过（上了）幸福生活。

生1：嗯？你的故事，他们结婚？这两个人是男的和女的？（澄清请求）

生2：不是，啊，我觉得他们是和别的女人，嗯，大海，啊，（跟）海边别的女人结婚了。

（9）生1：我觉得（父母）打骂（孩子）是好的办法。

生2：好办法？你喜欢父母打你？（确认核查）

生1：父母打孩子是他们的爱。

生2：为什么？（澄清请求）

生1：孩子（小）的时候，他没有那么多的概念，不知道什么是好，什么是不好。

3.2 三类协商的考察框架

根据 Varonis & Gass（1985）、Gass（1997）的研究，协商过程一般包括：

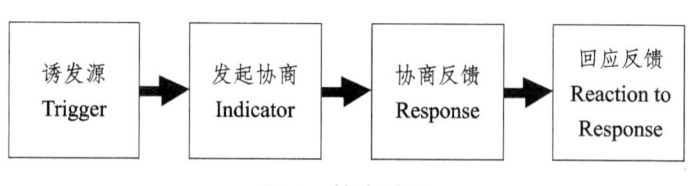

图 1 协商过程

即交际中，首先由于出现了可能有碍理解或不正确的话语——诱发源（Trigger），于是，引发了协商。听者或说者发起协商（Indicator），要求对信息进行澄清、确认、解释或修正等；对方反馈（Response），回应协商请求，对表达内容或形式进行重复或解释、说明、修正等调整；最后听者表示对说者反馈的认可（Reaction to Response），交际得以顺利进行。

协商过程反映了学习者的认知语言处理过程。其中"发起协商"（Indicator）是协商开始的选择性注意阶段，因为说话人注意到交流中有某一理解障碍或语言形式错误或信息空缺存在，因而开始发起协商，寻求对方反馈。本文中，我们通过考察、统计任务型口语课堂学习者完成两类任务时不同协商发起句的数量，来研究协商互动的数量及其分布情况。

为此，我们根据各类任务中学习者常用的协商发起方式，设计出如下考察框架（如图2）：

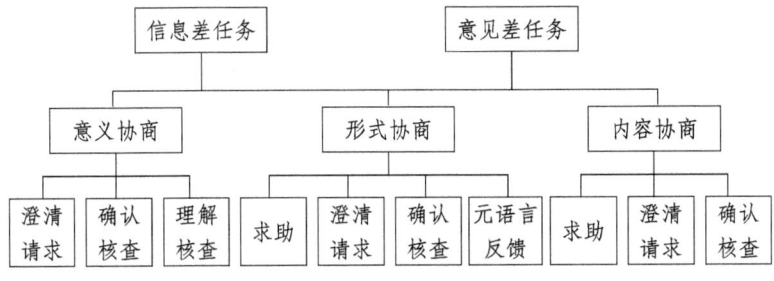

图 2　三类协商考察框架

3.3 研究步骤

根据任务型口语课堂学习者配对完成任务的性质类型,我们设计了两类典型任务——信息差任务和意见差任务。这两类任务的共性是:(1)都具有双向性,需要两个或两个以上学习者互动完成。(2)都必须交换信息,即要完成任务,双方必须交换及获取对方信息或观点。差异是:信息差任务,双方互动前所持信息存在差异;任务结果具有封闭性,需要找到确定的答案,并达成共识。意见差任务,双方互动前持有共同信息;而任务结果具有开放性,即对双方观点及论据没有确定答案,论据可多可少,只需交换观点及汇总报告,无需达成共识。

我们从三位老师任教的三个平行班中,每班随机抽取 5 组,共计 15 组,对他们的录音语料进行转写和分析。具体完成步骤如下:

信息差任务:①学生随机分成 2 人一组,分别快速阅读故事 A、B。②各自给对方讲述自己看到的故事 A 或故事 B 的主要内容(讲述时不许再看书);然后一起讨论,比较出故事 A 和 B 的异同之处各 3 点,并共同分析为什么这两个故事的结局会不同。

同期录音。③各自报告讨论结果（假如你是 2 人小组代表）：这两个故事的异同点，并说明故事给我们的启示。同期录音。④选听报告录音，集体讲评。

意见差任务：①集体看电影《刮痧》。②观后，学生随机分成 2 人一组，讨论由电影内容引出的"打是亲、骂是爱，不打不骂不成材"的观点，要求双方持不同意见和理由，表明观点。同期录音。③各自报告讨论情况（假如你是 2 人小组代表）：说明双方的主要观点、理由等。同期录音。④选听报告录音，集体讲评。

需要说明的是：为了使学习者之间产生更多的协商互动，我们没有止步于②，而是设计了步骤③④，并在意见差任务中规定双方持不同观点，以使意见差任务也成为信息必须交换任务。任务前学习者都了解先要做好②，搞清楚对方信息或观点，才能完成好③和④。

本研究只转写及研究两类任务中第②步的实况录音语料。因为任务类型、要求、难易度不同，任务完成时间不同。按照课堂实际，信息差任务，每组同期录音 12 分钟，意见差任务每组同期录音 8 分钟。15 组完成两个任务的录音语料共计 300 分钟。

四、结果与讨论

4.1 三类协商的分布及讨论

根据对转写语料的统计，在信息差、意见差任务中，三类协商的分布如表 1 所示。为了进一步考察任务与各类协商的关系，我们分别就学习者在信息差、意见差任务中的意义协商、内容协商和形式协商的数量进行了三个配对样本 t 检验。表 2 为配对样本 t 检验的结果，表明任务类型效应在各类协商中是否显著。其中 T1 代表信息差任务，T2 代表意见差任务，统计变量是每一组被试各类协商发起数占其总话轮的比例。

结果显示，在信息差和意见差任务中，意义协商（$p = 0.587$）、形式协商（$p = 0.696$）及内容协商（$p = 0.23$）数量都没有显著差异，任务类型效应不显著（$p > 0.05$，$\alpha = 0.05$），即不同类型的任务并没有导致协商数量的显著差异。

表 2 显示信息差和意见差任务中的意义协商数量并无显著差异，这与上文提到的一些学者的研究结论——信息差任务比意见差任务更有益于意义协商并不相同，原因何在呢？我们认为这与我们对意见差任务的设计及要求有关。一般意见差任务，双方自由表明观点即可，属于信息自由交换任务。而我们课堂上的意见差任务，要求二人持不同观点，这就限定了双方的正、反方立场，使原本选择性交换观点、说什么及说多说少无所谓的任务，变成了信息必须交换任务；此外，增加了步骤③的二人讨论情况汇总报告环节，使得双方都先要准确、清楚地了解对方观点才能完成报告，这更使该任务由自由选择信息交换任务变成了信息必须交换任务，这就可能导致意见差任务中意义协商及协商总量的增加[①]。另一方面，步骤④的选听、集体讲评的压力，也增加了学习者进行协商的动机和行动。虽然对学习者而言，完成两种任务同时存在这方面促进协商的因素，但对于信息差任务，互动时准

[①] 根据 Pica（1987）、Foster（1998）等，信息必须交换任务比信息选择交换任务更有利于协商，也即协商数量更多。

确找到差异说清楚即可；而对于意见差任务，由于变成了必须交换信息的任务，不甘落后的心理及荣誉感使每对学习者都努力寻找尽可能多的论据支持自己反驳对方，这便产生了更多的协商。

表 1　三类协商的分布情况

协商类型、数量及话轮[①]数	任务类型			
	信息差任务		意见差任务	
	协商数量	占总话轮比例	协商数量	占总话轮比例
意义协商	110	7.51%	33	5.23%
形式协商	24	1.64%	10	1.58%
内容协商	112	7.65%	61	9.67%
三类协商总数	246		104	
话轮总数	1464		631	
协商总数占话轮比例	16.80%		16.48%	

表 2　两种任务与三类协商的配对样本 T 检验结果

	均值	标准差	均值的标准误	差分的95%置信区间		t	df	Sig.（双侧）
				下限	上限			
T1-T2 意义协商	.01067	.07440	.01921	-.0305	3.05187	.555	14	.587
T1-T2 形式协商	-.00400	.03888	.01004	-.02553	.01753	-.398	14	.696
T1-T2 内容协商	-.03000	.09258	.02390	-.08127	.02127	-1.255	14	.230

---

① 话轮是指在会话过程中，说话者在任意时间内连续说的话语，其结尾以说话者和听话者的角色互换或各方的沉默等放弃话轮信号为标志（李悦娥、范宏雅，2002：22）。因学习者每个协商的发起多出现在一个话轮中，故本文通过各类协商发起在话轮总数中所占比例及三类协商总数在话轮总数中所占比例来反映协商的分布情况。

表1显示信息差任务和意见差任务中三类协商的产生数量有所不同。在信息差任务中，意义协商（7.51%）与内容协商（7.65%）的数量相差不大，而形式协商的数量（1.64%）相比于前两者却少很多。在意见差任务中，内容协商（9.67%）几乎是意义协商（5.23%）的2倍，形式协商（1.58%）也比前两者少很多。经过单因素组内方差分析，我们发现在信息差和意见差任务中，意义协商与内容协商的数量差异均不显著（$p > 0.05$）；而意义协商、内容协商与形式协商的数量差异均达到显著水平（$p < 0.05$）。也就是说，在两类任务中，意义协商和内容协商的数量均多于形式协商，形式协商数量明显偏少。

我们推测出现这种情况与以下几个因素有关：①人们习惯遵循内容优先的原则，即只略知一二或觉得可以猜出对方意思时，就往往忽略了语言形式的准确性；②学习者的语言水平有限，表达时注意力资源主要用于内容方面，无法或无力顾及语言形式的准确性；③不愿伤及彼此面子。要承认不理解或不被理解，会显示自己无能，而告知对方语言形式有误，也易伤及对方面子，因此，往往忽略形式协商或假装理解；④缺乏协商意识、任务前老师对语言形式的明确要求不足及完成任务的时限压力都可能导致形式协商数量更少。

Lyster & Ranta（1997：37—66）认为形式协商有两个主要功能，一是能够让学习者充分关注语言形式，从而使他们在对目的语假设进行检验时能重新分析和调整自己的语言输出；二是能够为学习者提供陈述性语言知识向程序性知识转化的机会。Leeser（2004）也证实形式协商与语言发展成正相关关系，也就是说形式协商越多，语言发展得越好。那么，形式协商数量少，显然不利于二语学习。

但是，也有学者发现虽然学习者之间的意义协商、形式协商不多，但学习者能够在未被催促的情况下修正自己的话语，即自我发起修正，而且这也是最频繁的修正类型。（Buckwalter，2001；McDonough，2004；Foster & Ohta，2005；Poupore，2009：242—255）这个现象是否同样存在于汉语学习者中还有待考证。

总之，形式协商在两类任务中所占比例不高，需引起高度重视并采取解决措施；而不同类型的任务并没有导致协商数量的显著差异的结果也启示我们，可以通过设计多种不同类型的任务来调动激发学习者的互动积极性，从不同角度促进协商互动，进而促进二语习得。

4.2 三类协商发起方式的分布及讨论

根据三类协商考察框架（图1），我们对各类协商发起方式在两类任务中的分布进行了统计，结果如表3所示：

表3 三类协商发起方式的分布

协商类型	协商发起方式	任务类型			
		信息差任务		意见差任务	
		数量	协商发起方式数量及所占比例	数量	协商发起方式数量及所占比例
意义协商	澄清请求	110	33（30%）	33	9（27.27%）
	确认核查		63（57.27%）		23（69.70%）
	理解核查		14（12.73%）		1（3.03%）
形式协商	求助	24	16（66.67%）	10	10（100%）
	澄清请求		1（4.17%）		0
	确认核查		5（20.83%）		0
	元语言反馈		2（8.33%）		0

续表

协商类型	协商发起方式	任务类型			
		信息差任务		意见差任务	
		数量	协商发起方式数量及所占比例	数量	协商发起方式数量及所占比例
内容协商	求助	112	20（17.86%）	61	2（3.28%）
	澄清请求		54（48.21%）		46（75.41%）
	确认核查		38（33.93%）		13（21.31%）

为了更清楚地展示两类任务中，每种协商发起方式所占的比例，我们根据表3，得到了每种协商发起方式的总的分布数据，如表4所示：

表4 协商发起方式的分布

协商发起方式	任务类型			
	信息差任务		意见差任务	
	数量	占三类协商数（246）百分比	数量	占三类协商数（104）百分比
澄清请求	88	35.77%	55	52.88%
确认核查	106	43.09%	36	34.62%
求助	36	14.63%	12	11.54%
理解核查	14	5.69%	1	0.96%
元语言反馈	2	0.81%	0	0

从表4中，我们可以看到：

（1）在信息差任务中，学习者常用的协商发起方式依次是：确认核查、澄清请求、求助、理解核查及元语言反馈；在意见差任务中，常用的协商发起方式依次是：澄清请求、确认核查、求助及理解核查。

（2）听话人发起的澄清请求和确认核查是学习者使用最多的两类协商发起方式。信息差任务中，确认核查最多，其次是澄清请求；意见差任务相反，澄清请求最多，确认核查第二。出现这种情况的原因可能是前者双方必须准确获取信息才能找出细节差异，所以要通过确认核查的方式来不断确认、核实；而后者双方都要弄明白对方的论据到底是什么意思，所以常用澄清请求。

（3）求助在两类任务协商中的比例均位列第三，分别占14.63%和11.54%；而表3显示，在形式协商中，求助在信息差任务中占66.67%，在意见差任务中占100%。这说明求助也是学习者常用的协商发起方式，尤其多用于形式协商中。从录音语料中，我们发现当学习者不知某个意思如何用汉语表达、不知某个词或某个声调是否准确时，常采用求助或确认核查的方式发起形式协商。如果双方来自同一国家或地区，有时会直接用母语小声求助。

（4）说话人发起的理解核查在信息差任务中不足6%，在意见差任务中更是不足1%。这进一步反映出学习者常常只顾自己表达，忽略了对方的感受，不了解协商对于语言学习的重要性，协商意识薄弱的状况。

（5）元语言反馈在信息差任务中不足1%，在意见差任务中没有出现，这从另一侧面进一步说明中级阶段学习者语言形式方面知识、能力欠缺，亟待学习提升。

4.3 研究结论

根据上述考察及统计数据，我们得出如下结论：第一，三类协商的数量在信息差任务与意见差任务中不存在显著差异，说明任务类型效应不显著，任务类型对三类协商的数量没有显著影响。但我们认为学习者协商互动的数量与任务设计、任务要求及学习者水平、协商意识等多种因素密切相关。第二，澄清请求和确认核查是各类协商中学习者惯于使用且使用较多的协商发起方式，求助常用于形式协商中，而理解核查，尤其是元语言反馈使用极少。第三，中级阶段学习者形式协商的意识和能力亟待提升。

五、强化协商互动的教学策略

5.1 增强师生对协商互动重要性的认识

首先，应使教师进一步认识协商互动对二语习得的重要意义，关注协商互动任务的设计及完成过程。教师是任务型课堂的设计者、指挥和教练，教师制约着课堂活动的导向。因此，应首先提升教师对协商互动重要意义的认识。学期初及学期末，可在教学组对任务型口语、协商互动与二语习得问题进行专题研讨，使教师认识到：学习者之间协商互动完成交际任务的过程是促进汉语习得的过程；不应只关注会话的结果，更应关注互动协商的方式及过程；关注学习者如何通过协商，找到最近发展区，并在互动中相互促进。

其次，要使学习者认识到协商互动的重要意义。开课之初，教师可通过 ppt 课件及具体任务的设计及实施，深入浅出地引导学习者感受到任务型教学与传统教学的不同，尤其认识到完成交际任务过程中的协商互动的每一步都是在学习，都应能使彼此从中获益，从而为随后协商互动的有效开展奠定基础。

5.2 加强对学习者进行协商互动的培训

学习者协商互动能力的欠缺会阻碍其运用汉语进行有效协商，更会阻碍其汉语水平的提高。因此，对学习者进行协商互动方法的培训十分必要。可通过具体任务案例，首先使学习者了解协商方法；然后利用教材中的相关部分①及 ppt 等多媒体课件，设计相应的小组活动，帮助学习者逐步学会并熟练掌握各类协商的发起方式，如澄清请求、确认核查、理解核查、求助、元语言反馈的常用表达形式。此外，每次任务前，都应适时提醒，并常抓不懈。

5.3 注意激发学生对语言形式的关注和学习

针对中级阶段学习者语言形式方面知识、能力欠缺的问题，教师应特别注意以下两个环节的把握：

"任务前"环节，注意激活学生关于该任务的知识储备（语言、文化等），尤其是相关语言表达形式方面的储备，并使任务中含有少量（2%—5%）非熟悉成分，以增加任务的语言复杂度，增多协商互动的机会（靳洪刚，2010）。同时，要提出协商互动的明确要求，使学习者意识到协商互动也是任务的重要组成部分。由于学习者报告中常回避互动时彼此没能协商解决的语言"难题"，因此可要求随手记下互动过程中所遇到或存疑的彼此无法解决的主要"难题"，并在任务后的语言聚焦环节中提出。

"任务后"语言聚焦环节，要根据录音中的问题进行集体点评和针对性强化训练，这是提升语言意识、解决形式协商中的语

---

① 参见赵雷主编《沟通——任务型中级汉语口语》上、下册中的"请记住：你经常要用的句子"部分。

言问题的重要时机。这个环节不仅要选听学习者的报告录音,还可适当播放协商过程录音片段,表扬鼓励注意协商互动、通过协商较好地解决语言问题的小组。此外,还可把小组会话互动录音分析作为课外作业,让学习者自己或相互找出互动中存在的问题并改正。这将会促使学习者更加重视协商互动,尤其是形式协商和元语言反思。

5.4 将协商互动能力作为口试考查项

口语测试中,将协商互动能力作为考查项,也是促进协商互动的有力措施。《欧洲语言共同参考框架:学习、教学、评估》的"口语能力量表"已将"互动性"作为与"准确度""连贯性"等并列的评估项,其中"能重复别人讲过的相关内容,以此来确认相互的理解"等表述正是"协商互动"中的协商发起方式之一。因此,考查口语会话时,我们将发起协商及对协商的回应能力也作为口试考查指标,这将进一步增强师生的协商互动意识,并会对任务型口语课堂中的协商互动起到反拨作用。

总之,在增强师生协商互动意识的基础上,采取一些切实可行的措施,将有助于促进学习者之间的协商互动,从而有助于提高任务型口语课堂的教学效率和质量,有助于提升外国学习者的汉语口语水平。

参考文献
[1] 毕琦琳、陈作宏(2013)初级汉语课堂小组活动有效性研究,《汉语国际传播研究》第1期。
[2] 陈继良、谭竹修(2012)论语言交际中意义协商作用的有限性,《西华师范大学学报(哲学社会科学版)》第4期。
[3] 陈小丽(2014)协商互动对二语学习者会话能力的影响,四川外国

语大学硕士学位论文。

[4] 靳洪刚（2006）分组活动的互动性及教学形式，见姚道中等编《中文教材与教学研究》，北京：北京语言大学出版社。

[5] 靳洪刚（2010）任务复杂度及其互动、输出效应，《全美中文教师协会会刊》(*Journal of the Chinese Language Teachers Association*)第2期。

[6] 靳洪刚（2011）现代语言教学的十大原则，《世界汉语教学》第1期。

[7] 库玛（2013）《超越教学法——语言教学的宏观策略》，陶健敏译，北京：北京大学出版社。英文原著：Kumaravadivelu, B. (2003) *Beyond methods:Macrostrategies for language teaching.* New Haven, CT:Yale University Press.

[8] 李悦娥、范宏雅编著（2002）《话语分析》，上海：上海外语教育出版社。

[9] 刘学惠、钱薇薇（2007）协商互动与即时输出：课堂语言学习探微，《外语与外语教学》第11期。

[10] 牟宜武（2008）任务类型对学习者之间意义协商的数量和类型的影响，《陕西教育》第5期。

[11] 牟宜武（2010）国外意义协商研究三十年评述，《西华师范大学学报（哲学社会科学版）》第6期。

[12] 欧洲理事会文化合作教育委员会编（2008）《欧洲语言共同参考框架：学习、教学、评估》，刘毅、傅荣主译，北京：外语教学与研究出版社。

[13] 庞继贤、吴薇薇（2000）英语课堂小组活动实证研究，《外语教学与研究》第6期。

[14] 钱薇薇（2005）协商互动与学生即时输出，南京师范大学硕士学位论文。

[15] 文秋芳等（2010）《二语习得重点问题研究》，北京：外语教学与研究出版社。

[16] 吴中伟、郭鹏（2009）《对外汉语任务型教学》，北京：北京大学出版社。

[17] 张萱（2012）《英语学习者口语互动机制研究》，成都：四川大学出版社。

[18] 赵国霞（2002）课堂师生言语互动及其对学生英语口语的影响，南京师范大学硕士学位论文。
[19] 祖晓梅（2009）汉语课堂的师生互动模式与第二语言习得，《语言教学与研究》第 1 期。
[20] Buckwalter, Peggy (2001) Repair sequences in Spanish L2 dyadic discourse: A descriptive study. *The Modern Language Journal* (85).
[21] Crookes, Graham & Kathryn Rulon (1988) Topic and feedback in native speaker/nonnative speaker conversation. *TESOL Quarterly* (22).
[22] Doughty, Catherine & Teresa Pica (1986) "Information Gap" tasks: Do they facilitate second language acquisition? *TESOL Quarterly* (20).
[23] Foster, Pauline (1998) A classroom perspective on the negotiation of meaning. *Applied Linguistics* (19).
[24] Foster, Pauline & Amy Snyder Ohta (2005) Negotiation for meaning and peer assistance in second language classrooms. *Applied Linguistics* (26).
[25] Gass, Susan M. (1997) *Input, interaction and second language learner.* Mahwah, New Jersey: Lawrence Erlbaum Associates, Inc.
[26] Gass, Susan M. & Alison Mackey (2007) Input, interaction, and output in second language acquisition. In Bill VanPatten and Jssica Williams (eds.), *Theories in second language acquisition: An introduction.* Mahwah, New Jersey: Lawrence Erlbaum Associates.
[27] Krashen, Stephen D (1985) *The Input hypothesis: Issues and implications.* London: Longman.
[28] Leeser, J. Michael (2004) Learner proficiency and focus on form during collaborative dialogue. *Language Teaching Research* (8).
[29] Liu, Xuehui & Guoxia Zhao (2004) Classroom negotiation and learner participation. *The Journal of Asia TEFL* (1).
[30] Long, Michael H. (1981) Input, interaction and second language acquisition. In Harris Winitz (ed.), *Native language and foreign language acquisition (Annals of the New York Academy of Sciences).* New York: New York Academy of Sciences.
[31] Long, Michael H. (1996) The role of the linguistic environment in

second language acquisition. In William C. Ritchie and Tej K. Bhatia(eds.), *Handbook of second language acquisition*, San Diego: Academic Press.

[32] Lyster, Roy & Leila Ranta (1997) Corrective feedback and learner uptake: Negotiation of form in communicative classrooms. *Studies in Second Language Acquisition* 20.

[33] Manheimer, Robert (1995) Close the task: Improve the discourse. Paper given at Annual Conference of American Association of Applied Linguists. March. Long Beach, California.

[34] McDonough, Kim (2004) Learner-learner interaction during pair and small group activities in a Thai EFL context. *System* (32).

[35] Nakahama, Yuko, Andrea Tyler & Leo Van Lier (2001) Negotiation of meaning in conversational and information gap activities: A comparative discourse analysis. *TESOL Quarterly* (35).

[36] Nunan, David (1991) Communicative tasks and the language curriculum. *TESOL Quarterly* (25).

[37] Pica, Teresa (1987) Second-language acquisition, social interaction, and the classroom. *Applied Linguistics* (8).

[38] Pica, Teresa (1994) Research on negotiation: What does it reveal about second language learning conditions, process, outcomes? *Language Learning* (44).

[39] Poupore, Glen (2009) Quality interaction and types of negotiation in problem-solving and jigsaw tasks. In Corony Edwards and Jane Willis (eds.), *Teachers exploring tasks in English language teaching*. 北京：高等教育出版社。

[40] Swain, Merrill (1985) Communicative competence: Some roles of comprehensible input and comprehensible output in its development. In Susan M. Gass and Carolyn Madden (eds.), *Input in second language acquisition*. Rowley, MA: Newbury House.

[41] Swain, Merrill (2000) The output hypothesis and beyond: Mediating acquisition through collaborative dialogue. In James P. Lantolf (ed.) *Sociocultural theory and second language learning*. Oxford: Oxford University Press.

[42] Swain, Merrill & Sharon Lapkin (1998) Interaction and second language learning: Two adolescent French immersion students working together. *The Modern Language Journal* (82).

[43] Van den Branden, Kris (1997) Effects of negotiation on language learners' output. *Language Learning* (47).

[44] Varonis, Evangeline Marlos & Susan Gass (1985) Nonnative/nonnative conversations: A model for negotiation of meaning. *Applied Linguistics* (6).

互动式动态评估应用于
汉语口语教学口试初探 *

种一凡

一、引言

在汉语作为第二语言教学分技能教学模式中，汉语口语教学的目标是提高学生的口语理解与表达能力，教学重点为语音语调、口语词汇、口语句式、语篇规则等。但随着学生汉语水平的提升，他们就不太满足于教材提供的只保留语义基本信息的标准句，交际中无处不在的话语标记、口语词汇和习用语更能引起他们的兴趣，而准确使用地道的口语表达或在交际中获得语言新知也会给学生带来成就感。反观对外汉语教学的课堂会发现几个问题：一是教材中一些词语未标明只用于口语，日常交际中的一些话语标记或习用语也未得到应有的重视；二是口语的考查方式，虽有听后重复、回答或复述、朗读、看图说话、回答问题、个人口头报告、小组报告等多种方式，但在实际教学中，听后有时会简化为读后，学生跟老师的交流互动集中在回答问题部分；三是考试

---

* 原文发表于《语言教学与研究》2018 年第 6 期。

时教师一般是作为旁观者检测学生的学习效果，有时学生会因为忘记一个词语而不能表达与之相关的内容，无法展现学生真正的口语交际水平，影响成绩。换角度思考，口语考试除考查学生准确度、流利度等语言表现外，达成交际也是不可忽视的一项。教师作为听话者可以参与其中，并且，可以把考试作为学习过程的一个环节。

基于以上考虑，本文尝试将二语习得领域互动式动态评估理论引入对外汉语口语教学中来。由于教学的内容和效果都可以在课程考试中得到检验，所以我们将上文提出的三个问题集中在口语考试环节试做调整，从考试内容、考试方式、动态评估语言调节等方面探求互动式动态评估理论在口语课程考试中的应用。

二、动态评估及互动式动态评估

2.1 动态评估

动态评估（Dynamic Assessment），又称"学习潜能评估"，是评估者（或称中介者）通过和学生互动，不仅从语言表现上评估学习者已有的语言能力，还在此基础上提供适当干预调节，对学习者潜在的语言学习能力进行挖掘，以促进学生认知的发展。其特点是动态的，基于过程的，是测试与教学干预相结合的评估方法（王建勤，2018）。不同于基于结果的静态评估，动态评估不仅要考查学生自己能否独立完成的任务，也要看学生在他人协助下能完成什么，更关注个体的发展，指向开发学习者未来的潜能。而其中的他人协助，就是将评估和教学相结合，将在"互动教学"中发生的学习效应纳入学生语言能力的评估系统中。

动态评估源于维果斯基（Lev Vygotsky）的社会文化理论中的"最近发展区"理论。该理论认为社会文化因素在人的心理机制、认知发展中起着至关重要的作用。学生在独立活动时所能达到的解决问题的水平和通过接受帮助所获得的潜能之间有一个区域，就是最近发展区（zone of proximal development，简称 ZPD）。动态评估就是着眼于最近发展区，在学生的两种水平（即现有水平和发展潜能）之间，通过外界（一般为教师）干预性的互动调节，促成知识的内化，最大限度发掘未来的能力。换句话说，仅仅评价学习者会什么是不够的，还要通过帮助他们看看他们能达到什么水平，这样才能全面评估学习者的发展状况。

2.2 互动式动态评估

Lantolf & Poehner（2004）将动态评估的研究方法分为干预式（interventionist）和互动式（interactionist）。干预模式关注量化指标，评估者为不同评估对象提供标准化的帮助形式，适用于学习者人数多的大规模测试。互动式动态评估更强调一对一的师生关系在考试中的延续，评估者随时对学习者的学习行为做出反应，在双方沟通互动中促进潜能发展。

互动式动态评估被认为是最接近维果斯基社会文化理论核心思想的。影响较大的互动式动态评估方法是 Feuerstein 的学习潜能评估工具（learning potential assessment device，简称 LPAD）及其配套的"工具性充实教学方案"（instrumental enrichment programme）。但这个项目不只是用来培养某一领域的专业知识或能力，而是用来培养任何一种学习所需的通用认知技能，也正因如此，它与学校课程内容之间没有太多关系（孔文，2013：17）。然而，学习潜能评估机制体现了认知结构的可塑性。个体的认知结构应该是始终处于动态发展变化的开放性系统，人的学习潜能也是在发展变化的，调节学习在其中起到重要作用。

2.3 互动式动态评估中的语言调节方式

互动式动态评估是以对话形式的调节实施的，教师按照从隐性到显性的提示顺序对学生出现的问题进行干预帮助。AlJaafreh & Lantolf（1994）在英语写作中应用的"调节等级"表有12项，如教师请学生找出错误、教师否定学生对错误的不正确识别。Lantolf & Poehner（2011）在将互动式动态评估作为分班考试方式的研究案例中，针对阅读做出一个语言调节量表，也是先暗示再明示，在提示无效之后，一步步说明错误的位置、类型等。

Poehner（2005）对高级法语学习者进行动态评估，总结列出中介调节类型和相应的学生配合类型表，教师方面如协助学生展开叙述、要求学生重复、确定错误位置、举例子、提供解释等；学生方面如重复教师的话、错误回应、拒绝教师帮助等等。需要说明的是，不是每一个调节类型都要用到，用什么是根据学习者的回应情况选择的。Kozulin（2003:15—38）认为人们需要区分调节、沟通的目的和具体的方法，保证师生对话顺利、有效进行才是更应该关注的。由此，他将上文提到的多项调节类型和回应技巧归纳为五个方面，即师生互动的管控、对所说言语的再考虑、问题的识别、问题的解决、对答案的深入探求。

互动式动态评估的语言调节问题是高度情境化的，要求师生双方都有意识地积极参与，在自然的对话中发现问题、尝试解决问题，最大限度地去接近学生的最近发展区，开发潜能。

2.4 动态评估理论的研究现状

动态评估自提出以来，已在教育学和心理学领域广泛运用，在第二语言习得领域的研究相对少一些。近些年，动态评估在国外第二语言教学中日益受到关注，刘森、武尊民（2017）对国外语言动态评估的最新研究做了详细梳理，发现互动式和干预式实证研究平分秋色，动态评估对儿童和成人语言学习均有促进作用，如在成人第二语言学习中，动态评估能够诊断、预测、促进听力发展（Ableeva，2010），动态评估对论文写作有积极影响（Sadek，2011）。国外对互动式动态评估进行的研究，大多针对语言学习的特殊群体，如语言障碍儿童、学习优等生等。在国内，韩宝成（2009）总结介绍了几种有代表性的动态评估模式和方法及动态评估在外语教育领域的研究和应用。张艳红（2010）在英语写作中运用了动态评估的方法，孔文等（2013）的研究表明，在英语写作中教师干预调节和同伴干预调节都会使写作能力得到提升。遗憾的是，动态评估在对外汉语教学领域的研究还很少见，目前仅见李代鹏、朱正洲（2017）。而且，目前国内进行的动态评估教学研究基本是干预式评估，互动式评估研究还有待展开。

三、互动式动态评估理论在本研究中的适用性

互动式动态评估的特点是中介者通过对话为学生提供适当的语言调节（mediation），帮助学习者发挥语言潜能。学习者的最近发展区是不断发展变化的，个体之间存在差异，个体自身在不同时段也不相同，因此相比干预式的标准化测量，互动式动态评估更适用于关注学生个体口头表达能力发展的口语课堂及课程考试。具体表现在以下方面：

1. 不是每个学生都能从直接学习中总结出经验，互动式动态

评估可以适时为学习者提供有针对性的、个性化的学习指导，促其发展。

2. 互动式的评估者为学习者提供的语言调节是通过口头对话实现的，对话的内容可以是关于口语课的语言知识，也可以是语言沟通技巧等，对话的过程体现口语的交际性，这很符合口语课的特点。

3. 动态评估的作用不仅诊断学习者的语言能力，还更强调预测。语言能力表现相同的学生，语言潜力不一定相同。而互动式评估，对准确评估学生能力更有优势，因此，更适用于研究对象为小规模的班级。

4. 根据以上第三点，互动式动态评估更关注学生的语言发展潜能，尤其在考试时，学生不会因一时忘记特定词语而无法作答。教师可以针对学生的问题提供帮助。这个评估过程也是学习过程，可以无处不在，无时不在。

5. 互动式动态评估的中介者可以是教师，也可以是学生同伴。在教学中我们可以营造师生、生生共促共进的口语学习环境。不过，在本研究中，我们只选取教师作为评估者。

6. 在二语习得领域，认知学派注重从个体心理角度研究，社会文化学派则认为语言发展产生于社会交往中。对于训练学习者口头交际能力的口语课，互动式动态评估除了关注学习者自身认知发展，也强调话语互动的价值。

四、口语考试的内容设计

本文研究对象是北京语言大学汉语速成学院准中级班 20 名

留学生，其中日本学生9名，韩国学生6名，印尼学生3名，泰国学生1名，韩裔台湾学生1名，所用教材为《汉语口语速成（提高篇）》（马箭飞主编，2007）。我们在口语期末考试中引入互动式动态评估。期末考试由师生一对一口试和学生独立报告两部分组成，本文只选择师生一对一口试除去自由问答的部分。

在一对一考试部分，我们选取的考查点包括朗读、复述短文或模仿对话、完成对话、用指定词语或结构回答问题四部分。分A、B卷。

4.1 朗读及复述／模仿对话

朗读包括朗读句子和朗读对话或短文，句子是对话或短文中提取的四句话，选择标准是语音易读错、交际性强。朗读句子部分（试题在表格中展示，下同）如：

1. 是这样，下个月我们的合同就到期了，可是我们新买的房子还没装修好，能否宽限我们几天？
2. 只签一年合同，所以我已经找好了新住户，他们正急着搬进来呢！
3. 我们也不愿意给您添麻烦。可是我们一时找不到别的住处。
4. 真拿你们没办法。这样吧，你们多住一天要加倍付一天房租。

朗读对话或短文部分如：

A：喂？王先生吗？我是小张，有件事想跟您商量一下。 B：有什么事尽管说吧。 A：是这样，下个月我们的合同就到期了，可是我们新

买的房子还没装修好,能否宽限我们几天?

B:那怎么行呢?你们以前说,只签一年合同,所以我已经找好了新住户,他们正急着搬进来呢!

A:实在对不起,我们也不愿意给您添麻烦。可是我们一时找不到别的住处,再说,我们就多住一两个星期。

B:可是我已经答应了新住户,你这不是让我两头为难吗?

A:王先生,我们实在是有困难,您就帮帮忙吧!我们会尽快搬走的。

B:真拿你们没办法。这样吧,你们多住一天要加倍付一天房租。

A:没问题,谢谢您,王先生!

在朗读部分,学生要读的句子出自应朗读的对话或短文,目的是检验学生经过教师提示后是否有意识地改正了发音。一些词汇、句式在随后的短文复述或模仿对话时还可能出现,可以再进行二次检验。

复述/模仿对话要求根据上文展示的对话及话题提示,口头完成新对话,或者复述所读短文,如所读短文是以妻子口吻写的,复述时要求改为以丈夫口吻叙述。

4.2 完成对话

上文说到口语教学对口语词汇、话语标记和常用习用语重视不足,本次考试在"完成对话"部分有所调整改进。"完成对话"第一部分重点考查学生对话语标记和习用语的掌握,我们从形式和意义两个角度检验。A卷给出形式,考查如何使用;B卷给出语境，考查学生对形式的调取。

A 卷要求根据课文提示（学生已学课文）完成对话。

课文提示（加粗汉字为重点考查的词语或话语标记等）：

A：我要攒钱买房子，因为我想有一所自己的房子。

B：**就靠**你那点儿工资，**等**你攒够了，房价**也**早就涨上去了。

A：**照你这么说**，我这辈子没希望住上自己的房子了。

B：**我不是这个意思**，我的意思是买房子光靠攒钱是不行的，你得想想别的法子，比如分期付款或者贷款。

A：欠债心里多不踏实。

B：你的观念该变一变了，**要不**你永远住不上自己的房子。

完成对话：

A：我的新年愿望是在不久的将来在中国做演员，用汉语表演。

B：就靠_____，等_____，____也_____。

A：照你这么说，_____。

B：我不是这个意思，我的意思是____，要不____。

B 卷要求给对话添加话语标记或习用语、关联词语（无课文提示）。例如：

A：我的新年愿望是在不久的将来在中国做演员。

B：_____你现在这汉语水平，**等**你能说流利了，你_____老了。

A：_____，你觉得我永远也不可能用汉语表演？

> B：_____，我是说你现在的汉语水平还很不够，你得加油练习，_____你的愿望就实现不了。

在教学中，我们在让学生做完形填空式的成段复述练习时，如果抹去的信息处理不当，会在某种程度上变成考查学生的信息记忆力，而不是语言组织能力，或者由于既考查语篇衔接又考查信息记忆而使两者都未得到有效训练。如让学生复述下面一段话："上海的年轻人喜欢追求时髦、情调。他们先是唱卡拉OK，到了午夜就去吃夜宵，接着再去打保龄球，到了五六点便去喝早茶。"给学生展示的填空设计可能如下：

上海的年轻人喜欢……时髦、……。他们……唱卡拉OK，到了午夜就去吃……，……再去打保龄球，……五六点便去……。

这一段话的填空复述练习如果在考查语段结构和内容两方面中，只突出一个会使练习目的更为明确。如要检查学生对构式意义的掌握情况，可以给出下边的提示：

上海的年轻人喜欢追求……、……。他们先是……，到了……就……，接着再……，到了五六点便……。

若检查学生对构式形式的掌握情况，可以做出下边的提示：

上海的年轻人喜欢……时髦、情调。他们……唱卡拉OK，……午夜……去吃夜宵，……去打保龄球，……五六点……去喝早茶。

因此，A卷考查对习用语或话语标记的意义理解，从理解生发语用价值；B 卷考查话语的语篇组织，由意义去联想话语标记、习用语的结构形式。

4.3 用指定词语或结构回答问题

此部分试卷上只出现问题及回答时需要的词语或结构。A 卷为：

> 1. 现在离飞机起飞只有一个半小时的时间了，我们打车去机场来得及吗？（为……起见）
> 2. 听说你刚去了趟上海，有什么好玩儿的地方推荐给我吗？（要说……）
> 3. 听说你对我们周五的语言实践课很满意，是吗？（……好是好，可是……）

B 卷为：

> 1. 大家都说北京的物价贵，比苏州高出三分之一，是吗？（就说……吧）
> 2. 学校图书馆周末开吧？我想去借一本书。（省得……）
> 3. 我马上回国了，这些东西带不回去，怎么办呢？（依我看……）

在这一部分考题中，师生模仿真实交际，只是所用词语受限制。考试中有的学生看到指定词语和结构时会一时忘记用法，也正因如此，教师和学生之间进行的动态评估过程才更凸显其价值，师生之间的互动会展现一个学习过程。

五、互动式动态评估的实施

5.1 学生分组

本研究从学生的期中口试成绩及平时课堂表现、作业完成情况、学习态度、学习策略等方面考量，将 20 名学生分成 10 组，每组的两人水平相当。两人中有一人按照常规的考试方式，教师不进行提示，另一人教师会作为调节评估者与学生互动。第一、三、五、七、九单数组使用 A 卷，第二、四、六、八、十双数组使用 B 卷。这样一来，有 10 名学生是互动式动态评估组，有 10 名学生为常规组，使用 A 卷的学生有 10 人，使用 B 卷的学生也有 10 人。同时，为了察看动态评估对个人的影响，在朗读句子部分的四句话中，句 1 和句 3 按照常规做法，教师只听，句 2 和句 4 教师会提示，采用互动式动态评估，即所有学生的句 2 和句 4 如果有朗读错误，教师都会参与修正。在随后的朗读短文部分，还保持最初的分组，10 名常规组，10 名动态评估组。

5.2 语言调节步骤的确定及调节片段示例

5.2.1 朗读

在朗读部分的动态评估中，教师根据从隐性提示到显性提示的原则，一步步引导学生发现错误、改正错误。如果学生经隐性提示找不到错误，教师会进一步明示，帮助学生识别错误位置。同样，如果学生未能根据教师的提示找出错误位置，教师就继续给出提示，写出同音例词或者声调模型。以此类推，提示步骤如下所示：

读错提示→帮助学生识别错误位置→写出同音例词／声调模型→读出同音例词／声调模型→示范正确读音

在朗读部分的互动过程中,教师和学生语言调节和回应的类型如下:

教师语言调节类型	学生回应类型
1. 让学生朗读,并适时给予肯定的回应	1. 朗读
2. 学生有朗读错误时进行提示	2. 找到错误,自我修正
3. 帮助学生识别错误位置	3. 向老师寻求帮助
4. 给出同音/声调模型例词	4. 重复自己的错误发音
5. 教师读出正确发音	5. 模仿教师的正确发音

S1 朗读情况如下(加粗汉字为学生读错汉字,括号里为错误发音):

1. 是这样,……**新**(xīn)买的房子……

2. ……已经找**好**(háo)了……,他们正急**着**(zháo / zhuó)搬进来呢!

3. 我们也**不**(bù)愿意……。可是我们一时找**不到**(dáo)别的住处。

4. ……多住一天要加**倍**(béi)**付**(hù)一天房租。

语言调节对话片段示例如下(教师:T;学生一:S1)。教师在学生朗读句 2 时进行提示,互动如下:

T:(学生读到"已经找好(háo)了新住户"时)欸。

S1:已经找**好**(háo)了新住户。

T:已经……

S1:找**好**(háo),噢,找好。

T：对，好像"你好"。

S1：已经找好了新住户。他们正急<u>着</u>（zháo）搬进来呢！

T：欸。

S1：急<u>着</u>（zháo）。

T：欸。

S1：急<u>着</u>（zhuó），噢，急着搬进来。

在模仿对话中，因为出错的词场景功能性强，所以在 S1 新做的对话中也出现了，只有"<u>不</u>（bù）愿意、找不<u>到</u>（dáo）"仍旧出错，"找<u>好</u>（háo）了"学生读错后能马上纠正，其余前边读错的词都已改正。模仿对话是学生在调节学习后完成的新复杂任务，从错误改正情况看，对比句 1 和句 3 中读错词语还重复出现，句 2 和句 4 中的错误经调节学习而改正，已能完成新任务。

5.2.2 完成对话

在完成对话部分，由于 A、B 卷考查的角度不同，教师调节的步骤也有差别。B 卷是让学生根据语用环境调取结构形式，所以句法结构提示放在最后一项。如下表所示（按照↓所指依次推进）：

A 卷	B 卷
对话中说话人 B 的态度如何↓	对话中说话人 B 的态度↓
语义提示（如"就靠……，等……，……也……"是说一直保持现在的状况能否实现目标）↓	语义提示↓
句法结构提示↓	语用提示↓
语用提示↓	句法结构提示↓
提示看示范短文↓	

A 卷考查对习用语、话语标记或构式的意义理解,语义调节、句法结构调节片段如下:

T:B 是什么样的态度?相信还是不相信?

S2:不相信。

T:对。

S2:就靠你的汉语水平提高,等你提高了,梦也不圆。

T:"就靠"后面的内容有一点不相信、不满意的意思,要放怎么做或什么人、什么东西。

S2:啊,"你的汉语水平提高"不是怎么做。

T:对。

S2:就靠你的汉语水平?

T:很好!"梦也不圆"你是想说没有可能变成真的,这儿我们要用什么语法呢?

S2:不可能……,梦也不能圆,梦也圆不了。

T:对。

下面这段对话,由于学生先对考查的格式有误解,所以句法结构调节放在前边,之后再进行语义调节。

S3:就靠你的能力,汉语水平不够,最好等一年提高汉语水平,还有,也要提高一下表演能力。

T:句子很好。可是这不是我们要练习的"等……,……也……"的用法。

S3:我知道,我知道,我想想。……等你水平高够了,电影业也失去了。

T:你觉得这个句子有没有问题?

S3：等你水平提高了，机会也失去了。

T：很好，你觉得他当演员要什么条件？

S3：汉语好，功夫好，不要太老。……啊，等你汉语水平提高了，你也老了！

B卷试题，学生S4初步完成的对话如下：

A：我的新年愿望是在不久的将来在中国做演员。

B：按照/看你现在这汉语水平，等你能说流利了，你也老了。

A：我觉得你的意思是，你觉得我永远也不可能用汉语表演？

B：不是不是，我是说你现在的汉语水平还很不够，你得加油练习，不这样的话，你的愿望就实现不了。

语言调节片段如下：

T：非常好！现在我们看看怎么多用一些最近学过的习惯用语。"按照"语法有一些问题，"看"可以，不过有没有表示更不相信的用法？你觉得不太可能……

S4：我们买房子的课文？

T：对。不太相信朋友能买得起房子，他是怎么说的？

S4：就靠你那点儿工资。

T：非常好！他的朋友听了有些不高兴，是怎么说的？

S4：照你这么说！

T：非常好。你觉得"我觉得你的意思是"还有"照你这么说"哪个语气强烈一些？

S4：照你这么说。

T：很好。"不是不是"正式一点儿可以怎么说？

S4：我不是这样想的，噢，我不是这个意思！我是说……，最后一个可以用"要不"对吗？

T：非常棒！

5.2.3 用指定词回答问题

用指定词回答问题的调节步骤为：语义提示→语用提示→句法结构提示→课文例句提示。语言调节片段如下：

试题：A：学校图书馆周末开吧？我想去借一本书。
　　　B：_____（省得……）

S5：图书馆周末不开，你省得不去图书馆。

T：用法有一些问题。你觉得这句话应该是什么意思？

S5：意思是不用去图书馆。

T：对。以前我们练习过什么句子？明天去旅行，你先把护照……

S5：先把护照放在桌子上，省得忘了。

T：对。你给他建议。

S5：我也不知道。你应该……

T：课文中，要买票，他没有去车站。

S5：我记得。省得白跑一趟。

T：那你刚才说，我不知道，你应该……

S5：应该问别的人。

T：省得？

S5：浪费时间。

以上考试过程中的语言调节片段，涵盖了对师生互动的管控，对所说言语的再考虑，问题的识别，问题的解决，对答案的深入探求等方面。调节时根据学生对语言知识掌握的不同程度侧重点也有不同。虽然教师与每个学生的对话都是独特的，但总体的指导原则是一样的。

5.3 后测

判断一个学习过程是动态评估还是只是完成任务，Lantolf & Poehner（2011）指出，动态评估帮助学生建立或扩展用已有的知识解决新环境中新问题的能力。如果学生有能力去解决、应对更复杂的任务，我们可以认为之前的学习是有效的，学生的能力得到了提升。就是说，要观察学习者新发展的能力是否内化、能否迁移到新任务中去。然而，现有的研究虽然肯定迁移任务的设置是动态评估的重要组成部分，但都没有具体给出迁移任务的设计方法及任务难度的具体说明。

在本研究中，我们借鉴干预式动态评估"前测—干预调节—后测"的形式，在口试后第三天进行迁移测试，形式是让学生朗读在考试中读错的词句，回忆讲述完成对话部分出错的内容，以及用指定词回答新问题、完成新任务。新问题和新任务与期末考试题目主题类似，考查相同的词语和习用语。

六、口试结果分析

6.1 朗读和复述／模仿对话部分的分析

朗读句子部分，句 1 和句 3 是不给提示的，靠学生自己纠察错误；句 2 和句 4 是教师提示，与学生共同识别错误进而改正。

从结果来看，不提示的部分，学生朗读句子时发生的错误，在朗读短文和复述／模仿对话中还会再现，20 名学生中只有 6 名在二次检验时自己更正了 1—2 个错误，有 2 名学生二次检验时还多了两处错；教师提示的部分，除未出错的两名学生外，所有学生在二次检验时都能很好地改正，14 人改正了朗读句子时所有错误（其中两人又新增 1 处错误），只有 4 名学生遗漏 1 处错误未改正，其余都能改正。

在复述／模仿对话部分，常规组学生之前未经调节干预所犯的错误依然可见，动态评估组经过师生共同修正的错误基本不再出现，几处个人发音顽固性错误即便出现，学生自己也能下意识地改正。学生在放松状态下一些语音错误似乎能够得到自然纠正。在后测中，学生基本上改正了考试时出现的经过提示的发音错误。

6.2 完成对话和用指定词语或格式回答问题部分的分析

这部分的七个问题，我们采取打分的形式比较调节与否两种考试方式下学生取得的成绩。七道题目，每题 2 分，总分 14 分。如果学生不经教师提示、调节答对，得 2 分；如果学生经调节答对，得 1 分；常规组答错或调节组未达效果均为 0 分。20 名学生成绩如图 1 所示。从图 1 可以看出，10 组学生中，只有一组常规考试成绩高于同组者，其余九组采用动态评估方法的成绩明显高于常规组成绩。我们进一步经过威尔科克森符号秩检验，结果如表 1 所示，概率 P 值（单侧）为 0.01，小于 0.05，说明调节干预的学生成绩比未经调节的学生成绩有明显提升。虽然有语言能力强的学生不需教师辅助就能答对，但对大部分人来说，教师提供调节对提升成绩有明显帮助。

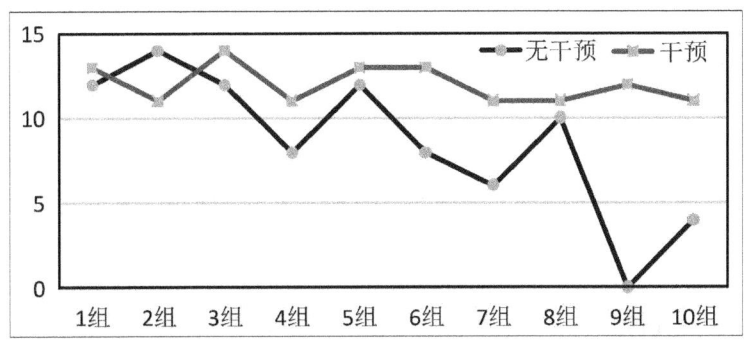

图 1　完成对话部分成绩

表 1　威尔科克森符号秩检验

检验统计量 [a]	
	干预—无干预
Z	−2.251[b]
渐近显著性（双侧）	.024
精确显著性（双侧）	.020
精确显著性（单侧）	.010
点概率	.002
a. 威尔科克森带符号秩检验	
b. 基于负秩	

在试题中，错误集中的主要为 A 卷第 1 题和 B 卷第 6 题。成绩分布如下图所示：

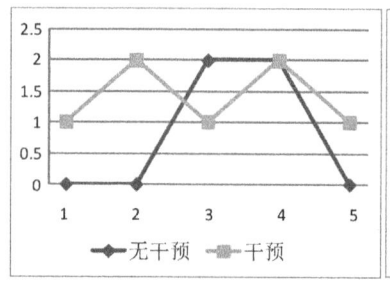 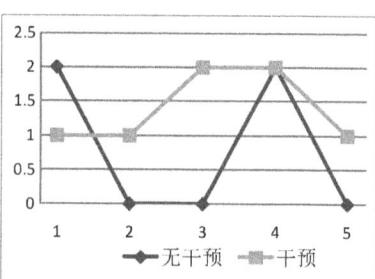

图 2　A 卷第 1 题　　　　图 3　B 卷第 6 题

从以上两图可以看出，对学生容易出错或者说稍有难度的题，如果不提供教师引导调节，学生很可能只能得 0 分，但教师提供帮助后，学生未出现 0 分。当然，未得分不排除学生完全不会的情况，但也可以看到只考查学生现有的、能独立完成任务的能力，并不能完全代表学生的语言能力，很多学生不是不会，是暂时忘了或没想到。在教师的调节过程中，也会发生学习效应。在考试后第三天的后测中，学生们都已基本掌握所考内容，并能运用其解决新问题。

在这部分的题目中，只有三个小组中进行动态评估的学生成绩低于常规考试的学生。其中一组是因为采取常规考试方法的学生实力很强，回答正确率 100%，另两组中，采用动态评估的学生在配合上有些问题，一个是虽然学习主动性强，努力配合老师，但是由于在某些题上过度焦虑，放弃继续思考而失分，一个是因为无所谓的态度也放弃部分题目。

值得注意的是，在考试过程中，学生和教师互动，共同促进了汉语学习的发展。无论最后学生给出的答案正确与否，他们都很有收获感，尤其是在学生"顿悟"发生时。因为汉语能力不仅体现在学习者产出正确句子的能力上,也体现在师生之间互动的频率和质量上。

七、应用于教学的价值及意义

根据本次考试我们对互动式动态评估的实践,可以看出这种评估方法是有益于教学的,具体表现在:

1. 在对话部分经过语言调节的学生无一例外对本次考试的改进持肯定态度,用学生的话来说,就是"考试也是学习""我觉得以前不可能完成的任务今天在老师的帮助下完成了";所有学生在朗读部分都接受了动态评估的考查方式,学生明确表示,喜欢这种方式,明确知道自己错没错,错在哪儿,自己是否能改正,而且在随后还能得到检验,这样记忆更深刻。

2. 考前的两两分组中,经过调节的学生能回答问题,不代表比与他们水平相当的另一位常规考试的同学能力强,但如果从得分上考虑,动态评估有助于成绩提升;从整体看,初期分组中排名靠后的同学经过语言调节,很多能顺利完成回答,在该部分的表现与排名靠前的学生不相上下,有的甚至还超过一些。这也说明,互动式动态评估更能展现出学生的学习潜能。

3. 从考试内容看,稍有难度的口语题目都会考查语言的组织能力,学生很难一次就产出准确的语句,尤其是涉及句子时体态和自然度的时候更容易出问题。这个过程是需要教师介入调节的。这样可以减少我们看到学生正确使用了所考词语就给分、对句子的准确度不做过高要求的情况。

4. 互动式动态评估的过程本身就是人际交往的过程,只是它专注于用有限制的语言去沟通,而这无疑也是符合口语课的教学目的的。并且,教师和学生双方能够互惠,教师通过调节明白学习难点等问题,学生也在此过程中对所学知识理解更深入,进一步内化掌握,避免以往因遗忘一词导致表达不能进行的情况。这是以学促教、以考促学的过程。

5. 口语教学相较综合教学等更注重个体差异,无论在课堂还是考试中进行互动式动态评估,对解决个体差异问题更有针对性。同样起点的学生可以取得不同进步,不同起点的学生进步可以相同。

6. 互动式动态评估是双方有意识的合作沟通活动。评估者提供积极、有效的引导,使学习者能够完成平时不能独自完成的任务。对学习者来说,不是被动地学习,而是在指引下主动地学习。因此,首先要培养学习者的合作意识,具体在口语课中,就是要培养学习者的口语意识、评估即学习的意识。

口语考试在内容上需要加入对话语标记和习用语的考查,考查过程本身也可以作为这些内容的学习过程。传统的静态评估方式只是对学生已有的语言能力、语言交际能力做出判断,看看学生会什么,不会什么,而互动式评估在此之外能看到学生可以做什么,对学生潜能进行发掘,充分体现了语言是在使用、交际中习得的思想。

相应地,我们需要改变传统考试中教师保持中立、沉默的角色,使其成为学生认知发展的促进者。教师在评估过程中使用的手段是语言调节,语言调节会起到诊断、反馈、指引的作用,直接关系到评估效果。因此,如何使语言调节精简、明确、易接受、不断接近学生的最近发展区,尤其是教师的指令语怎样恰到好处,是需要我们认真思考的问题。

此外，互动式动态评估较之干预式动态评估可测量性弱一些，往往以对话形式实施，评估的过程主观性强，还未形成一套标准的操作程式，怎样提高可描述性和施测的规范化、步骤化是值得我们探究的。本研究在朗读、完成对话（填充习惯用语或句子内容）、用指定词语回答问题三种题型上结合内容进行了改变尝试，但在进一步应用中，如何赋予分值测量，如何比较调节前后分数的差异，如何使整个考试更加标准化还需不断探索、完善。

参考文献
[1] 高思畅、王建勤（2018）动态评估——语言能力评估的新思路，《华文教学与研究》第 2 期，
[2] 韩宝成（2009）动态评价理论、模式及其在外语教育中的应用，《外语教学与研究》第 6 期。
[3] 孔文（2013）《外语写作教学中的动态评估：模型构建及其实证研究》，南京：南京大学出版社。
[4] 孔文、李敦东、余国兴（2013）L2 写作动态评估中同伴中介干预和教师中介干预比较研究，《外语界》第 3 期。
[5] 李代鹏、朱正洲（2017）动态评价在对外汉语教学中的应用，《现代语文（语言研究版）》第 6 期。
[6] 刘淼、武尊民（2017）国外语言动态评价的最新研究，《现代外语》第 6 期。
[7] 马箭飞主编、李小荣编著（2007）《汉语口语速成（提高篇）》，北京：北京语言文化大学出版社。
[8] 王建勤（2018）语言调节与第二语言学习者语言能力发展研究，见王建勤《王建勤语言习得、教学与传播文集》，北京：北京语言大学出版社。
[9] 张艳红（2010）大学英语写作教学的动态评价体系建构，《解放军外国语学院学报》第 1 期。

[10] Ableeva, Rumia (2010) Dynamic assessment of listening comprehension in Second Language Learning. Pennsylvania, Ph.D.: The Pennsylvania State University dissertation.

[11] AlJaafreh, Ali & James P. Lantolf (1994) Negative feedback as regulation and second language learning in the zone of proximal development. *The Modern Language Journal* 78(4).

[12] Kozulin, Alex (2003) Psychological tools and mediated learning. In Alex Kozulin (eds.), *Vygotsky's Educational Theory in Cultural Context*. Cambridge: Cambridge University Press.

[13] Lantolf, James P. & Matthew E. Poehner (2004) Dynamic assessment of L2 development: Bringing the past into the future. *Journal of Applied Linguistics* 1(1).

[14] Lantolf, James P. & Matthew E. Poehner (2011) *Dynamic Assessment in the Foreign Language Classroom: A Teacher's Guide*. PA: CALPER Publications.

[15] Poehner, Matthew E. (2005) Dynamic assessment of oral proficiency among advanced L2 learners of French. Pennsylvania, Ph.D.: The Pennsylvania State University dissertation.

[16] Sadek, Nehal S. (2011) A hybrid dynamic assessment (HDA) model of essay writing by English language learners (ELL): An exploratory qualitative study. Philadelphia, Ph.D.: Indiana University of Pennsylvania dissertation.

留学生课外汉语分级阅读框架体系建设构想 *
——以经贸类材料为例

王鸿滨

一、引言

　　学习一种语言，只凭借教科书和课堂时间是远远不够的，需要大量的课外阅读材料来复习和巩固。在二语习得中，除了教材之外，补充课外阅读材料显得尤为重要。这一方面可以培养学生的阅读兴趣，掌握阅读技巧，提高获取信息、处理信息和综合运用信息的能力；另一方面可以巩固学生课堂所学，促进对目的语语言文化的整体了解，更重要的是它可以让学习者有机会沉浸在目的语的大量输入中，培养目的语的语感，弥补课堂教学阅读量不足的缺陷。由于不同程度的学习者对课外读物有不同的需求，所以给学生提供或推荐课外阅读材料，一方面要考虑学生的需求，另一方面，从内容选择到语言难度上要有所把控。

＊ 原文发表于《语言教学与研究》2016 年第 4 期。

二、目前二语阅读所面临的问题

以往的外语教学中的阅读课程，一直在探讨如何组织有效的课堂教学、发展学生的阅读策略等问题，但是对于学生如何利用课外阅读材料进行补充阅读的问题，既没有深入的研究也没有很好的思考。目前在二语习得中通过书面形式进行理解性输入的重要性得到人们的重视，《英语课程标准》（中华人民共和国教育部2011年版，北京师范大学出版社）将阅读能力培养作为高中英语教学的重要任务之一，对课外阅读提出了量化要求：（1）三级。课外阅读量应累计达到4万词以上；（2）四级。课外阅读量应累计达到10万词以上；（3）五级。课外阅读量应累计达到15万词以上。而在对外汉语教学中，各种大纲对课外阅读部分没有明确的规定和导向。

事实上，由于留学生缺乏适合自己水平的课外阅读材料，也没有分级框架体系来帮助教师定位阅读的起点，课外阅读几乎成为"盲区"。目前留学生所面对的各类汉语教材，有限的课文和阅读材料多为非原生态材料，大多是编写者根据教学的需要对原生态读物进行的"加工改造"，因而是一种"被动阅读"。江新（2008：8）认为，当学生离开为他们特别设计的"安全课文"（材料本身经过改编）去阅读中国人写的自然阅读材料时，即从"学习阅读（learn to read）阶段过渡到为了学习而阅读（read to learn）阶段"，往往无从下手，我们在课堂上所教给学生的各种阅读技巧成了教师的一厢情愿，学生没有用武之地。Wallace（1992：410—415）和Nuttall（1996）建议，阅读教学选择自然材料非常重要。鲁健骥（2002）也认为，大力加强泛读课程的建设是对外汉语教学的当务之急，尤其是要编写大量供泛读使用的读物。关于留学生的课外阅读，目前迫切需要研究解决如下问题：外国学生怎么才能根据自己的水平选择到合适的读物？我们提供的阅读材料怎么跟学生的汉语水平、兴趣相吻合？

三、国外分级阅读框架简介

为研究、解决上面提出的问题，有必要先了解一下国外二语教学的分级阅读框架及其情况。世界上很多国家和地区，如美国、英国、日本都已经通过实践证明，分级阅读（level reading）是一种行之有效、值得推广的阅读方式。

目前欧美分级阅读体系多种多样，大体分为三种：一是以年级为基准的分级模式，如"年级分级体系"（Grade Equivalent Level）和"基础分级体系"（Basal Level）；二是按字母表分级的阅读模式，如"指导型阅读分级体系"（Guided Reading Level）；三是以量化数值计分的分级模式，如"发展性阅读评估分级体系"（Developmental Reading Assessment Levels）、"蓝思分级系统"（Lexile Reading Level）、"阅读促进计划"（Accelerated Reader Level）、"阅读校正体系"（Reading Recovery）、"阅读数量分级体系"（Reading Counts Level）、"阅读能力等级体系"（Degrees of Reading Power）、"阅读发展系统"（Developmental Reading Continuums）等。尽管以上分级标准种类繁多，但相互可以参照，各类标准都可以对读者和图书同时进行量化评定。

这里我们主要介绍"蓝思分级系统"。蓝思分级是由美国教育科研机构为了提高美国学生的阅读能力而研究出的一套衡量学生阅读水平和标识文章难易程度的标准。它以"Lexile"为单位,度量学生的阅读能力(reader ability)和文本难度(text readability),通过可读性公式(readability formula)分析文本的语义复杂性(semantic complexity)和句法难度(syntactic difficulty),用200—1700L量化标注文本的难度。使用这一标准,一方面学生可以测试自己的阅读水平,另一方面学生可以根据标识蓝思难度的出版物找出符合自己水平的阅读书目。经过近四十年的发展,目前蓝思分级已经发展为全美最具公信力的阅读难度分级系统。在英国,学生要获得蓝思分值可以在学校参加 GL 评估系列①中的"英语进展"(progress in English)考试,该考试分为网上测试和传统的纸笔测试。测试完毕,可将分值通过一个"转换对应表"转换成蓝思分值。出版物在标识蓝思级别时,主要是针对语义难度(词汇)和句法的复杂程度(句子长度)来衡量难易度。由于蓝思阅读框架的测量和过程都是中立的,并且蓝思分值可以跟阅读年龄或图书级别一起标在书后,为教师和学生选书提供精细的信息。

  近年来,蓝思分级在中国的英语教学和培训中已经被广泛应用,重要的标准化考试均有对应的转换对应表和蓝思分值。例如:

---

① GL 全称为"Granada Learing Group"。前身即国家教育基金会,2007年12月改为 GL 评估。

表1 蓝思分级和中国学生英文阅读能力对应表[①]

美国教育年级	美国教育级别	LEXILE 级别	中国教育年级
	学龄前（PreK-3）	0 to 100L	学龄前
	学龄前（PreK-4）	100L to 200L	小学1—3年级（7—9岁）
	学龄（Kindergarten）	150L to 300L	小学4—6年级
小学1年级	Grade1（6岁）	200L to 400L	初中1年级
小学2年级	Grade2（7岁）	300L to 500L	初中2年级
小学3年级	Grade3（8岁）	500L to 700L	初中3年级
小学4年级	Grade4（9岁）	650L to 850L	高中1年级
小学5年级	Grade5（11岁）	750L to 950L	高中2/3年级
初中1年级	Grade6（12岁）	850L to 1050L	大学1年级
初中2年级	Grade7（13岁）	950L to 1075L	大学2年级
初中3年级	Grade8（14岁）	1000L to 1100L	大学3年级
高中1年级	Grade9（15岁）	1050L to 1150L	大学4年级
高中2年级	Grade10（16岁）	1100L to 1200L	研究生1年级
高中3年级	Grade11 & 12（17、18岁）	1100L to 1300L	研究生2年级
SAT. GRE. GMAT. CAST		1300L	博士生

在教学中，教师可以根据学生的蓝思分值，依据难度等级编选教材，每一级有配套练习，有效地对学生进行分层、分组以及针对性地教学。比如，在课堂教学中，请学生大声朗读某篇文章时，

---

① 数据来自 http://www.ebama.net/thread-3140-1-1.html。根据目前美国的学制和年龄，我们略做补充和调整。蓝思分值是一个数字后加"L"，其间隔为"5L"。蓝思分值从最低5L到最高2000L。如托福网考 TOEFLiBT（Internet Based Test）阅读成绩20分，其蓝思分值为1260L，分值区间为1160L—1310L；阅读成绩10分，其蓝思分值为1040L，分值区间为940L—1090L。

教师就有意识地选用该生蓝思区间"低值"的书,这样学生因为文章里没什么生词,句子长度也适当,读起来就会朗朗上口,自信而愉悦。想让学生提高阅读技能时,就选用该生蓝思区间"高值"的书,以鼓励他学到新的技能。目前,图书馆蓝思化和蓝思专业发展工作坊使蓝思框架成功融入了学校,"在作业布置、差异化教学和内外贯通文科与理科阅读教学方面取得了成功"(罗德红、余婧,2013)。总之,美国的分级阅读教育获得成功,一个不容忽视的原因就是读物出版和标准制定与学校阅读教育和阅读研究紧密相关,相互干预且相互促进。

目前英语分级读物已经陆续进入中国,能够做到将读物的各级词汇量与国内各个年级对应起来,在每一分册上明确注明适用年级的有:《企鹅英语分级有声读物》(拉布莱等,2003)、《朗文中学英语分级阅读》(比尔蒂,2010)以及《书虫·牛津英汉双语读物》(凡尔纳等,2006)等。然而以上阅读材料的内容是为母语读者编写的,而不是专门为第二语言读者所专门准备的。上述情况很值得我们汉语教学界借鉴。

四、我国对外汉语教学中的分级阅读研究状况

在国内,"分级阅读"是一个刚刚兴起不久的概念。2013年4月23日,中国教育学会中学语文教学专业委员会、北京大学语文教育研究所、北京语言大学、中国教育报、商务印书馆联合发布了《中学生阅读行动指南》。这份行动指南的特点是分级只参考学生的年龄特征并不考虑学生阅读能力水平的差异。

在国内对外汉语教学中,课后分级阅读问题开始受到关注,

这方面的研究也逐渐兴起。朱勇、宋海燕（2010）结合朱勇主编（2011）的《中文天天读》，分析阐述对外汉语分级读物的编写理念，并就编写中的趣味性、实用性、易读性原则以及排序、选文、词汇控制等问题做了一些探讨。崔永华（2010）针对他所主编的《实用汉语分级阅读丛书》（崔永华主编，2010），提出了阅读材料的编写原则：语言难度要适合读者水平，材料内容要适合学习者的需求，注重内容的教育性。储慧峰（2011）、黄林芳（2013）分别以中国大陆市场上的十套对外汉语分级读物为研究对象，采用量化统计和比较分析的方法进行考察，对读物的选材、词汇、难易度和练习几个方面进行分析研究。周小兵、钱彬（2013）则从使用对象、内容选择、语言难度和等级设置等多个角度对国内四部分级读物进行了系统考察，指出目前读物适用对象不明确、内容陈旧、题材单一、语言难度偏高、读物级别设置不当等问题，特别提出控制词级的问题。[1]

然而从分级读物编写和研究方法，即如何分类、如何确定分级标准这两个关键问题来看，目前国内业界还处于思考、建设阶段。研究方法仍是凭借主观经验，分级框架体系尚未建成。从应用角度来看，我国分级阅读范围尚未由初期出版课外读物到逐渐介入校内阅读教育中。

面对现有汉语教学资源品种不多并缺乏各类自学读物的现状（翟汛，2010），如何全方位深入干预到二语学习者的阅读教育之中，为学习者提供汉语水平与文本难度相匹配的原生态阅读材

---

[1] 据周小兵、钱彬（2013）对中山大学国际汉语教材研发与培训基地全球汉语教材库截至2012年12月的统计，在9600册各类国际汉语教学资源中，汉语读物仅597册，占6.2%，而分级读物数量更少，仅37册。

料等问题值得重视。目前我们正尝试构建经贸类阅读分级框架，以下是初步构想。

五、关于《留学生汉语阅读行动指南》中的"经贸类阅读分级框架"的设计构想

5.1 研究目标

《留学生汉语阅读行动指南》（以下简称《指南》），其核心内容是针对来华留学生的课外阅读材料的对象设定、内容选择、难度控制和等级设置等问题提出指导性的研究导向，但具体的研究项目目前尚处于研制过程中。

《指南》认为对外汉语课外阅读材料需要根据学生的汉语水平进行分级。可是《国际汉语教学通用课程大纲（修订版）》（孔子学院总部／国家汉办2014年版，北京语言大学出版社）并未提及"课外阅读"内容，只是在"单项技能"（读）和"语言知识"（字词、话题）部分有如下要求（见表2）。这显然是极不完善的。遵照《指南》要求，我们不只希望通过"构建经贸类阅读分级框架"这项研究，能为留学生提供一份课外推荐书单，更重要的是通过科学的方法，对我们推荐给学生的原生态汉语文本材料进行分级，在技术上实现阅读能力与文本难度的匹配。

目前我们拟将经贸类阅读分级框架的研究取向定位为"由文本材料到学生"，即通过对文本材料进行明确的分级，间接地测量留学生的阅读能力。同时通过对文本分级标准的研究，测算文本的难度以及易读性，进而构建可读性公式。其价值是在尊重留学生现有汉语水平的基础上推动留学生阅读的发展。

表2 《国际汉语教学通用课程大纲》等级目标与内容[①]

等级	阅读技能	字词	话题
一级	大体识别与个人及日常生活密切相关的简短信息类材料中的特定信息。	150（字/词）	熟悉与日常生活密切相关的简单话题。
二级	识别个人和日常生活中常见的简短信息类材料中的主要信息。	300（字/词）	初步了解与职业工作相关的简单话题。
三级	看懂日常生活中简短的介绍性或说明性材料。	600（字/词）	了解有关中国的比较简单的一般社会生活、工作等方面的话题。
四级	阅读大部分内容为事实性信息的篇章。	1000/1200（字/词）	了解当代中国和世界的热点话题。
五级	大致看懂有一些生词和术语的介绍性或说明性材料；能阅读一些与工作、生活有关的浅显的科普文章。	1500/2500（字/词）	进一步熟悉当代中国和世界的热点话题。
六级	读懂带有一些生词和术语的介绍性或说明性材料；读懂有一定长度的比较复杂的语言材料。	2500/5000（字/词）	进一步熟悉和关心当代中国和世界的热点话题，能综合熟练运用已经掌握的话题内容。

  本研究的最终应用前景，首先是制定"分级阅读内容选择标准"（包括目标、原则、要求）、"分级阅读水平评价标准"（包括目标、原则、内容、方法）以及"分级框架细则"（包括分级原则、分级标准、难易度测查方法、各级核心词汇分级表）；其次是根据分级框架标准推荐分级课外阅读读物；最后通过《指南》

[①] 本表格是根据《国际汉语教学通用课程大纲（修订版）》相关部分改写，内容只涉及《指南》研究中的"政治经济"类材料。

逐渐介入校内阅读教育之中，最终达到课上课下、课内课外的良性互动。我们的分级阅读研究的最终目标是将分级读物的出版和标准的制定与学校的阅读教育和阅读研究相结合，全方位地深入干预到留学生的阅读教育中去。此《指南》首先在北京语言大学试行使用，逐步修改完善后有可能在留学生教育中推广使用。

5.2 适用对象及其内容

由于《指南》是用于留学生的课下自主阅读的，因此我们构建的经贸类阅读分级框架是以词汇量和词汇等级作为最重要的分级标准，选择包含一定数量的有限词汇、供二语学习者在课外独立阅读的原生态阅读材料；以此为起点，进一步明确读者范围，并给学生的每个推荐材料均明确配有各级别语言水平的说明，力求体现信息丰富、清晰，易操作的特点。例如在等级表中列出各级词汇量、已学时间、HSK 等级以及各级相应的文章字数和篇目数、推荐理由。

5.3 材料的选择与词语的分级框架划分

课外阅读是课堂教学的延伸，而课堂上所使用的教材往往有权威的编写标准与原则可依。

在英语教学中，有在词汇量和语法结构方面经过严格控制的大量阅读材料，这些材料是根据一定的词表进行编写或改写的，例如 Thorndike & Lorge（1944）编制的英语词表 *The Teacher's Word Book of 30,000 Word*，又如词表 *Newbury House Writer's Guide*（Nation，2004），曾风行一时，成为许多教材和简易读物的编写依据。

首先，根据国内外已有经验来选择适当的阅读材料，切实做到"题材广泛，按级选读"。课外读物旨在让学习者通过轻松、广泛的阅读，提高语言熟练程度，进一步培养语感，最终增强对中文的兴趣和学习自信心。因而首先在内容上，我们确立这样的编选理念：通过读物展示中国生活的方方面面，即让读者通过阅读大量贴近生活的故事，来了解中国社会、经济、文化，其内容分别涉及文化、哲学社科、历史地理、文学、民族语言教育、科学技术、艺术体育以及政治经济 8 大类，其中"政治经济类"又分为"政治概况""经济概况"和"经贸概况"三个二级分类。

其次，是阅读能力和语言水平相匹配。美国教育学家 Hill（2001）研发的"阅读发展系统"（Developmental Reading Continuums）是专门为英语作为二语的儿童（3—14 岁）建立的一个阅读分级标准，将儿童阅读能力的发展分为 10 个阶段：学前阅读阶段（preconventional）、初级阅读阶段（emerging）、发展阅读阶段（developing）、开始阅读阶段（beginning）、扩展阅读阶段（expanding）、衔接阅读阶段（bridging）、流利阅读阶段（fluent）、精通阅读阶段（proficient）、连接阅读阶段（connecting）和独立阅读阶段（independent）。此系统可与英语母语系统的"指导型阅读分级体系"（Guided Reading Levels）、"发展性阅读评估"（Developmental Reading Assessment Levels）分级系统相对照。江新（2008：234）将留学生的阅读水平分为三个等级：基础水平（读懂 90%）、教学水平（读懂 75%）、挫折水平（读懂 50%）。其中"基础水平"是指学生不需要老师帮助，能够独立阅读；"教学水平"引入新的阅读策略。Fry（1981）提出，生词量少于 5% 的文章，学生可以自己阅读而不需要指导。储诚志在 2014 年 4 月 11 日北京语言大学对外汉语研究中心所做的报告《词汇的计量研究与汉语教学词汇的选择与分布》中指出，在阅读材料中，学生未学过的词语，初级应控制在 1%—2%，中级在 3%—4%，高级为 6%—7%。否则学生会失去信心和耐心。因此，本研究阅读材料的生词超纲词力求掌握在 5%—10%之间或偏上，力求读懂比例最低保持在 60%—65%之间。

再次，考察经贸类阅读材料中的专业性词语，考察的核心是词汇。经贸类阅读材料的词汇主要包括与经济、贸易密切相关的真实语言材料里的"经贸类"词汇，还得注意这些词语的词频以及所占比例。经贸汉语与生活和职业紧密结合，既有经济、贸易活动中使用的专业词语，同时又有一般生活用语。对照各类大纲发现，《汉语水平词汇与汉字等级大纲》（国家对外汉语教学领导小组办公室汉语水平考试部 1992 年版，北京语言学院出版社）中有相当一部分"超纲词"，比如"环保、打印、手机、超市、打工、公务员、信用卡"等商务类常用词，均被《汉语国际教育用音节汉字词汇等级划分》（《汉语国际教育用音节汉字词汇等级划分》课题组 2010 年版，北京语言大学出版社）定为"普及化等级"；一些在经济生活中常用的组合、搭配及经济术语又经常以词语集团的形式出现，例如"可持续发展、地方保护、贸易障碍、吞吐量、保护区、航站楼、薄利多销、丝绸之路、利益均沾、流水线"，均不被早期各类大纲所吸收。基于以上情况，考虑到经贸类专业词汇的流通性，同时为了与汉语水平考试成绩信息相对应，我们将阅读材料的目标结构的设定与《新汉语水平考试 HSK 大纲》（国家汉办／孔子学院总部 2010 年版，商务印书馆）进行了等级关联，阅读材料对应分为一至六级，其中在"政治经济"大类中，我们选取的内容涉及中国政治、中国经济发展、经济原理、贸易常识、商业法则、经济现象解析、营销理财、经济人物与企业等等。以下是我们参照北京语言大学汉语学院汉语言专业经贸方向语言教学大纲设计的分级框架[①]：

表3　经贸类分级读物功能框架

初级	中级	高级
商务和社会经济生活中常见的文字物品及材料。如招牌、指示牌、商品标志、包装、产品说明、通知、邀请函、图表、会议信息、日程安排、招聘启事、合同、广告等。	以国际贸易、宏观和微观经济学为主，介绍分析经济与贸易信息、情况和问题的材料为主。如贸易行情、商品结构、国家间经贸关系、生活水平、物价、就业、产业结构、区域经济、工资、人力资源、技术研发等。	国家经济政策、经济学和管理学专门知识，侧重知识面的扩展。如正式合同、计划、方案、报告、总结、商业评论、学术论文、学术专著等。

表4 经贸类分级读物词汇、语法框架

	初级	中级	高级
词汇标准（书面语词汇、专业术语词汇）	总词汇量4000词以内，生词量1500以内；75% 4000高频词以内，25% 4000词以外。	总词汇量6000词以内，生词量1500以内；75% 6000高频词以内，25% 6000词以外。	总词汇量8000词以内，生词量1500以内；75% 8000高频词以内，25% 8000词以外。
句法结构	单句和复句为主，120个高频句法结构以内。	语篇结构和语段结构为主，句法结构在200个单句句型范围内。	以语篇宏观结构、微观结构为主。

---

① 本科学历教育目前设立初、中、高三个级别。

5.4 在分级框架的基础上建立商务（经贸）汉语阅读核心词汇分级体系

《指南》的商务（经贸）汉语核心词汇的选取主要来自"商务汉语"相关的两个大纲《商务汉语考试大纲》（中国国家汉语国际推广领导小组办公室2006年版，北京大学出版社）和《经贸汉语本科教学词汇大纲》（沈庶英主编，2010），前者虽然是具有权威性的国家级考试规范，然而商务汉语考试要求的专业性较高；后者则在前者基础上，根据宏观性原则，"把学习者在一般经贸活动中的汉语词语放在首位，而不注重某一专门领域的经济术语"。《经贸汉语本科教学词汇大纲》按照本科学历教育教学需要设立初、中、高三级，各级之间具有较强连贯性和层次性，初级是"生存类词语"，使学习者具备基本的汉语生活能力，可以完成简单的生活场景的交际任务；中级是"办公室词语"，学习者可以实现工作环境的基本交际；高级是"经贸业务类词语"，这些词语是从事贸易活动所必需的基本词语，学习者可以完成一般的经贸业务。

专业汉语与通用汉语的特点不同，我们把四千多个经贸核心词语中的初级和中级与《新汉语水平考试HSK大纲》的6个级别比对，比对结果显示：《新汉语水平HSK（词汇）大纲》（国家汉办／孔子学院总部2010年版）中1级包含了《经贸汉语本科教学词汇大纲》中的127个词，2级包含103个，3级包含191个，4级包含397个，5级包含658个，6级包含850个。《经贸汉语本科教学词汇大纲》中初级的1019个、中级的945个、高级的363个经贸词汇分别与《新汉语水平（HSK）词汇大纲》中的词汇相重合。此外，还有2355个核心经贸词汇不与新HSK词汇相重合，初级有410个，中级有639个，高级有1145个。越到高级，重合比例越小，这符合经贸汉语专业性越强，词语偏离通用汉语越远的规律。我们初步确定HSK的4级词汇大致与《经贸汉语本科教学词汇大纲》的初级词汇相一致（重合度高），而5、6级则与中级相一致，《新汉语水平（HSK）词汇大纲》中的超纲词与《经贸汉语本科教学词汇大纲》的高级相一致。

随着研制工作的深入，怎么体现中国本土化策略的级别对应信息，设计便于外国留学生快速、准确地进行选择的可操作性的测量方法正在摸索试验之中。限于篇幅，对我们的"分级框架的难易度测查体系"的建设将有另文介绍，兹不赘言。

六、余论

6.1 选材目标与多种等级信息的兼容问题

分级读物用于自主阅读时，由于原著中大量生词是不常用的，会给学生阅读带来障碍。如果拿国内长期进修生或中文专业留学生的阅读目标来选材，广大非专业读者及海外学习者就难以持续选读。我们是否应该采取目前国外分级读物的做法，用我们研制的《商务汉语课外阅读分级核心词汇表》中的有限词汇编写或改写推荐材料，以弥补课堂读物与课外读物之间的鸿沟，提高二者之间的兼容性？

6.2 读物等级设置的均衡性问题

为了增加阅读的可选择性，同级别阅读材料尽可能要多，但是目前我们推荐的阅读材料经核对，甲、乙级词以及HSK四级以下比例明显偏低，6级以及超纲词比例偏高，怎么让学习者能在较短时间内得以阅读更高一级的分册？怎么控制课外阅读材料中的超纲词，比例是多少？

6.3 级别间距的控制问题

"词级间距"指的是读物相邻级别之间的词汇数量差（周小兵、钱彬，2013）。如果阅读材料中词语级别间距过大，则读物词汇的有效复现也难以实现。是否需要建立等级差距更小的经贸分级词汇表[①]？

本研究的最终目标是为汉语学习者根据自己的兴趣和汉语水平选择课外阅读材料提供指导建议和灵活的裁量空间。目前有一些问题亟待解决，例如如何引导学习者建立与自己的汉语水平相适宜的阅读方式及良好的阅读习惯，如何做到选材同时兼顾读物特点和学习者水平，如何保障学习者持续、有效的阅读等问题。

参考文献

[1] 储慧峰（2011）对外汉语分级读物考察，华东师范大学硕士学位论文。
[2] 崔永华（2010）汉语学习辅助读物编写的理论与实践，第六届加中汉语教学研讨会论文，加拿大列治文市。
[3] 崔永华主编（2010）《实用汉语分级阅读丛书》，北京：北京语言大学出版社。

---

① 《汉语水平词汇与汉字等级大纲》将常用词汇分为四个等级（1000、3000、5000、8000），相邻跨度较大。《简易汉语趣味阅读》（朱锦岚、余宁，2004）将阅读材料词语分为3级：1000、1750和2500词级。《国际汉语教学通用课程大纲》（国家汉语国际推广领导小组办公室编2008，外语教学与研究出版社）分为：一级300词，二级600词，三级900词，四级1200词，五级1500词，各级间距为300词。目前为了与汉语水平考试等级划分相一致，《国际汉语教学通用课程大纲》（修订版）已将各级调整为：一级150词，二级300词，三级600词，四级1200词，五级2500词，六级5000词，降低了起始学习难度，但同时也加大了五级和六级的间距。

[4] 黄林芳（2013）对外汉语分级读物考察，湖南师范大学硕士学位论文。
[5] 肯·比尔蒂（2010）《朗文中学英语分级阅读》，上海：上海外语教育出版社。
[6] 江新（2008）《对外汉语字词与阅读学习研究》，北京：北京语言大学出版社。
[7] 鲁健骥（2002）说"精读"和"泛读"，见中国对外汉语教学学会编《中国对外汉语教学学会第七次学术讨论会论文选》，北京：人民教育出版社。
[8] 罗德红、余婧（2013）美国蓝思分级阅读框架：差异化阅读教学和测评工具，《现代中小学教育》第 10 期。
[9] 儒勒·凡尔纳、珍妮特·哈迪·古尔德、约翰·埃斯科特等（2006）《书虫·牛津英汉双语读物》，北京：外语教学与研究出版社。
[10] 沈庶英主编（2010）《经贸汉语本科教学词汇大纲》，北京：北京语言大学出版社。
[11] 斯蒂芬·拉布莱、伊迪丝·内斯比特、威尔·福勒等（2003）《企鹅英语分级有声读物》，北京：外语教学与研究出版社。
[12] 翟汛（2010）汉语教学资源体系所要求的新一代对外汉语教材，《长江学术》第 1 期。
[13] 周小兵、钱彬（2013）汉语作为二语的分级读物考察——兼谈与其他语种分级读物的对比，《语言文字应用》第 2 期。
[14] 朱锦岚、余宁（2004）《简易汉语趣味阅读：简单的难题》，北京：北京语言大学出版社。
[15] 朱勇、宋海燕（2010）汉语读物编写的理念与实践，《海外华文教育》第 4 期。
[16] 朱勇主编（2011）《中文天天读》，北京：外语教学与研究出版社。
[17] Fry, Edward (1981) Graphical literacy. *Journal of Reading* 24(5).
[18] Grant, Neville (1987) *Making the Most of Your Texbook*. New York: Longman Group UK Limited.
[19] Hill, Bonnie C. (2001) *Developmental Continuums: A Framework for Literacy Instruction and Assessment K8*. Boston: Christopher Gordon Publication.
[20] Hutchinson, Tom & Alan Waters (1987) *English for Specific Purposes.*

Cambridge: Cambridge University Press.
[21] Nation, Ian Stephen P. (2004) *Teaching and Learning Vocabulary*（《英语词汇教与学》），北京：外语教学与研究出版社。
[22] Nuttall, Christine (1996) *Teaching Reading Skills in a Foreign Language*. Oxford: Heinemann.
[23] Thorndike, Edward L. & Irving Lorge (1944) *The Teacher's Word Book of 30,000 Words*. Oxford：Bureau of Publications.
[24] Wallace, Chafe (1992) Writing vs speech. In William Bright(ed.) *International Encyclopedia of Linguistics*. New York: Oxford University Press.

基于反馈的留学生汉语
多稿写作教学行动研究 *

莫　丹

一、问题的提出

写作教学是汉语作为第二语言（CSL）教学领域的难题之一，常出现教师与学生花费大量精力，效果却不尽如人意的情况。笔者在教学实践中发现，学习者的习作主要存在以下问题：

（1）结构松散，不完整，对常用文体的基本结构缺乏了解；

（2）内容信手拈来，没有经过拣选，读后很难给读者留下比较完整的印象；

（3）语言方面，在词语及其搭配、语法、汉字等方面都有错误；

（4）语篇内部语义连贯性较差，衔接手段偏误较多；

（5）对书面语语体特征缺乏了解，写作存在口语化倾向；

（6）格式不正确，如段落开始时不缩进，标点符号使用错误等。

---

* 原文发表于《语言教学与研究》2018 年第 5 期。

由于写作过程涉及的因素非常复杂，除语言外，还包括学习者的认知水平、心理因素、母语写作水平等，教学中很难面面俱到，即使教师试图全面训练，学习者也很难全盘接受，往往顾此失彼，因此造成写作教学效率低下的局面。

近年来，二语写作教学逐渐从结果教学法转向过程教学法，研究发现，过程教学中反馈是一个关键性环节。写作反馈是指"读者给作者提供的输入，其目的在于为作者修改自己的文章提供信息"（Keh，1990），主要包括教师反馈与同伴反馈两种。教师反馈是指教师阅读二语学习者的习作并提出修改意见，同伴反馈是指二语学习者之间互相阅读习作并提出修改意见。对英语二语写作教学中两种反馈方式效用的研究经历了从争议到认可的发展过程：早期研究对教师反馈能否促进学习者的写作能力结论不一，对同伴反馈的有效性也有争论。后期对 EFL（English as a Foreign Language）写作教学中同伴反馈的可行性与有效性及不同环境（课堂环境和网络环境）下同伴反馈和教师反馈的研究则证实，教师反馈具有较高的利用率，能有效提高写作质量；同伴反馈对增强学习者的写作动机与读者意识、提高写作文本质量、形成英语学习社群与培养自主学习能力有积极作用；同伴反馈与教师反馈不是互相冲突，而是相互补充；学习者对同伴反馈持积极态度。在汉语作为第二语言教学领域，写作教学主要采用教师反馈，且反馈项目较为单一，一般集中在语言（词汇、语法、汉字）方面，由于多为单稿写作，教师反馈易为学生忽视，难以起到实质性作用。张宝林（2009）提出"写——评——写"的多稿写作教学模式，认为学生可依据教师反馈进行二稿写作，强调教师反馈的重要性，但没有进行实证研究。郑文佩等（2017）对同伴反馈应用于新加坡初中低年级写作教学的有效性进行研究，但教学对象是华裔学生，属于母语写作教学。关于同伴反馈应用于 CSL 写作教学的研究目前还没有见到。我们推测，教师反馈与经过培训的同伴反馈相结合，对 CSL 写作教学当有积极作用。因此，我们试图通过行动研究的方法对此进行探究，探索基于反馈的多稿写作教学模式。

行动研究是一种以"改进教学过程、提高教学质量为研究目标""以教师实施的课堂内外的教与学的行动为研究对象""以教学行动的实施者（教师）为研究者主体""以教学行动与研究行动的互动为基础"的研究方法（崔永华，2004），最初应用于社会心理学领域，后应用于教师研究。由于这一研究方法以解决教学中的实际问题为出发点，对课堂教学有直接指导作用，近年来，不少学者提倡在汉语作为第二语言教学领域加以推广。（丁安琪，2004；王添淼，2015）目前已有针对初级口语教学（郭睿，2014）、中级汉语阅读课词汇教学（洪炜、徐霄鹰，2016）的行动研究；写作教学方面主要有丁安琪（2004）商务汉语写作的行动研究报告，该文着重从教学内容、课堂管理等方面探索提升学习者对商务汉语写作的学习兴趣的教学方法。我们则试图借助定向型行动研究这一范式，从提升学习者对写作质量各要素的选择性注意的角度出发，探索基于反馈的多稿写作教学模式对提升学习者写作能力的有效性。本文研究的问题包括：

（1）在目的语环境下，教师反馈与同伴反馈在写作教学中是否具有有效性？各自会表现出什么样的特点？存在何种关系？

（2）基于"教师＋同伴"反馈的多稿写作模式能否引起学习者对决定写作质量诸要素的注意，有效性如何？对不同写作能力学习者的有效性有无差异？

(3) 学习者对该写作模式的接受程度如何？

本项研究依照制定行动方案→教学实施→收集数据→分析结果→教学反思的步骤开展。

二、制定行动方案

2.1 教学对象

目的语环境下的 CSL 写作教学，学习者国别背景不同，反馈时使用的语言应为目标语汉语。写作还涉及汉字的特殊性与复杂性，学习者的汉语水平会对同伴反馈的效果产生影响。我们认为，中级以上水平的学生比较适合实施同伴反馈，因此我们以在北京某高校学习汉语的 22 名中级班学生为研究对象，入学时汉语基本为 HSK5 级水平，来自韩国、日本、印尼、俄罗斯、美国、墨西哥、加拿大、瑞典、意大利、英国、德国等国家。研究者承担该班写作教学。

2.2 教学模式

在基于反馈的多稿写作教学模式中，反馈者包括教师与同伴，作者完成初稿后由反馈者提出反馈意见，并与作者进行协商，反馈双方（教师、同伴）对写作内容与反馈内容进行确认、质疑与澄清。之后作者根据反馈意见对文章进行修改，完成二稿（见图1）。反馈前对学习者进行同伴反馈培训，帮助学生了解反馈内容、掌握反馈形式并最终顺利完成反馈任务。根据学习者的个体因素与教学实施的具体情况，反馈培训可多次进行。学习者同时具有作者与反馈者双重身份，一方面，作为反馈者，要依据写作质量要素对同伴的写作进行评估并提供修改建议，另一方面，作为作者，要根据反馈者的评估与建议重新审视自己的写作，完成修改。该模式的教学目标是：在反复的外部刺激下，学习者对写作质量各要素产生选择性注意，从被动接受外部评价转向自动化的自我评估，从写作后的被动反思转向写作前计划与写作中监控，最终成为自主的写作者。多稿写作教学模型如下图所示：

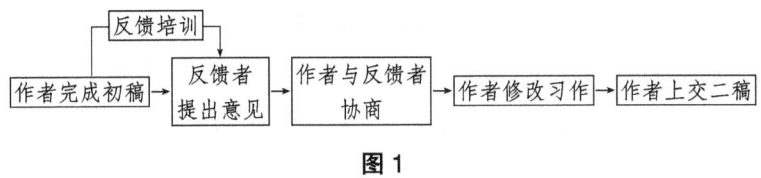

图1

2.3 反馈项目与形式

2.3.1 反馈项目

要验证反馈在写作教学中的有效性，首先要确定反馈的内容。有研究发现，在目前的写作教学中，教师与学习者的注意焦点通常仅指向表层的语言错误，如词汇错误、语法错误等。（Raimes，1987；许悦婷、刘骏，2010）事实上成功的二语写作只具备语言的准确性是远远不够的。反馈的目的是使学习者通过反馈对结构、内容、语篇、语体等决定写作质量的各要素产生选择性注意，从而在写作过程中对这些要素进行自我评估，监控自己的写作质量，因此反馈项目的确定至关重要。徐昉（2012：74）指出，EFL写作反馈包括内容和文字两方面。内容方面主要评价命题是否新颖、有意义，篇章架构和段落结构是否完整，叙述、说明或论证的逻辑是否明晰，语言方面主要评价词汇、句法是否正确并合乎文体要求，标点、格式等技术细节是否符合写作规范。《对外汉语教学中高级阶段课程规范》（陈田顺，1999：46）对中级汉语写作课的要求是学生能在两小时之内按题目要求写出一篇600字以上的记叙文，并能达到以下标准：1）语法正确；2）能正确使用虚词、句式、常用词组、成语，用词确切；3）正确、熟练地书写汉字；4）正确使用标点，熟练掌握书写格式；5）思路清晰，结构完整，条理清楚，表达明确，语言表达有变化。我们结合 EFL 写作研究成果与 CSL 汉语写作标准，在长期教学实践的基础上，针对汉语与汉语写作的特点，将反馈项目分为内容、结构、语言、语篇、语体与标点格式六项，这六个部分同时也是教师与同伴评价文章质量的标准，教师依照一定比值对写作质量进行评分。我们对这六个反馈项目进行细分，为便于操作，将其具体划分为18个子项目，构成"教师/同伴反馈表"，以5级量表呈现。为便于学习者理解，我们对反馈表的语言做了简化处理，如在"结构"这个反馈项目下包括子项目"结构的明晰性"，在反馈表中表述为"文章的结构非常清楚，我能根据文章的内容写出提纲"，请反馈者按1（完全不同意）到5（完全同意）五个等级进行选择，对文本进行反馈。具体评价内容请见附录1[①]。

2.3.2 反馈形式

要考察反馈在写作教学中的有效性，要回答的第二个问题是：如何反馈？在本研究中，反馈通过文中反馈和量表反馈两种形式进行。文中反馈主要是在文中对局部错误与质疑之处做标注，量表反馈要求反馈者对"教师/同伴反馈表"中的18个项目进行评定，并对文章质量做出总体评价（非常好/好/一般/不太

[①] 因篇幅所限，本文附录1、2请见《语言教学与研究》官网 www.yyjx.chinajournal.net.cn。

好/很不好），写出文章的优点与缺点，并提出修改建议。

2.4 同伴反馈的分组

已有研究表明，同伴反馈效果最好的是不同写作水平混合的分组形式（高歌，2010），因此我们根据实验开始前学生完成的三篇习作的平均成绩，将学生按写作能力分为高、中、低三组，采取高—中、中—低、高—低分组方式，2人一组，将学生分为11个同伴反馈组。

三、教学实施

开展行动研究之前，为了解学习者对多稿写作模式的态度，我们对其进行问卷调查，发现87%的学习者没有根据教师反馈进行多稿写作的经历，99%的学习者没有同伴反馈的经历；100%的学习者认为或推测教师反馈非常有效，愿意根据教师反馈进行多稿写作，82%的学习者对同伴反馈具有较强的学习意愿，认为同伴"能帮我找出我自己没有发现的错误"。经过对学习者学习需求与意愿的分析，我们认为基于反馈的多稿写作模式具有可行性，由此在八周时间内实施教学。在此期间，学习者共完成三次写作任务。为控制写作题材对学习者的影响，三次写作均为记叙文，字数均要求在600字以上。具体教学实施过程如下：

1. 第一次反馈培训。实验开始前，根据问卷调查结果对学习者进行第一次反馈培训。目的是使学生知悉写作课采用基于反馈的多稿写作模式的原因及预期目标，明确写作反馈目的，激发学习动机，消除少数学习者对同伴反馈的疑虑，得到其支持与配合，初步接触反馈项目与反馈形式，建立写作质量要素与写作反馈的概念。

2. 第一次写作，主题为"自我介绍"。问卷调查结果显示，所有学习者都认同教师反馈的有效性，因此第一次写作采取教师反馈的形式，以利于后期教学模式的推进。学习者根据教师提出的反馈意见对初稿进行修改，之后上交二稿。

3. 第二次反馈培训。此次培训主要针对同伴反馈，内容包括：

（1）明确写作反馈目标，消除学生的疑虑，引导学生建立同伴间的信任。告知学生反馈的目的并非批评对方，而是让自己在反馈过程中深入了解决定写作质量的各项要素，培养自己的读者意识，通过发现同伴的问题反观自己的写作，监控自己的写作过程，从而提高写作能力。

（2）指导学生掌握反馈项目与方法。为引导学习者的注意指向反馈六要素，我们对教师／同伴反馈表中的项目逐一进行具体的实例分析，如通过对照应的常见偏误形式（零形式照应误用为名词照应、代词照应误用为名词照应等）的例句分析，引导学生掌握照应的三种形式。其他反馈项目也依此处理，并对第一次写作中发现的结构、语篇等较普遍的问题进行强调。然后发放写作文本实例，师生共同根据教师／同伴反馈表对其逐项进行分析，进一步熟悉反馈项目与反馈方法。之后，学生分为2人一组对教师下发的例文进行试反馈，教师在旁观察与引导，最后全班一起讨论、总结，教师根据观察到的问题再次进行有针对性的讲解。

4. 第二次写作，主题为"难忘的旅行"，采用同伴反馈方式。学习者完成写作后，2人一组，为对方的习作提供文中反馈与量表反馈。之后在写作课上互相提供反馈意见，各自根据同伴反馈对初稿进行修改，然后上交二稿。

5. 第三次反馈培训。此次培训的主要目的是对学习者在第一次同伴反馈时出现的问题进行澄清与指导。通过对同伴反馈结果的观察，我们发现学生对语言与语篇较为关注，而对内容、结构与语体方面的反馈较少，因此再次进行了有针对性的讲解，并以学生的习作为例做了说明，以强化学生的注意。

6. 第三次写作，主题为"一个爱情故事"，采用"教师反馈＋同伴反馈"方式。教师与同伴均对学习者的初稿给出文中反馈与量表反馈，学生据此进行修改，之后上交二稿。

对第二次同伴反馈项目进行统计发现，学生对六类项目均做出了反馈，且反馈正确率达到71%，表明学习者已经基本掌握同伴反馈方法（具体反馈内容示例请见附录2）。为行文方便，下文将上述三次写作中的反馈方式简称为"反馈$_1$""反馈$_2$"与"反馈$_3$"，操作流程如下所示：

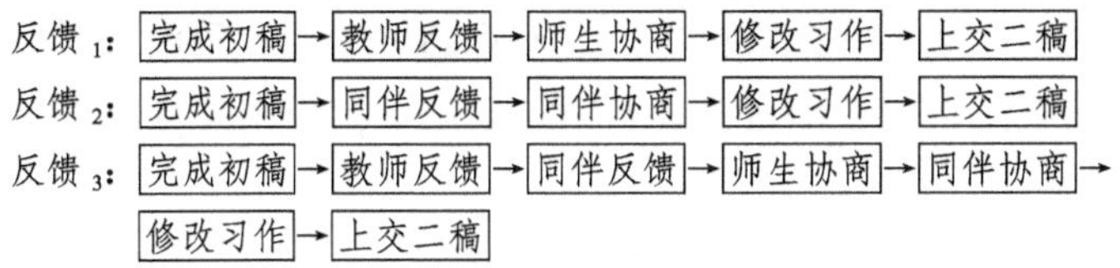

反馈$_1$：完成初稿→教师反馈→师生协商→修改习作→上交二稿
反馈$_2$：完成初稿→同伴反馈→同伴协商→修改习作→上交二稿
反馈$_3$：完成初稿→教师反馈→同伴反馈→师生协商→同伴协商→修改习作→上交二稿

图2

四、数据收集与分析

4.1 问卷调查

问卷调查分别在实验开始前和结束后进行，目的是了解学生对多稿写作教学模式的学习需求、意愿及评价。

4.2 访谈

实验结束后,通过集体访谈的方式了解学习者对多稿写作教学模式的态度。

4.3 学生进行同伴反馈讨论的录音

我们对学生同伴反馈的讨论过程进行录音并转写,以考察讨论过程中学生的互动情况。

4.4 反馈数据

4.4.1 反馈量的操作定义

Hyland(1998)将单个反馈点界定为就文章的某方面提出的每一个意见点,包括每一个标注和每一个修改意见。根据反馈内容可以将反馈分为正面反馈(如"内容有意思""用了很多新的生词和语法")和负面反馈(如"这个词不能用在肯定句"),本文所指的反馈点仅限于负面反馈点[①]。我们将反馈点从两个维度进行分类:

其一,从正确性的维度,分为正确反馈点、错误反馈点和无效反馈点。正确反馈点是针对错误的原文提出正确修改意见的反馈点。例如:

(1)他一见到她,他就疯狂地爱上了她。(同伴)[②]

错误反馈点是原文正确,而反馈者提出的修改意见错误的反馈点。例如:

---

① 根据 Ferris(1997)的研究,肯定、赞扬等正面反馈很少能引发修改,由于我们研究的焦点在于通过对反馈方式引发的学习者修改数量与质量的分析,探究几种反馈方式的有效性,因此本文所指的反馈点仅限于负面反馈点,正面反馈点不在讨论范围内。

② 直线标注部分为反馈者删除的原文,波浪线标注部分为修改的内容。

(2) 到中国以后，我跟十五多个英语老师一起派到学校工作了。第二天当地的中国老师给我们介绍城市看看……（同伴）

无效反馈点有两种。一种是反馈者对正确的原文提出修改意见，虽然反馈点正确，但对原文质量并无提升。例如：

(3) 突然，溪溪身后的树叶发出传来了沙沙的声音。（同伴）

一种是反馈者对错误的原文提出修改意见，但反馈点同样错误。例如：

(4) 在兵马俑免不了人太多见面太多人了。（同伴）

其二，从反馈项目的维度，分为针对内容、结构、语言、语篇、语体与标点格式的反馈六类。

4.4.2 修改量的操作定义

我们通过对三次写作任务的二稿、初稿与反馈点的对照确定修改点。对初稿的每一处修改即一个修改点，对内容的修改以单句为单位。根据杨苗（2006）的研究，对每一个修改点从两个维度进行分类：

(1) 从修改来源维度分为源自教师的修改、源自同伴的修改与自发修改。源自教师的修改即根据教师的反馈所做的修改，源自同伴的修改即根据同伴的反馈所做的修改，不能归因于教师/同伴的反馈点的修改归为自发修改。

(2) 从修改层次的维度分为表层修改与意义修改。表层修改包括对语言、衔接、照应、语体与标点格式等表层内容的修改，意义修改是对文章内容与结构的修改。

4.5 写作成绩

我们把三次反馈的初稿、二稿交由两名教学经验丰富的教师进行评分,两名评分者都无法得知每份作文出自哪一位学生以及被试完成作文的时间,也不知道另一评分者给出的成绩。每份作文的最后得分为两位评分者所给分数的平均数。Pearson 相关分析结果显示,两位评分者对文章的评判具有较好的一致性($r = 0.913$,$p < 0.05$)。

数据收集完毕后,使用社会科学统计软件(SPSS20.0)进行数据分析。

五、结果与讨论

5.1 教师反馈与学生反馈的可行性

表 1 教师反馈量与学生反馈量统计表

	反馈量	正确反馈点		错误反馈点		无效反馈点	
	M	M	%	M	%	M	%
教师反馈$_1$(反馈$_1$)	49	49	100	0	0	0	0
学生反馈$_1$(反馈$_2$)	23	18	78	3	13	2	9
教师反馈$_2$(反馈$_3$)	81	81	100	0	0	0	0
学生反馈$_2$(反馈$_3$)	34	24	71	6	18	4	11

实验期间,学生与教师分别做了两次反馈,我们对二者的平均数进行统计,发现教师提供的反馈量显著多于学生提供的反馈

量,教师反馈的正确率为100%,学生反馈的正确率分别为78%和71%。

从反馈项目分布来看,教师反馈与学生反馈基本相同(见表2)。教师反馈最多的三项依次是语言、语篇与标点格式/内容,学生反馈最多的则是语言、语篇、内容/标点格式,二者表现出较强的一致性。教师与学生对结构与语体也都有所关注,由于结构与语体的反馈一般都是针对文章整体提出,数量势必少于针对语言、标点等具体问题的反馈量,从这一点来说,二者也是一致的。

表2 教师反馈与学生反馈项目分布

	反馈点总数	内容		结构		语言		语篇		语体		标点、格式	
		M	%	M	%	M	%	M	%	M	%	M	%
教师反馈$_1$	49	1.8	4	1.5	3	33.6	68.5	7.4	15.1	0.2	0.4	4.5	9.0
学生反馈$_1$	23	1.2	5	1.4	6	14.2	62	3.9	17.0	0.3	1.3	2.0	8.7
教师反馈$_2$	81	6.7	8.3	1.1	1.4	47.5	58.7	15.9	19.6	2.5	3.0	7.3	9.0
学生反馈$_2$	34	2.7	7.9	0.7	2.1	24.1	70.9	4.8	14.1	1	2.9	0.7	2.1

由以上数据可知,教师能提供数量最多、正确率最高的反馈,学生经过培训之后提供的反馈数量少于教师,但其正确率达到70%以上,且反馈内容与教师的反馈基本一致,由此我们认为,教师反馈与同伴反馈应用于CSL写作教学都具有可行性。我们发现,第二次教师反馈与同伴反馈的数量都多于第一次,其中增量最大的都是与语言相关的反馈点。这一变化可能是由第三次写作

的主题《一个爱情故事》引起的。虽然三次写作均为记叙文，但前两次写作主题《自我介绍》与《难忘的旅行》都与作者自身经历紧密相关，而第三次写作时大部分学习者选择描述自己读过的小说或神话中的爱情故事，并且由于学习者语体意识的增强，开始有意识地在写作中使用正式语体的表达方式（如成语、文言句型等），出现较多语言方面的错误，因此导致教师反馈和同伴反馈的数量出现较大变化。

5.2 基于反馈的多稿写作对学习者有意注意的影响

为了考察反馈方式对学习者的影响，我们在三次写作之后布置了第四次写作任务，评分方式同前三次。我们对三种反馈方式下的初稿成绩进行单因素方差分析，以观察反馈方式对学习者有意注意的影响，结果见表3。从统计结果可知：教师反馈引发了学习者对写作质量诸要素的注意，实施教师反馈后，学习者的写作质量（实施教师反馈后的第二次写作的初稿成绩）较实验开始前的第一次写作初稿成绩有显著提高（$F(1, 21) = 23.30, p = 0.00$）；实施同伴反馈后，学习者的写作质量（实施同伴反馈后的第三次写作的初稿成绩）与教师反馈后的写作质量（第二次写作初稿成绩）相比提升不明显（$F(1, 21) = 1.51, p > 0.05$）；实施"教师反馈＋同伴反馈"后，学习者的写作质量（实施"教师＋同伴"反馈后的第四次写作的初稿成绩）较同伴反馈后的写作质量（第三次写作初稿成绩）有显著提高（$F(1, 21) = 32.65, p = 0.00$）。可见，三种反馈方式都能引发学习者对写作质量要素的注意，在下一次写作中产生积极作用。其中，"教师反馈＋同伴反馈"效用最高，其次为教师反馈，最后为同伴反馈。

表3 三种反馈方式影响下的初稿质量差异（$*p < 0.05$）

	第一次写作		反馈$_1$		反馈$_2$		反馈$_3$		F(3,63)	事后多重比较
	M	SD	M	SD	M	SD	M	SD		
初稿成绩	76.7	7.12	81.2	5.55	82.2	5.15	85.9	4.77	29.83*	反馈$_1$＞第一次写作 反馈$_3$＞反馈$_2$

自发修改同样能反映学习者注意的变化情况，因此我们对三次反馈后学习者的自发修改量进行单因素方差分析，结果显示，反馈对自发修改量有显著影响（$F(2, 42) = 10.12$，$p < 0.01$）。其中，同伴反馈引发的自发修改量最多（$M = 23.14$），其次为"教师＋同伴"反馈（$M = 14.18$），最后为教师反馈（$M = 9.64$）。教师反馈引发的自发修改量最少，可能是因为学习者对教师反馈的信任所致。教师对学习者习作做出的反馈比较细致全面，因此导致学习者对教师反馈的依赖程度增强。特别是部分学习动机弱的学生非常依赖教师，大部分修改只是依样画葫芦地照搬教师的反馈，自发修改量很小。而在单一的同伴反馈中，学习者对同伴的依赖降低，开始从读者/评价者的视角审视自己的习作，自发修改量大幅增加，这可以视为同伴反馈的主要效用。但同伴反馈引发的意义修改量显著小于教师反馈（$MD = 6.68$）与"教师＋同伴"反馈（$MD = 6.22$）（$F(2, 42) = 6.40$，$p < 0.01$），教师反馈与"教师＋同伴"反馈之间无显著差异，说明教师反馈在意义修改中起主导作用，学习者对文章内容与结构的注意主要由教师反馈诱发。

5.3 基于反馈的多稿写作对终稿质量的影响

为了考察反馈对终稿质量的影响，我们对三次反馈之后的二稿作文成绩进行单因素方差分析。结果显示，反馈方式对写作质量改进程度有显著影响（F（1.52，31.85）= 9.05，$p < 0.05$）。事后多重比较结果显示，"教师＋同伴"反馈后的二稿作文成绩显著高于同伴反馈后（MD = 1.6），同伴反馈后学生的二稿作文成绩显著高于教师反馈后（MD = 2.4）。出现这一现象的原因是教师反馈使学习者对写作质量要素产生了注意，在第二次写作时初稿质量有所提升，因此第二次写作初稿成绩显著高于第一次写作初稿（见表3），使得同伴反馈后学习者的二稿作文成绩也有显著上升。随着多稿写作教学的推进，学生的终稿质量呈线性提升态势。这一结果证明，该模式不仅可行，并且能有效改进终稿质量。

表4 三种反馈方式影响下的终稿质量差异（*$p < 0.05$）

	反馈$_1$		反馈$_2$		反馈$_3$		F (2,42)	事后多重比较
	M	SD	M	SD	M	SD		
终稿成绩	85.5	7.14	87.9	4.87	89.5	3.96	9.05*	反馈$_3$＞反馈$_2$＞反馈$_1$

5.4 基于反馈的多稿写作对写作能力的影响

我们对第四次写作与前三次写作的初稿成绩进行配对样本t检验，以观察实验期间学习者写作能力的发展状况。结果显示，学习者第四次写作与第一次写作（t = −7.37，df = 21，$p < 0.01$）、第二次写作（t = −7.17，df = 21，$p < 0.01$）、第三次写作（t = −5.71，df = 21，$p < 0.01$）的初稿成绩均有显著差异，

实验期间学习者的写作能力有明显发展。虽然这一结果不能排除学习者的写作能力随着语言学习时间的增加而发展的情况，但在短短八周内，学习者的写作质量得到显著提升（MD＝－9.14），基于反馈的多稿写作模式的作用是不可忽视的。通过对学习者的写作文本的观察与实验后的访谈，我们发现，学习者在多稿写作的过程中，对写作内容与结构产生了选择性注意，语篇意识初步形成，开始进行写作前的计划与写作中的监控，这说明基于反馈的多稿写作模式对提升写作能力具有有效性。

5.5 基于反馈的多稿写作对不同写作能力学习者的有效性

对第四次写作与第一次写作的初稿成绩进行配对样本 t 检验发现，低水平组提升幅度最大（t＝－4.41，df＝6，$p<0.01$，MD＝－11.57），其次为高水平组（t＝－5.96，df＝8，$p<0.01$，MD＝－9.00），再次为中等水平组（t＝－2.70，df＝5，$p<0.05$，MD＝－6.50）。由此我们认为，反馈对不同写作能力学习者均有效，有效性由高到低依次为低水平组、高水平组与中等水平组。高歌（2010）针对 EFL 写作教学的研究发现，混合小组中的低水平学生在同伴反馈中获益最多，因为高水平者能给低水平者提供具体而有效的帮助，而他们从对方的反馈得到的收获主要是"自信和被尊重的感觉"，低水平者提供的"总体上的意见"，对高水平者"有时有帮助"，这可能会影响同伴反馈对写作水平高、低两组的有效性。我们对 CSL 学习者的研究支持这一结论。从反馈项目来看，我们发现，实验开始前低水平组在写作的基本格式、语言表达（词汇准确性、语法正确率、汉字正确率等）方面都存在较大问题，这类问题在教师反馈和同伴反馈时易于察觉，作者在修改时也易于操作，这可能也是低水平组写作成绩提升幅度最

大的原因之一。中等水平组在接受同伴反馈时,由于他们的习作优点既不如高水平者突出,问题又不像低水平组那样易为反馈者察觉,可能会减弱反馈的针对性,而他们在提供反馈时,在"中—低"组对的同伴反馈中既无法像高水平组那样提供高质量的帮助,因而也很难收获同等的自信和成就感,在"中—高"组对的同伴反馈中又不及低水平者那样信任高水平同伴。这两方面的因素综合作用,可能导致中等水平组写作质量提升幅度相对较低。

另外,为了考察写作能力(写作初稿成绩)与反馈能力(给同伴提供的反馈量)之间的相关性,我们进行了斯皮尔曼 ρ 相关分析,结果显示,第一次同伴反馈时,写作能力与反馈能力间相关关系不显著($p > 0.05$,$\rho = 0.012$),第二次同伴反馈时,写作能力与反馈能力表现出中度相关($p < 0.05$,$\rho = 0.653$),即写作能力越强,给出的反馈量越多,反馈能力越强。这说明经过几次"写作——反馈——修改"的练习,学习者已经具备了一定的反馈能力,这种能力与写作能力成正比。

5.6 学习者对基于反馈的多稿写作教学模式的态度

问卷调查数据表明,学习者对基于反馈的多稿写作教学模式持认可态度,对三种反馈方式有效性的评估从高到低依次为"教师+同伴"反馈($M = 4.91$)、教师反馈($M = 4.86$)、同伴反馈($M = 3.59$)。

我们通过对学生的访谈发现,单一的教师反馈与单一的同伴反馈都无法完全满足学生的学习需求。单一的教师反馈得到学习者的完全信任,但学习者接受反馈时处于比较被动的状态,单一的同伴反馈能引发最多的自发修改,但学习者需要更大的投入量,同时也受学习者对同伴的信任程度影响,对同伴不够信任的学习者往往拒绝同伴的修改。我们观察到，有三位学习者对同伴反馈存在先入为主的偏见，对自己与同伴的反馈能力都不够信任，给同伴提供的反馈量较少，即使对语言水平与写作水平都远高于自己的同伴提供的反馈也持拒绝态度。他们在访谈中表示，同伴反馈对自己帮助不大。"教师＋同伴"反馈一方面具有教师反馈的权威性，另一方面又可以提供同伴反馈的可选择性，因此学习者修改时既避免了接受教师反馈的被动，又不会出现由于同伴反馈量较少而需要大量投入自发修改的情况。教师反馈可以对同伴反馈进行验证，同伴反馈与教师反馈交叉的部分（其中往往包括文章的重大缺陷或作者的某些顽固的石化语言错误）往往会引起作者的选择性注意，成为修改的重要内容，而对同伴反馈与教师反馈相异的部分，学习者一般选择全盘接受教师反馈，对同伴反馈则采取有选择地接受的态度，有时拒绝修改。

5.7 同伴反馈的伴生成果——讨论环节的协商互动

在教学中，我们在同伴反馈讨论环节发现学习者之间的对话有较多的协商互动。协商互动是指二语学习者在对话中发生语言理解困难、形式错误或观点分歧时出现的语言修正现象（赵雷，2015），它通过语言产出将输入、输出与学习者的内在能力，特别是选择性注意联系起来，对语言习得具有促进效用（Long, 1996：413—468）。讨论中，引发协商互动的疑点不是来自即时的会话，而是来自学习者的习作，意义协商、内容协商、形式协商几种类型都在讨论中出现。如形式协商中的元语言反馈：

  作者："占了上风"不对是吗？
  反馈者："一种不安的心理占了上风"，"占了上风"你想要用的话，可以在比较两个什么的时候，一个是占了上风。

作者：所以必须说有两种心情。

反馈者：但是这里只有一个，所以不合适。

调查问卷数据显示，学生对同伴反馈的讨论环节均持肯定态度，无论是讨论自己的习作（M = 3.95），还是讨论对方的习作（M = 4.05），原因可能就是讨论中的语义协商为其提供了扩展性输入，增加了有效输出，营造了接近真实的交际环境。

六、教学反思

通过本次行动研究，我们发现，教师反馈与同伴反馈在写作教学中具有不同的效用，均具有可行性。教师反馈得到学生信任，能引发对文章结构与内容的注意；同伴反馈的作用不仅是作为教师反馈的补充，提出教师反馈中忽略的问题，它的效用主要体现为引导学生在"作者——读者/评价者——作者"的身份转变过程中，由对语言准确性的单一关注转向对决定写作质量各要素的注意，从以读者/评价者的身份对他人的写作进行监控，转向以读者/评价者的身份对自己的写作进行自我监控，从而提升写作能力，这一过程也是学习者在外部刺激下使用元认知策略的过程。此外，同伴之间写作反馈的讨论中出现的协商互动也是同伴反馈的伴生成果。

在进行该模式教学时，需要注意以下几方面：第一，该模式需要细致、周密的教学设计，充分考虑学习者的需求与能力，在同伴分组时综合考虑国别背景和写作能力，教学中要仔细观察学习者的表现，通过多次具体、详尽、有针对性的培训查漏补缺，在帮助学习者掌握反馈方法的同时建立对同伴反馈的信任。第二，分组要合理化。我们在实验中发现学习者对同伴的信任对同伴反馈的效果有较大影响。高水平学习者对低水平学习者易产生不信任态度，有个别学生对同伴的不信任态度未得到明显改善，对其写作能力的发展产生了掣肘。由于我们在实验中采取高—中、中—低、高—低分组方式，并且没有变换小组合作对象，可能对高水平学习者有不利影响。对这一问题可采用两种对策：一是对写作小组进行轮换，教师对低水平学习者给予更多"脚手架"支持；二是扩大小组规模，使学习者有机会接受与提供更多频次、不同对象的同伴反馈，以增加同伴之间的信任。第三，教师反馈不宜过于详尽。教师在教学中提供的反馈过于细致详尽会导致学习者的自发修改量降低，不利于引发学习者对写作质量要素的注意。因此，建议教师反馈多采用设疑、引导的形式，促进学习者的主动学习。另外，若适当延长教学周期，该教学模式的效果可能会进一步增强。

七、结语

综上所述，我们认为，中级以上CSL写作教学可以引入基于反馈的多稿写作模式，在此模式中，教师反馈与同伴反馈都具有可行性，二者的作用互为补充，相辅相成，也可以结合成为"教师＋同伴"反馈。总体来看，"教师＋同伴"反馈集教师反馈与同伴反馈二者之长，是最为有效的写作干预方式。通过教学反思，我们也发现了本次行动研究中的一些缺陷和不足，需要进一步完善和改进，以达到增强反馈效果、提升教学效率的目的。

参考文献

[1] 陈田顺主编（1999）《对外汉语教学中高级阶段课程规范》，北京：北京语言文化大学出版社。
[2] 崔永华（2004）教师行动研究和对外汉语教学，《世界汉语教学》第 3 期。
[3] 丁安琪（2004）商务汉语写作课教学行动研究报告，《云南师范大学学报（对外汉语教学与研究版）》第 5 期。
[4] 高歌（2010）不同分组条件下同侪反馈对学生英语写作的影响，《外语学刊》第 6 期。
[5] 郭睿（2014）行动研究在初级汉语口语教学中的应用，《海外华文教育》第 2 期。
[6] 洪炜、徐霄鹰（2016）中级汉语阅读课词汇教学行动研究，《汉语学习》第 1 期。
[7] 王添淼（2015）国际汉语教师行动研究现状、问题与对策，《汉语学习》第 5 期。
[8] 徐昉（2012）《英语写作教学与研究》，北京：外语教学与研究出版社。
[9] 许悦婷、刘骏（2010）基于匿名书面反馈的二语写作反馈研究，《外语教学理论与实践》第 3 期。
[10] 杨苗（2006）中国英语写作课教师反馈和同侪反馈对比研究，《现代外语》第 3 期。
[11] 张宝林（2009）"汉语写作入门"教学模式刍议，《语言教学与研究》第 3 期。
[12] 赵雷（2015）任务型口语课堂汉语学习者协商互动研究，《世界汉语教学》第 3 期。
[13] 郑文佩、龚成、陈之权（2017）同伴互评在初中低年级作文教学中的应用研究，《华文教学与研究》第 2 期。
[14] Ferris, Dana R. (1997) The influence of teacher commentary on student revision. *TESOL Quarterly* 31 (2).
[15] Hyland, Fiona (1998) The impact of teacher written feedback on individual writers. *Journal of Second Language Writing* 7 (2).
[16] Keh, Claudia (1990) Feedback in the writing process: A model and

methods for implementation. *ELT Journal* 44 (4).

[17] Long, Michael H. (1996) The role of the linguistic environment in second language acquisition. In William C. Ritchie & Tej K. Bhatia (eds.) *Handbook of Second Language Acquisition*. San Diego: Academic Press.

[18] Raimes, Ann (1987) Language proficiency, writing ability and composing strategies: A study of ESL college student writers. *Language Learning* 37 (3).

汉语朗读教学的必要性与教学策略*

赵　菁

一、引言

　　外国人要想学好汉语语音，打好语音基础十分重要。刘珣（2007）指出："语音基础没有打好，一旦形成了习惯，错误的语音最容易'化石化'，以后就很难纠正。"赵元任曾说过"一失音成千古恨"。何平（1997：44—50）也曾用过一个比喻："语音教学的效果犹如一枚印章深深地刻印在学生身上，跟随并影响着学生使用汉语的今天和明天。"

　　语音教学分为音素、音节、音节组合、语句、语段、语篇几个层面。在我们现有的教学课程体系中，初级阶段先是语音教学阶段，而后依次进入词汇—语法教学阶段（句式教学阶段）和短文教学阶段。语音教学的主要内容是声母、韵母、声调的教学，常止步于单音教学。而涉及语调、语流的朗读教学，无论是在国内高校的"综合+分技能"教学模式中，还是在国外采用的"讲练+复练"教学模式中，都不再加以系统训练，有的将其纳入口

---

* 原文发表于《国际汉语教学研究》2015 年第 3 期。

语教学，有的归入阅读教学。口语教学的主要任务是句式操练、表达训练，朗读只被当作一项辅助的发音练习；阅读教学则是以识记汉字、拆分结构、浏览默读为主，朗读难以获得足够的重视。朗读这一重要的语音教学环节的缺失直接动摇了学生的语音根基。本文就外国学生在语音层面所存在的上述问题谈一谈开展朗读教学的必要性及策略。

二、学生在语言层面所存在的一些问题

我们知道，字音并不等同于语音。有的学生发单音个个准确，字音对他们来说并不是难点，但他们说出来的整个句子的腔调却让人感觉不自然。林焘（1996）说过："洋腔洋调形成的关键并不在声母和韵母，而在声调和比声调更高的语音层次。"

学生在由字音层面进入语音层面时，常常会出现一些问题：

2.1 调值的偏离

汉语声调与声调的组合形式十分丰富，母语为非声调语言国家的学生在习得音节组合的过程中，受连读、变调、母语干扰等因素的影响，调值极易发生偏离。

英美国家的学生虽然能够掌握汉语单字或词组的声调，但一进入句子，受前后音节的影响，声调调型发生了改变，他们就会不知所从。王韫佳（1995：126—140）指出，美国学生常把阳平和上声发成介于两个声调之间的324调；阳平和阴平或者阳平和去声相连时，学生会把阳平念成低平调。冯丽萍、胡秀梅（2005：63—69）认为，阳平是一个终点很高的声调，学生在发阳平音时不能确定终点在哪儿，因此会发生错误。而上声的发音难度也很

大，上声实际上是一个半上音，半上只有一个低的特征，它曲直后音升到哪里学生无法确定，因此会发生错误。

2.2 调类的混淆

王韫佳（1995）认为，当去声和阴平相连时，美国学生常把去声读为调值与阴平相同的高平调或调值与阳平相同的中升调。两个去声相连，容易把第一个去声读成55调。

王安红（2006：70—75）发现，进入多音节阶段，外国学生仍会在发阳平和去声时出错，这反映在两类声调的混淆上，一是阳平和上声的混淆，二是阴平和去声的混淆。

2.3 调域的偏差

调域错误表现在音高曲线虽然基本正确，但声调的整个音区太高或太低，如将高平调读成低平调、将全降调读成半降调等。如泰国学生常把普通话阴平调55发成33，越南学生的阴平调调值只到44，比普通话调值低一度或两度。

2.4 轻重音把握不准确

不同的语言轻重音的表现形式不同，汉语的重音是靠音长来表现的，而英语的重音常常通过提高频率的方式来表现。如果用英语读重音的方法来读汉语的重音，势必会造成"洋腔洋调"。

沈晓楠（1989：158—168）指出，汉语中的高声调会被操英语者理解为重音，低声调上声易被操英语者理解为轻读。当美国学生听到一些音节声调比较高时，立即将这些音节理解为重读音节。

2.5 声调和句调的混淆

以英语为母语的学生受母语的影响，常常用改变句子最后一个字的调值的方法来区分陈述句和疑问句，简单地将疑问句的末字改为升调,陈述句的末字改为降调,让人感觉腔调很奇怪,这是由于汉语中句调与声调的音高变化并非只是两个单字调的简单改变。

在汉语中,句调的高低升降主要是由各音节调域整体的高低升降变化决定的,一句话中各个音节的调域逐步下降变低,就形成陈述句调;若逐步上升变高,就形成疑问句调,但音节内部仍然保持着自己的调值。(林焘,2001)也就是说,汉语的字调和句调是同时在发生作用的。赵元任(1932)将字调和语调的整体关系描述为小波浪与大波浪的"代数和",吴宗济(1997)解释为"字调的平均音高跟语调的平均音高的代数和""而字调调型基本上没有什么变化"。吴宗济(1996:58—63)、曹剑芬(2002:195—202)进一步证明"汉语的语调跟声调的确表现为两种不同的音高运动方式",他们认为接近语调大波浪浪峰的音节,其音阶被抬高,而接近大波浪浪谷的音节会被压低。

2.6 缺乏对节律的认识

汉语是有声调的语言,在朗读时,一个句子会按照意群大小分为几个音步,会在语流中形成一个一个的自然的语言节拍,每个节拍一般都有一个重音,使得整个句子乃至篇章听起来抑扬顿挫,具有节奏感和乐感。一些汉语学习者学习汉语的动因,正是受汉语语音魅力吸引。

吴洁敏(1990;1992:12—14;1998:62—66)分析了汉语的七种节奏形式,指出在七种节奏形式中,音步、长短、声韵、平仄为主旋律。"具有汉语节奏主旋律的语音链一定是优美的,违背了节奏主旋律会使语音链读来生涩。"(吴洁敏,1998)

有的学生由于缺乏对汉语节律的认识,在朗读句子及篇章的时候，一字一拍。这在日本学生中特别明显。还有的学生对语句的逻辑关系不清楚，造成了轻重音错读、停延不当、语气不连贯、语调平直、缺少抑扬顿挫、节奏不均匀等现象。

综上所述，汉语的字音在进入语流后读音本身会发生一定的变化，单字调会受到语调多层级的影响，

而汉语语流中字音的变化规律与学生的母语变化规律不同，只有在语流中去感知，才能更好地把握。而汉语朗读教学这一重要教学环节的缺失，使得学生无法领略到汉语的字音在语流中的读音变化以及语调、语篇的基调等特征，认识不足和训练缺乏，必然会导致"洋腔洋调"的产生。

三、开展朗读教学的必要性

朗读的意义不仅在"读"，还表现在以下三方面：

3.1 朗读可以使学生把握音节在语流中的正确发音

我们认为，一个音节在真实交际的语流中的发音才是学习者所要习得的正确发音。朗读时多种感官相互协调所产生的"场"效应不仅强化了学生脑中的音义对应模型，并且使声调不同的音节间的多种组合形式以及跌宕有致、波澜起伏的语音流也同时储存在了记忆当中。因此，强化朗读教学有着不容忽视的作用。

3.2 朗读可以使学生更直接地感受到汉语的节奏韵律，对培养汉语语感至关重要

停延、重音、语调、节奏等因素在朗读过程中并不是独立的，而是互相联系、互相影响的。停延、重音是基础，而单纯依靠停延、

重音又毫无意义，语调往往要通过停延、重音、节奏的综合运用来体现，而节奏韵律也要借助于停延、重音等技巧，把握好内在语气的变化才能习得，形成语感。

清代学者崔学古在《幼训》中提出对诵读的要求："毋增、毋减、毋高、毋低、毋疾、毋迟"，强调高低快慢要与文章的情境相符合。

宋代理学家朱熹在《童蒙须知》中说："凡读书……须要读得字字响亮，不可误一字，不可少一字，不可多一字，不可倒一字，不可牵强暗记，只是要多诵遍数，自然上口，久远不忘。"他认为多读数遍，文章的气韵、节奏自然就能把握，语感也就自然会形成。

3.3 朗读可以促进听力、口语、阅读能力的发展，加深对作品的理解

朗读的过程是眼观、耳听、口诵的过程，在捕捉话语信息的同时，还要用心感受行文的基调、潜在的韵味、深远的意境及作者的真情实感，因而，它也是一个思维的过程。

朱熹在《童蒙须知》里也谈到了心、眼、口的协调问题，他说："余尝谓读书有三到，谓心到、眼到、口到。心不在此，则眼不看仔细，心眼既不专一，却只漫浪诵读，决不能记，记亦不能久也。三到之中，心到最急。心既到矣，眼口岂不到乎？"

清代政治家、文学家曾国藩在《家书》中，强调"凡精读之书，要高声诵读，要密咏恬吟……李杜韩苏之诗，韩欧曾王之文，非高声朗诵则不能得其雄伟之概，非密咏恬吟则不能探其深远之韵"。

在朗读的过程中，不仅是语音链在发生作用，语言各要素的

组合与协调也在同时进行,并伴随着多感官互动与情感体验,形成了对语言的整体理解和深层感悟。因此,朗读是一个复合的认知过程,也是一项十分重要的教学内容,要专门加以系统、专业的训练。

四、朗读教学策略研究

赵金铭(1997)曾提出过语流教学与音素教学相结合、针对不同学习者的特点进行教学、不同的教学阶段与不同的教学目标相互适应的原则。

在教学中,我们可以采取一些相应的策略。

4.1 模拟仿读法

在课堂上,教师发音、示范的语音、唇形、语调、语气、表情都是学生直接学习模仿的对象。教师要通过带读、引读、听读、讲读等不同的训练方式,引导学生注意重音、句逗停顿、语调抑扬,从而把握基本的语调。如,汉语中有几种不同的句调调型,可以进行句调特征的练习:

(1)平调的练习。

今天下午到明天,南风2—3级。

(2)扬调的练习。

问苍茫大地,谁主沉浮?

(3)抑调的练习。

多么壮观的景象啊!

(4) 曲折调的练习。

你可把我急死了！（凸曲调）

我哪还吃得下？（凹曲调）

4.2 听辨对比法

语音学习离不开听辨能力的培养。要学会发音，首先要学会听音。在实际教学中，可以采用听辨双音节和多音节变调、听辨易混淆调型以及各种音节组合的方法，让学习者在语流中掌握各种调型的调值和声调特征。

4.3 知觉训练法

近年来，通过语音合成和计算机技术等高科技手段进行语音感知、识别、矫正的知觉训练法在第二语言的语音习得和教学领域逐渐得到重视。

曹文、张劲松（2009：122—131）提出了面向计算机辅助正音的汉语中介语语音语料库的创制思路与标注方法。张林军（2009：85—90）从范畴化知觉的角度探讨了不同水平的日本留学生对汉语声调的感知。张林军（2010：8—12）介绍了知觉训练的一些方法：高变异语音训练法、适应性知觉训练法、视听知觉训练法和知觉衰减训练法等，认为"知觉训练的效果可以长期保持，而且知觉能力提高的同时还可以改善发音，从而能够有效克服语音习得过程中的化石化现象"。

4.4 跟读记录法

教师可将朗读的材料用跟读方式播放，学生跟读的同时做数字化录音记录，随时复听对比。教师找出带有国别化、个性化特征的偏误，花时间去帮助学生纠正。

此外，可以利用 Praat（荷兰阿姆斯特丹大学语音科学研究所开发）等语音软件进行记录分析。这些软件可以提供音高的变化模式，并同时生成各种语图。学生通过对比可以非常直观地看到自己的错误，并能及时纠正。

4.5 节律操练法

周有光先生说过"找到节奏规律，也就是找到了汉语音乐性的规律"。（参见吴洁敏、朱宏达，2001：429）

郭沫若（1926）说过"如果说艺术家的任务是要在一切死的东西里面看出生命来，在一切平板的东西里面看出节奏来；那么，语言学家的一个任务就是要在语言艺术中看出生命来，在散文和口语中看出节奏来"。

吴洁敏（1998）认为，汉语节奏周期（包括准周期）模式有三种：往复型、对立型、回环型。

在教学中，可利用音节组合、楹联、词曲、诗歌、散文等材料，在课堂上反复操练，以习得汉语的节律。

（1）音节组合操练。体会字音中四声的高扬起降与音节组合中声韵调的往复、对立、回环和轻重音节的交替，感受双声、叠韵、叠字和押韵所产生的音色的和谐美。如四声诵读法：通过对比找到每一个音节高低升降的变化和不同，形成对四个声调的感悟能力。有的教师还将四声的音高用五度标记法标出来，用手势法演示，并通过不同序列的组合对比来进行操练，让学生体会汉语声调的乐感。例如：

　　　　高高大大　　年年岁岁　　口口声声　　是是非非

（2）句式操练。例如：

有喜有忧，有笑有泪，有花有实，有香有色……

既为往复模式，每两句又是对立模式，构成了优美的节奏。

（3）诗歌操练：把握音步的划分、节律的停延、词语的押韵和语调的抑扬。例如：

小时候，（平）乡愁（长）
是一枚 / 小小的 / 邮票：（抑）
我（顿）/ 在这头，（扬）
母亲（顿）/ 在那头。（长）

长大后，（平）
乡愁（长）
是一张 / 窄窄的 / 船票：（抑）
我（顿）/ 在这头，（扬）
新娘（顿）/ 在那头。（长，余音缭绕）

……

4.6 标记法

将重音、停顿、语调的升降等发音的要领用图示法（如停延"/"，重音"·"，升调"↗"，降调"↘"，拖音"～"）呈现给学生，让学生学会运用标记符号来识别语音朗读材料，增强学生对于汉语语调、重音、语气等问题的敏感度。例如：

轻轻的 / 我走了，正如 / 我轻轻的来；↗
我 / 轻轻的 / 招手，作别 / 西天的 / 云彩。↘

在朗读中，有时可用拖音来表示领悟、回忆、激奋、强调以及诗歌的节奏。例如：

> 天寒水鸟自～相依，十百为群戏～落晖。
> 过尽行人都～不起，忽闻水响一～齐飞。

4.7 情境创设法

教师的范读是否成功可直接影响学生对朗读的看法，好的范读能打动学生、激发学生诵读的欲望。

（1）气氛渲染。通过背景介绍、课堂示范、配乐朗读、图画展示、视频欣赏、实物展示等方法来巧妙地导入，渲染作品创作的氛围。通过对类似经验的唤醒，让学生去感受行文的基调、速度，感受长句中和段落间的停顿、朗读的层次，感受语言的力度、气势、韵味和意境，感受作者当时的情感和心理变化，在思想上产生共鸣。

（2）任务设置。教师可将学生分为几个小组，让学习者模拟角色扮演，模仿电影对白、台词，尝试电影配音，训练表达特定人物性格的朗读技巧。既要把握角色在不同语境中的语气，也要读出不同角色的不同语气，使学生能够在真实的情境中将语言学以致用。

（3）竞技比赛。采用诸如朗读比赛、背诵接龙、抢背比赛、辩论赛等课堂活动，活跃课堂气氛，激发学生朗读的兴趣。

（4）变换组合。根据文章的特点选择不同的组合模式：教师领读、一人读、两人读、学生轮流读、分角色朗读、单独示范、小组示范、集体诵读等，多种方式不断变换。感情奔放的地方，全班一起读；感情细腻的地方，学生范读、听读、领读、分组读，"分—合—分"或"合—分—合"，此起彼伏，跌宕有致，一呼百应，形成热烈的诵读气氛。

4.8 艺术性朗读

朗读可以分为普通朗读和艺术性朗读。艺术性朗读是带有表演性的朗读，有着更强的情感表现力，需要运用夸张的语气和腔调等艺术性手法，进行声情并茂的表演。通过艺术性朗读，可以更深地体会和感悟作品的含义。

钱向民（2000：18—20）从时间构造、振幅构造、基频构造、共振峰构造特征方面分析总结了欢快、愤怒、惊奇、悲伤四种语音信号情感特征的分布规律，为识别语音信号提供了理论数据。

艺术性朗读的过程，是对作品的不断剖析、领悟的过程，也是对作品进行个人加工和诠释的过程。

第一步，让学生带着情感、"字正腔圆"地去读，边读边体会、领悟文中的爱恨情仇、真情实感。

第二步，让学生将作品背诵下来。在我们现今的汉语教学中，背诵的方法一直没有得到提倡，原因是怕学生产生畏难情绪。其实，中国自古以来就有背诵的传统。从识字教学到蒙学读经，由简单的机械的读，到深层的品味的诵，"熟读成诵"是传统阅读教学的主要方法，也是一种非常有效的记忆方法。当学生大声地朗读时，注意力高度集中，思维与视、听、读紧密结合，从而达到了快速理解与记忆。因此，背诵对提高理解力、记忆力、表达力都有巨大的作用，应该提倡。

第三步，让学生带着自己的理解进行表演。从个人的角度来诠释作品，并在全班示范，不仅可以观察到每个朗读者对作品的理解程度，同时，也为学生提供了一个发挥想象力和创意的空间。

综上所述，朗读教学通过各种有针对性的训练，不仅可以使学生掌握汉语的语调模式和语流音变模式,还可以综合训练听、说、读各项语言能力,并加深对作品的理解和感悟,是一项极具创造力的活动。

参考文献

[1] 曹剑芬(2002)汉语声调与语调的关系,《中国语文》第3期。
[2] 曹文、张劲松(2009)面向计算机辅助正音的汉语中介语语音语料库的创制与标注,《语言文字应用》第4期。
[3] 冯丽萍、胡秀梅(2005)零起点韩国学生阳平二字组声调格局研究,《汉语学习》第4期。
[4] 郭沫若(1926)论节奏,《创造月刊》第1期。
[5] 何平(1997)谈对日本学生的初级汉语语音教学,《语言教学与研究》第3期。
[6] 林焘(1996)语音研究和对外汉语教学,《世界汉语教学》第3期。
[7] 林焘(2001)汉语韵律特征和语音教学,见林焘《林焘语言学论文集》,北京:商务印书馆。
[8] 刘珣(2007)《对外汉语教育学引论》,北京:北京语言大学出版社。
[9] 钱向民(2000)包含在语音信号中情感特征的分析,《电子技术应用》,第5期。
[10] 沈晓楠(1989)关于美国人学习汉语声调,《世界汉语教学》第3期。
[11] 王安红(2006)汉语声调特征教学探讨,《语言教学与研究》第3期。
[12] 王韫佳(1995)也谈美国人学习汉语声调,《语言教学与研究》第3期。
[13] 吴洁敏(1990)汉语节奏的形式——音律特征研究之二,第三届国际汉语教学讨论会,北京。
[14] 吴洁敏(1992)停延节奏和朗读,《语文建设》第11期。
[15] 吴洁敏(1998)论汉语节奏规律,《广播电视大学学报(哲学社会科学版)》第1期。
[16] 吴洁敏、朱宏达(2001)汉语节律学,北京:语文出版社。
[17] 吴宗济(1996)赵元任先生在汉语声调研究上的贡献,《清华大学学报(哲学社会科学版)》第3期。

[18] 吴宗济（1997）从声调与乐律的关系提出普通话语调处理的新方法，见中国语文编辑部《庆祝中国社会科学院语言研究所建所45周年学术论文集》，北京：商务印书馆。

[19] 张林军（2009）知觉训练和日本留学生汉语辅音送气/不送气特征的习得，《语言教学与研究》第4期。

[20] 张林军（2010）知觉训练在第二语言语音习得中的作用——兼论对外汉语的语音习得和教学研究，《云南师范大学学报（对外汉语教学与研究版）》第1期。

[21] 赵金铭主编（1997）《语音研究与对外汉语教学》，北京：北京语言文化大学出版社。

[22] 赵元任（2002）《赵元任语言学论文集》，吴宗济、赵新那编，北京：商务印书馆。

句法操作在初级汉语语法教学导入环节中的应用*

韩玉国

一、"句法操作"对汉语语法教学的启示

1.1 关于"句法操作"

"句法操作"(syntactic operation)是转换生成语法(Transformational Grammar,以下简称 TG)理论的重要概念。乔姆斯基在 TG 开山之作《句法结构》(Syntactic Structures)一书中并没有明确提出这一概念,而是以"操作"(operation)这一提法笼而统之。"操作"指语法转换规则(grammatical transformation)的应用过程,即"在一个有既定成分结构的语串上进行转换规则 T 的操作,将其转变为一个新语串,该新语串的成分结构由原语串的成分结构衍生、推导而来"(Chomsky, 2002:34—48)。随着 TG 的不断发展,句法操作概念也日渐清晰,且不再局限于转换,而是与句子生成全面对应,"既包括用词项组成句子或句与句组成复杂句的操作,也包括从基础句子

---

* 原文发表于《国际汉语教学研究》2017 年第 3 期。

（深层结构）到派生句子（表层结构）的操作"（董秀英、徐杰，2009），作为 TG 理论发展过程的一条红线，句法操作已成为 TG "最简方案"中的核心概念。

本文讨论的"句法操作"是受 TG 理论启发而提出的一种在对外汉语教学中导入新语法点的教学方式，即在语法教学的导入阶段，基于语法形式之间的内在关联性，通过对已经学过的语法点（句式）进行成分的添加、替代、插入、移位、删除、并联等手段，导出要学习的新语法点（句式）。

需要特别说明的是，本文只是在句子（句式）层面上使用"句法操作"以及相关的操作术语，通过"操作"进行的只是句型、句式之间的转换与生成。这与 TG 理论所做的通过句法操作由底层结构向表层结构的转换与生成有着本质上的不同。简言之，本文只是尝试将转换生成的语法观和相关术语运用于教学，通过具体的"操作"，使语法点（句式）之间的内在联系（系统性）变得直观、可见，帮助学生理解和记忆新的语法点，进而构建自己的汉语语法系统。文中所使用的各种术语，也根据教学的需要进行改造，并不与 TG 严格对应。

1.2 关于语法导入

语法教学通过"导入"向学生呈现新的知识，是汉语语法教学的第一个步骤。这时，教师采用适当的方式和手段创设情境，并通过简洁而清晰的课堂媒介语、动作、板书或课件等信息传递方式，将要学习的新语言项目呈现给学生。

当我们孤立地看待教学语法项目时，每个语法点都是新的，但如果将教学语法看作一个系统，我们会发现"新"与"旧"之间存在着内在联系。利用这种联系设计适当的方式予以呈现，就能够展示语法理据，通过师生共同建构的方式"生成"目标句，使其成为一种"转换"与"操作"的结果。句法操作正是建立在教学语法系统观与生成观的基础上，将静态的句法结构转变为动态、可见的操作过程。

二、语法导入环节中的句法操作案例

下面用 5 个案例说明在语法导入阶段可以选择的句法操作手段及具体操作。

2.1 附加操作（adhesion）："吗"疑问句

2.1.1 本体分析

汉语"吗"疑问句的生成过程较英语等语言最突出的特点是不需要移位，采用"吗"附加（ma adhesion）操作手段，由肯定式陈述句生成。由于该语法点在语法教学初期出现，在不使用学生母语的情况下，如何采用非讲授的方式传达相关信息，使学生感知该语法点并掌握其生成方式成为难点。

2.1.2 操作方法

具体操作方法是通过汉字卡片在已板书好的肯定式陈述句例句上进行操作。在复习、熟读陈述句之后，将汉字卡片"吗？"放在例句句尾，生成目标句。教师也可重复此操作，进行"吗"问句和陈述性回答之间的切换。

由于该语法点在学习者学习初期出现，这一操作将抽象的语法操作手段"附加"具象化为可视、可感的动作，在不使用学生母语的情况下潜移默化地传递信息，引导学生感知并掌握其结构要点。操作过程可用图 1 表示：

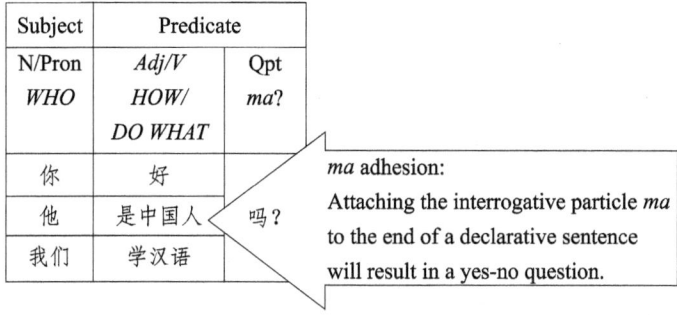

图 1 "吗"疑问句的附加操作

2.2 替代操作(replacing):"V 着"存在句

2.2.1 本体分析

理论研究界对汉语"V 着"存在句的关注源于"台上坐着主席团"这样的句子,对此论述很多。袁毓林(2004)从认知语言学的角度揭示了该类句子的语义特点:"不仅表示存在,还指示了具体的存在方式……把两种概念结构整合成一种新的复合性的概念结构,形成一种新的认知图式。"从教学顺序上来看,"有"字存在句先于"V 着"存在句,基于二者形式和意义上的联系,本着以旧带新的原则,可以采用替代操作的方式进行导入,同时传达"V 着"承载的"存在+存在方式"的信息。

2.2.2 操作方式

操作的目标句为:墙上贴着一张地图。导入过程按照以下流程表进行:

表 1　"V 着"存在句的替代操作

步骤	教师语言	目标句	教师操作
1	你们看,后边的墙上有什么?	生:墙上有一张地图。	板书或用 PPT 展示目标句:墙上有一张地图。
2	这张地图挂着还是贴着?	生:贴着。	教师擦掉板书例句中的"有",原位书写"贴着",生成例句 1:墙上贴着一张地图。领读例句。
3	墙上有一张地图,这张地图贴着,我们可以说……	墙上贴着一张地图。	齐读、点读、齐读,加深印象。
4	桌子上有很多书,摆着还是放着?用一个句子怎么说?	桌子上摆着很多书。	教师板书例句 2:桌子上摆着很多书。
5	外边有一个人,他站着,怎么说?	外边站着一个人。	教师板书例句 3:外边站着一个人。
6	这就是今天我们学的语法:什么地方有什么东西/人,这个东西/人……着,我们可以说:……地方+V着+……东西/人		教师板书归纳句型公式:……地方+V着+……东西/人

该操作目标句的"存在"义由原句"有"字句承载,操作手段通过用"V 着"替代"有",增加了"存在方式"这一信息,从而将理论语法研究成果转化为语法教学过程。

2.3 插入操作(insertion):降级述谓结构"的"插入

2.3.1 本体分析

降级述谓结构(downgrading predication constituent)是利奇(Leech)从语义研究的角度提出的一个句法概念。他认为:"一个从属述谓结构可能是一个主要述谓结构的一部分,它与主要的述谓结构的关系如同句法学中的从属句与主句的关系。"(Leech,

1987: 204—209) 这是基于英语语料所做的描述,我们可以更直接地解读为:在偏正结构中做定语的述谓结构原本是一个完整述谓结构,定语与原述谓结构的级别是从句与主句的关系。也就是说,原结构从主句"降级"为一个句子成分。汉语中的主谓结构做定语就是典型的降级述谓结构:

(1)妈妈做蛋糕→(2)妈妈做的蛋糕

例(1)是一个独立的主谓结构的句子,例(2)中"妈妈做"仍是个主谓结构,但是降级为定语。当然,从TG角度看,这一变化需要经过一系列的转换机制操作,但直观地看,尤其是从教学的角度,我们完全可以说"的"的插入使得上面的句子变成了一个短语。

2.3.2 操作方式

既然降级述谓结构是由一个独立的单句演变而来,教学操作也不妨从学生已学过的单句入手,通过板书或PPT动画展示"的"的插入过程,点明其句法和语义的"降级"——从陈述变成特指物或人。其操作方式如图2所示:

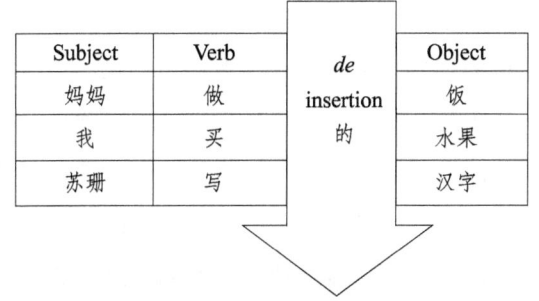

图2 主谓短语做定语时"的"的插入

主谓短语做定语的偏正短语引导成功后还需要进一步扩展，使其成为复杂单句的主语或宾语，促成学生对该语法点的使用。这一目的可以基于已生成的偏正短语，通过提问的方式实现：

（3）苏珊写的字漂亮吗？
→苏珊写的字很漂亮。
（4）妈妈做的饭好吃吗？
→妈妈做的饭最好吃。
（5）你喜欢吃妈妈做的饭吗？
→我喜欢吃妈妈做的饭。

箭头右侧的句子即是教学的目标句。由短语到句子，体现出教学的层次性和渐进性。

2.4 并联操作（conjunction）："得"字补语句

2.4.1 本体分析

"得"字补语也被称为程度补语或情态补语，其结构形式较为复杂，由于动词带宾语时需要重复动词再加"得"，因此也被称为"动词拷贝句"或"重动句"。该句型分为两个部分：前一部分为 SV（O）结构，或称前小句；后一部分为"V 得"结构，或称后小句。刘维群（1986：32—39）认为前小句的主要作用是适应汉语结构的需要，把宾语引入重动句中来。项开喜（1997：260—267）参照沈家煊（1995：367—380）的研究将前小句定位为无界的背景信息。由此可见，"得"字补语句中的 SV（O）表达一种背景信息，补语部分是基于背景信息的一种评价或描述，是前景信息。这样一个相对复杂的句型能够分成功能不同的前后两个小句，因此在教学中可以据此对该句型进行分解，然后并联，以此引介语义，降低难度。

2.4.2 操作方式

"得"字补语句的学习首先引出的当然是由不及物动词构成的语句，因其结构和语义相对简单。而对于带宾语的"得"字补语句，我们往往需要首先引出 SVO 结构。为此，教师需要设计问题，如："你常常做什么？""他喜欢什么运动？"等，以期得到"我写汉字""他打羽毛球"等 SVO 结构[①]，此后的任务是对 VO 进行评价，如"写得快不快？""打得好不好？"等，最后通过问答引导学生组合出完整的句子，如"他写汉字写得很快""他打羽毛球打得不太好"等，并联过程如表 2 所示：

表 2 "得"字补语句的分解与并联

分解		并联
做什么？	做得怎么样？	做什么做得怎么样？
EVENT	COMMENT	EVENT+COMMENT
他/她写汉字。	写得很快。	他/她写汉字写得很快。
他/她打羽毛球。	打得很好。	他/她打羽毛球打得很好。

依据理论语法"前小句"与"后小句"的切分，在教学中先后引介并最终并联，可以说是对理论语法本源的回归。通过分解，学习者能够掌握"事件"与"评价"的语法意义，进而掌握补语的语用价值，为后续的创造性使用做好准备。这种先分后合的方

---

① 在教学实践中，此处 SVO 结构的达成实际上需要教师重述问题，分两步导出。例如通过"你常常做什么？"得到某一个学生的反馈"我常常打羽毛球"，教师转而向全体发问"他做什么？"得到 SVO 结构"他打羽毛球"。

式同样适用于时量补语和结果补语的讲练。

2.5 删除操作（deletion）：适用删除操作的系列语法点

2.5.1 本体分析

出于经济性原则，语言中的省略现象比比皆是，然而，"省略"这一称谓更多地侧重于语言的使用。从生成的角度看，"省略"是删除操作的结果。韩玉国（2014：18—23）通过删除操作说明了"是"字存在句的本质，并对应用删除操作的教学进行了介绍。实际上，可以看作是删除操作结果的汉语语法点不限于此，"的"字短语、正反疑问句、选择疑问句和"比"字句都与删除操作紧密相关，这些删除的前提条件是同语反复的存在。

2.5.2 操作方式

韩玉国（2014）展示了如何通过删除的方式引介表示存在的"是"字句。遵照删除操作的可还原性原则，涉及删除操作的语法点教学应遵循"还原原句→删除操作→生成目标句"这一过程。例如：

(6) 这支笔是我的<u>笔</u>。

(7) 北京的名胜古迹比上海的<u>名胜古迹</u>多。

上面的例句可以直接在原句上进行操作，而正反疑问句和选择疑问句则首先采用并联操作生成问句，然后再进行删除，生成目标句，两种操作先后进行：

(8) 学汉语 + 不学汉语→学汉语不学汉语？→学<u>汉语</u>不学汉语？

(9) 学英语 + 学法语→学英语还是学法语？→学英语还是<u>学</u>法语？

删除操作离不开教师的语言引导,教师需要指出同语反复的部分,然后让学生明白删除使句子更为简洁。一般而言,如果学习者母语中对应的语法点同样也使用了删除规则,那么,汉语中这个语法点就比较容易理解,如选择疑问句。否则,就应还原出原貌,再展示删除过程,便于学生理解。

三、讨论

上面的讨论引发了我们对以下两个问题的思考:
3.1 教学经验的学理化

不难发现,我们这里讨论的语法导入中的句法操作,正是对外汉语教学"以旧带新"的经验性做法的理论化、系统化。经验性做法的背后往往隐藏着有待发掘的理据。"以旧带新"和"句法操作"都是基于已学过的语法形式,引出待学习的新的语法形式,其本体论基础是两种语法形式之间的内在关联。本文的发现是,教师的教学操作与转换生成语法中的句法操作高度契合。句法操作理念和概念的引进,使"以旧带新"的经验学理化,形成了自己的理论、概念;使相关语法点的导入变得更加容易理解、效法和操作,更有助于学习者通过目的语语法的内在迁移,理解、构建自己的汉语语法体系。这正如韩玉国(2014)所说:"转换规则的建立对第二语言教学意义重大,因为'转换'建立起相关语法项目之间的桥梁,使零散的语法项目成为一个内部互相关联的有机整体,在此过程中,转换规则的应用实质上是一种基于已有语言形式的'操作'(operation)行为,所以,这就给我们理解语法提供了一个新的角度和思路——语法不仅是规则,语法也是操作。"

3.2 教学语法的系统性

系统性强弱似乎被认为是理论语法与教学语法的分野,也成为否定汉语教学语法体系性的主要论据。吕文华(2002)曾提及此类观点:"有人认为语言教学中语法教学的特征就是零散、就事论事,因此语言教学并不需要建立系统。"

"就事论事"在一定程度上说出了教学语法的实用性。教学语法要实用,主要出于两方面的原因:

第一,从语法教学的现实需要出发,为了获得更好的教学效果。如郭熙(2002)所言,"如果第一语言的教学语法的目的是教给学生母语的系统知识,要求体系上的一致性的话,那么,第二语言的教学语法则应该是多角度的、综合的,可以不追求系统的一致性,其教学需要的规则和解释也可以是局部的、临时的、不完善的、就事论事的,甚至是片面的"。

第二,从学习者的学习需求出发,不可能也没必要将语法本身的系统性、内部关联性完整地体现在教学实践中。卢福波(2002)认为:"教学语法不能脱离学习者的实际需要,一厢情愿地只考虑汉语语法本身的系统性问题,而要突出汉语的特点,根据学习者学习目的和基本条件确定语法教学体系。"

但是,"就事论事"的教学语法与理论语法的系统性不同,并不能表明教学语法就没有系统性。我们至少可以从三个层次理解教学语法的系统性:

第一个层次,如吕文华(2002)从汉语教学语法体系产生过程的视角,将汉语教学语法的系统性概括为"总体设计,宏观操纵,选取语法项目,按不同阶段、不同等级作语法项目的编排,按习得规律安排语法项目的顺序"。

  第二个层次，如卢福波（2002）所说，"要突出汉语的特点，根据学习者目的和基本条件确定语法教学体系"。学习者在这一教学体系下建立起来的个人语法系统，必然是一种有内在关联的"中介语"语法系统。对外汉语教学界从众多的语法项目中，梳理出适合帮助学习者掌握汉语的对外汉语教学语法体系，尽管肯定比理论语法体系简单得多，但这不应成为否定其体系性的理由。

  第三个层次，本文讨论所依据的相关语法项目之间的关联性，正体现了汉语教学语法体系性的基本内核。在汉语教学中，发掘和利用好这种体系性，得当地设计与展示这种体系性，不但不会使其成为学习负担，反而能够满足二语学习者对语法项目的感知、认知需求，便于建立语法意识，加深理解并促进应用。

四、结语

  通过以上案例我们可以体会到，采用句法操作进行语法导入的作用主要有四个方面：首先，为"以旧带新"的教学理念提供了具体可操作且系统有据的方法和手段；其次，改变了语法教学的零散面貌，使教学语法有可能和理论语法一样，成为一个内部要素相互关联的体系，以利于学习者对目的语的整体认知；第三，规避灌输式教学，将语法导入变为教师指导下的师生互动和意义建构，使语法学习成为一种发现和推导；第四，句法操作过程与感知、认知、理解过程一致，符合习得规律。

  教学语法作为理论语法与语法教学的中间环节，需要在理论语法的支撑下满足语法教学的需求,其体系建设需要考虑理论融入对教学的指导。崔永华(2015)认为:"指导教学,是教学语法体系的一项重要功能。教学语法体系特别需要对教学重点、难点提供教学建议。"句法操作或可成为教学建议中的一种。

参考文献

[1] 崔永华(2015)汉语作为第二语言教学需要什么样的语法研究——一个汉语教师的视角,《国际汉语教学研究》第 1 期。
[2] 董秀英、徐杰(2009)假设句句法操作形式的跨语言比较,《汉语学报》第 4 期。
[3] 郭熙(2002)理论语法与教学语法的衔接问题——以汉语作为第二语言教学为例,《汉语学习》第 4 期。
[4] 韩玉国(2014)汉语语法教学的语义引导,《国际汉语教学研究》第 4 期。
[5] 杰弗里·N·利奇(1987)《语义学》,李瑞华等译,上海:上海外语教育出版社。
[6] 刘维群(1986)论重动句的特点,《南开学报(哲学社会科学版)》第 3 期。
[7] 卢福波(2002)对外汉语教学语法的体系与方法问题,《汉语学习》第 2 期。
[8] 吕文华(2002)关于对外汉语教学语法体系的若干问题,《海外华文教育》第 3 期。
[9] 沈家煊(1995)"有界"与"无界",《中国语文》第 5 期。
[10] 项开喜(1997)汉语重动句式的功能研究,《中国语文》第 4 期。
[11] 袁毓林(2004)论元结构和句式结构互动的动因、机制和条件——表达精细化对动词配价和句式构造的影响,《语言研究》第 4 期。
[12] Noam Chomsky (2002) *Syntactic Structures* (2nd ed.) New York: Mouton de Gruyter Berlin. First edition published in 1957.

基于案例观察的语法教学失误分析*

苏英霞

一、引言

案例 1

教学内容:"把"字句

教学过程:

导入:

第一步:展示"把"字句的常用句式和例句:

主语+把+名词+动词+在+地方

老师把书放在桌子上。

第二步:练习

师:现在我们练习一下。你们看,老师在做什么?(走到门口打开门)

生:老师开门。

师:用"把"怎么说?

生:老师把门开在教室。

---

* 原文发表于《国际汉语教学研究》2014 年第 2 期。

师：不对，应该说"老师把门打开"。

这是汉语课堂语法教学的一个案例。在第一步，教师展示的是"把"字句的一个典型句式，但是第二步学生说出来的"老师把门开在教室"却是个错句。

输出与输入出现了偏差，究其原因在于，教师展示的例句是表示使人或物发生位移的"把"字句，但让学生操练时选择的却不是表达同样语义的句子，讲、练出现了脱节，学生模仿教师展示的结构照葫芦画瓢造出的自然就是一个错句。此外，学生出现这样的错误也反映出教师对表示使位移的"把"字句的语义特征说明不够到位。因为此类"把"字句表示的是通过动作使宾语从原先的位置转移到某处。"老师把书放在桌子上"，表示的意思是"老师"通过"放"这个动作使"书"从别的地方到了"桌子上"。不能说"老师把门开在教室"是因为"老师"实施了"开"这个动作，但是"门"本身并没有改变位置，只是改变了闭合的状态，因此只能说"把门打开"。

以往有关中介语语法偏误原因分析的研究，或侧重于理论解释，如方绪军（2001）、邹洪民（2002）、顾英华（2004）、李遐（2005）等，或关注语言迁移（language transfer）因素，根据李菡幽（2007）的统计，从1984年起发表在核心期刊上的93篇论文中，共有41篇是针对某一母语背景的学生进行的研究。而像上面这种由教师不当讲解和训练造成的偏误案例，前人研究较少涉及。笔者长期从事对外汉语教学工作，近些年来还承担了教师培训工作，期间接触了大量教学案例，发现在语法教学过程中，学生在理解或使用层面出现问题、教学过程不畅、教学效果欠佳，有些是因教师讲解或训练方式不当造成的。

本文通过对 53 部教学视频[①]、68 篇听课记录[②]中汉语语法教学环节的全面观察，从中提取不当案例进行深入分析，概括得出语法教学中存在着四种典型失误类型：语法点导入不当、例句设计不当、语法点说明不当、语法点操练不当，并结合典型失误案例的展示与点评，指出语法教学中应注意的若干问题，以期引起教师对相关问题的关注，为提升对外汉语语法教学的效果和效率提供帮助。

二、语法点导入不当

完整的语法教学环节包括"讲"与"练"两大环节。其中"讲"一般包括语法点导入、例句展示与语法点说明三部分，根据各语法点特性，"说明"有时作为独立步骤，有时融入导入过程，在导入的同时结合相关场景进行说明或让学生领会。

语法点导入是语法点教学的第一步，也是很关键的一步。好的导入可以让学生一下子就明白词语或句子所表达的意思。语法点导入的方法很多，一个语法点可以采用多种方式导入，如表示"事件正在进行的表达"可采用形象法导入：教师做一个动作，问学生，"老师正在做什么呢？"；也可采用扩展法导入：通过

---

① 来源：北京语言大学综合课教学比赛及北京语言大学汉语速成学院教学录像（30 部）、韩国启明大学孔子学院教学录像（6 部）、第三届全韩孔子学院汉语教师教学技能大赛参赛视频（17 部）。

② 笔者在北京语言大学、韩国启明大学孔子学院及海内外进行汉语教师培训中所做的听课记录。

扩展生词"正在"引出目标句,"正在——正在上课——我们正在上课"。采用何种方式,教师应根据所教授的语法点的特性及教学对象的特点仔细斟酌,原则是导入过程要简洁明了,生动自然,避免因导入方式不当而造成学生理解上的偏差或混淆。

以下为两个较为典型的导入不当案例。

案例 2

教学内容:助词"着"的用法

导入过程:

　　师:(展示下雨的图片)外边天气怎么样?

　　生:不好。/ 下雨了。/ 正在下雨。

　　师:我们可以说——(板书例句)外边下着雨。

　　生:"外边下着雨"跟"外边正在下雨"一样吗?

　　师:不一样。(进行两句的比较,但没说清楚)

点评:采用图片导入语法点的优点是非常直观,该案例的导入方式是可取的,但选取的场景直接导致学生将"着"与"正在"相混淆。"正在"用来表示正在进行的动作,而"着"侧重描述静止和延续的状态。在教学中,为了区分"着"与"正在",对比其实是很好的方法,但最好用区别性更强的语境引出,如教师做"开门"的动作,问学生"老师正在做什么呢?"引导学生回答"正在开门",然后让门保持开启的状态,引出例句——"门开着"。由于"正在开门"与"门开着"一动一静的区别非常明显,可以帮助学生直观地体会到"正在"与"着"的不同。而用一幅下雨的图片来区分"正在下雨"和"下着雨"显然难度较大。如果教师之前并未打算做这两个句子的对比,甚至自己对二者的差异也不是很明确,这样的导入方式极易使教师因为一时无法准确回答学生的问题而陷入被动。因此在设计导入方式时需要考虑例句出现的语境是否典型,某个场面与情景是否可用学生学过的其他句子表述。如果可以,需要注意二者的区别性特征,避免因导入方式不当而引起误解或混淆。

案例 3

教学内容:比较句

导入过程:

　　师:大家猜猜,老师的鞋多少钱?

　　生:120 块/200 块/250 块……

　　师:不对,是 150 块。再猜猜,老师的衣服多少钱?

　　生:200 块/300 块……

　　师:也不对,是 100 块。衣服贵还是鞋贵?

　　生:鞋贵。

　　师:用"比"怎么说呢?

　　(导出"鞋比衣服贵")

点评:通过鞋与衣服的价钱对比引出"比较句",导入方式比较自然,语境也比较典型。但导入过程不够简洁,前后几个回合让学生猜衣服的价钱,花费了较多时间。语法点导入过程应该尽量简明扼要,突出重点信息。就该案例来说,教师可以直接告诉学生鞋和衣服的价钱,或用图片展示二者的价钱,然后问学生:"衣服贵还是鞋贵?"由此导出例句——"鞋比衣服贵"。

三、例句设计不当

语法教学中的例句有两大作用,一是通过例句帮助学生了解语法点的意义和用法,二是为学生遣词造句提供范例。好的例句应具有明确性(内容与语境明确)、典型性(典型场合的典型用例)、可懂性(通俗易懂)、生成性(学生可以举一反三,生成新句)和层次性(结构由简单到复杂,有层次地展示与排列)等。还有一点要注意,例句务求突出主要信息,其他信息尽量简单,以免主次混杂。例句中除了作为语法点的新词和新句式以外,不宜再有学生尚未学过的词或句式,避免难点转移和分散学生的注意力。

以下是较为典型的例句设计不当案例。

案例4

教学内容:既然……就……

例句:既然认识了,我们就是朋友了。

生:(举手)老师,认识就是朋友吗?

点评:连词"既然"用于前一小句,"提出已成为现实的或已肯定的前提,后一小句根据这个前提推出结论,常用'就、也、还'呼应"(吕叔湘,1999:293)。据笔者现场观察,学生不是不懂"既然……就……"的意思,而是对例句前后小句语义上的关联感到不解,"认识了"与"是朋友了"之间的联系在他看来是不合情理的。实际上,学生的质疑不无道理。在社会交往中,"认识"的确是"成为朋友"的前提,但未必会"成为朋友"。换句话说,我们不能从"认识"做出"成为朋友"的推论。由于前后句之间的联系并不切合"既然"的语义要求，因此显得不合常理。但是这句话在中国人的人际交往中确实存在，其使用前提是说话人有拉近与听话人之间关系的意图，同时有中国人"一回生，两回熟，三回就是好朋友"的文化背景支撑。尽管我们鼓励在语言教学中渗入文化因素，但作为例句，首要的还是易懂，如果教师为了让学生理解例句内容，要花大量时间阐述复杂的文化因素，容易转移学生的注意力，有喧宾夺主之嫌。鉴于此，我们认为，"既然认识了，我们就是朋友了"不如"既然认识了，以后就常联系吧"作为例句更合适。

案例 5

教学内容：情态补语

例 1：老师打太极拳打得很好。

例 2：老师走得很快。

例 3：这幅画画得不太好看。

点评：以上三个例句中，例 1 和例 3 中的动词带宾语，例 2 中的动词不带宾语。我们知道，动词带情态补语时如果同时带宾语，需要重复动词或将宾语前置，句子结构比不带宾语的句子要复杂一些，这是学生的一个学习难点。本着由浅入深、由易到难的教学原则，教这个语法点时，建议分两步走，先教不带宾语的句子，让学生了解句子的基本意义和结构，然后重点说明动词带宾语时宾语的位置，例句展示也要配合教学步骤显示出层次性。就上面的案例而言，我们认为，改变一下例句顺序，先出例 2，然后出例 1，最后出例 3 更合理。

案例6

教学内容：除非……否则……

例句：除非坐地铁去，否则可能赶不上飞机了。

生：老师，"赶不上"是什么意思？

师："赶不上"就是时间不够，不能做什么事的意思。"赶"是很快地做事，"……得上""……不上"是可能补语。

点评：例句语境很清楚，学生之所以提出问题是因为"赶不上"没学过。当学生提问时，教师不得不先解释这个短语。这位教师解释得还算清楚，有的教师遇到类似情况，可能会越解释学生越糊涂，导致教学重点转移，甚至越走越远。为了避免出现此类情况，教师在设计例句时需要注意突出重点，除了目标词语以外，其他词语和句子结构应该是学生已知的，以免分散学生的注意力。

在案例观察中，我们还发现一个值得注意的现象，就是有的教师备课不足，会出现在课上举例时临场造句的情况，有些例句欠自然，甚至有语病。实际上，作为范例的例句是需要仔细斟酌的，不但需要内容与语境明确，还要具备典型性、可懂性、生成性等多个要素，即使是教师，也未必能在短时间内造出如此"合格"的句子。因此，在教学中，教师务必认真备课，所有例句要心中有数，避免临场造句，以保证教学效果。

四、语法点说明不当

语法点说明对学生正确理解和使用具有至关重要的作用。有效的语法点说明须满足两大要求，一是"正确"，二是"简明"。"正确"是对所说明内容的要求，即教师在教学中对所教授的语法知识做出正确解释，避免误导；"简明"是对说明方式的要求，即教师要采取简洁明了、易于学生理解的方式进行说明。

以下两个案例反映的问题在语法点说明方面具有一定的代表性。

案例7

教学内容：虽然……但是……

语法点说明：

> 师：今天我们要学的是"虽然……但是……"。我先来介绍一下它的用法。这是一个表示转折关系的复句，比如我们都喜欢旅行，但是有时旅行的时候太累，我们不喜欢太累，就可以说"虽然我很喜欢旅行，但是不喜欢太累"。在这个句子里，"我很喜欢旅行"与"不喜欢太累"就形成了转折关系。

点评：在案例观察中我们发现，很多有经验的教师在导入和说明语法点时较少采用大段叙述的方式，而是用图片、动作等非常直观的方式帮助学生理解语法点。如通过"正在开门"和"门开着"让学生体会"正在"与"着"的区别。实际上，有时"意会"比"言传"更有效，也更生动，教学气氛活跃，教学效果好。但也有一些教师在语法教学中习惯采用"定义式"说明的方式，有的照搬教材中的语法解释，有的按照自己对语法的理解进行大段讲解，唯恐说得少了学生不明白，实际上往往适得其反。像案例7，学生完全可以通过"虽然""但是"的译词了解其表达的语义，类似"这是一个表示转折关系的复句""……与……就形成了转折关系"的说法不仅多余，而且这样的说明如果用的是汉语，"转折关系""形成"等词语学生未必听得懂，即使用学生的母语，也属于把简单问题复杂化了。

案例8

教学内容：副词"倒"的意思和用法

语法点说明：

师："现在倒不知道"里的"倒"表示转折，跟"不过"的意思差不多。比如，今年冬天北方不冷，可是南方很冷。用"倒"可以说——（板书例句）今年冬天北方不冷，南方倒很冷。

要是我说"这块手表很漂亮"，后面用"倒"可以说——

生：倒太贵了。

师：不能这么说，应该说"倒不太贵"。

生：为什么？

师：这个……（不知道该怎么解释）

点评：这是由教师说明不当导致学生误用的案例。副词"倒"表示转折关系时，含有与一般事理、情理相反的意思，虽然有时可以与"不过"换用，但并不完全等同于"不过"。比如我们可以说"这块手表很漂亮，倒不太贵"，但是不说"这块手表很漂亮，倒很贵"，是因为一般情况下，漂亮的手表比较贵，"这块手表不贵"与一般事理不一致,这就满足了"倒"的使用条件。

而"漂亮"与"很贵"只是一般的转折关系,并未有悖常理,因此只能用"不过",不能用"倒"。在教学中用学生已经学过的词语解释新词语,这种方法是可行的,但是需要注意释词与被释词之间的差别,以免造成混淆或误代。

五、语法点操练不当

作为语法教学的第二大环节,"练"一般包括两个步骤:从练习的性质上,可分为结构操练与交际性练习;从教师对练习的控制度上,可分为机械操练与活用练习。

"精讲多练"是语言教学的基本原则,语法教学中的"多练"有三个方面的要求:一是练习时间和练习量要充足;二是练习形式要丰富;三是练习设计要合理。在案例观察中我们发现,有些教师只讲不练,这是最不值得提倡的。有的教师虽然设计了"练"的步骤,但只是让个别学生回答一两个问题,或者造一两个句子,练习内容与形式既单薄又单调,练习量也不足,难以达到帮助学生巩固并熟练掌握所学知识的目的。

还有一种情况是,由于练习形式或内容设计不当,导致练习难以顺利进行,未能达到预期效果。总的来说,"多练"不但要讲究数量,还要讲究质量。

下面我们结合教学案例做具体说明。

案例 9

教学内容:时间表达法

操练过程：

师：（PPT 上展示 15 个表示不同时间的时钟）（指第一个时钟）现在几点？

生1：现在 3 点。

师：（指第二个时钟）现在几点？

生2：现在 4 点 10 分。

……

师：（指第 15 个时钟）现在几点？

生15：现在差 5 分 12 点。

点评：该班共有 15 名学生，教师问了 15 次"现在几点？"每个学生回答一次。该案例值得注意的是，教学中涉及问答的练习需要把握的原则是学生既要会答，还要会问。在实际交际中，问、答这两种技能都是需要掌握的。在案例观察中我们发现，不少教师习惯自己与学生之间进行问答，缺乏让学生练习提问的意识。实际上，上例中，教师问一两个问题给学生做出示范后，即可让学生根据图片互相进行问答。要多给学生创造说话的机会，只要学生能做的，教师就不必"代劳"。

案例 10

教学内容：表示强调的"是……的"

操练过程：

师：高龙同学，你跟你爱人是在哪儿认识的？

生：我们是在大学认识的。

师：你们是怎么认识的？

生：（回忆）我们……我们见面……（内容不清楚，表

达不连贯）

点评：该案例中教师提的两个问题都是使用"是……的"句的典型语境，而且与学生的生活密切相关，其中第二个问题更容易引起大家的兴趣，所以教师选择这两个问题的出发点是很好的，但"你们是怎么认识的？"有时很难回答，学生很想把认识的过程详细介绍出来，但苦于词汇量和表达能力有限，本来是一个很有趣的问题，却没收到预期效果。因此，像这样需要较长时间思考和进行语言组织的话题尽量不要在课堂上要求学生即时回答，可作为当课作业留给学生：介绍一下你和你的爱人/女朋友/朋友是怎么认识的，让学生在课下准备，下一次课上做口头报告。

案例 11

教学内容：即使……也……

操练过程：

师：（说明并且列出两个例句后问学生）懂了吗？

生：懂了。

师：我们练习一下。（点一个学生的名字）请你造个句子。（被叫到的学生先是愣住，然后思考、翻词典，教师和其他同学等待，教室里出现短暂冷场）

点评：在语法点操练过程中，有经验的教师会采用多种教学方法引导学生进行练习，练习过程很顺畅。而不少新手教师则习惯采用造句的方式。一些较为简单的语法项目，学生能够顺利造出句子来，但意思或用法较为复杂的词语或句式很容易出现"冷场"情形。前文已经提到，即使是中国人，甚至教师，要使用某个词语或句式在短时间内造出合格的句子有时也会费一番思量，更何况词汇量和语法知识都很有限的外国人，即使理解了词语或句式的含义，要脱口而出也绝非易事，因此在课堂上让学生直接造句很容易出现冷场局面。心理承受力弱的学生会因大家的等待倍感压力。

因此，我们不建议教师在课上采用让学生直接使用目标词语造句的方式进行操练，而是要根据词语或句式的特点选取适当的方式引导学生说出目标句。比如复句较适合用完成句子的方式，教师给出上半句，实际上是提供了一个明确的语境，缩小了答案的范围，如果上半句设计得很恰当，预期的下半句以学生的认知水平和语言能力很容易接出来，练习过程就会很顺利。

像上例的"即使……也……"，上半句可以这样设计：

"我爸爸工作很忙，周一到周五每天都加班"，预期的下半句是"即使周末也不能休息"或"即使周末也常常加班"。上半句的"周一到周五每天都加班"是"很忙"的典型表现，"周一到周五"与"周末"相对，学生很容易根据前面的语境联想到"周末也不能休息"。而且"周末也不能休息"的表达方式和生词都是学生在这一阶段已经掌握的。

六、结语

本文从 53 部教学视频、68 篇听课记录中提取语法教学环节具有代表性的 11 个失误案例进行了展示与点评。实际上，在观察中我们发现的问题更多，限于篇幅，未能一一列举。在对教学案例的观察与分析中，我们深深感到，同样的语法点，教师采取不同的方法会有截然不同的教学效果。值得一提的是，有的教师教学效果不佳，并非由于态度不认真，而是由于对二语教学的原则认识不够、教学方法不得当导致的。第二语言教学的基本目标是通过有针对性的训练，帮助学习者掌握目的语听说读写各项技能，进而培养学习者使用目的语进行交际的能力。语言技能实际上与开车、做饭等生活技能一样，严格地说，不是"教"出来的，而是"练"出来的，所以二语教学中应该特别重视"精讲多练"。如果将教学比喻为走路，大方向不对，越努力前行就会越偏离正确路线。

具体到语法教学，对语法教学模式、教学原则与教学方法等，前人已做过许多讨论，如崔永华（1989），龙青然（1990），吕必松（1994：170），赵金铭（1994，1996），程棠（1996），陆俭明（2000），周健、彭小川、张军（2004），孙德金（2006），张和生（2006），李泉（2007），卢福波（2007，2008），吴中伟（2007），周小兵（2009），邓杉杉（2011），但在教学案例观察中我们发现，有悖交际性这一第二语言教学基本原则的现象并不少见，其中重讲轻练还是比较突出的问题。另外一个问题是，一些教师虽然知道应该精讲多练，但到底讲什么、怎么讲、练什么、怎么练，认识不够明确，在讲练内容与方式设计及一些细节处理上考虑不够周全，导致教学过程中出现一些偏差。希望本文的研究能对教师在语法教学中明确思路、减少失误、提高教学效率提供一些参考。

参考文献
[1] 崔永华（1989）对外汉语课堂语法教学的一种模式，《世界汉语教学》第 2 期。

[2] 程棠（1996）关于"结构—功能—文化相结合"的教学原则的思考，《世界汉语教学》第 4 期。
[3] 邓杉杉（2011）汉语作为第二语言教学案例研究，武汉大学博士学位论文。
[4] 方绪军（2001）中介语中动词句的配价偏误分析，《语言教学与研究》第 4 期。
[5] 顾英华（2004）新疆汉语学习者二价动词配价偏误分析，《汉语学习》第 4 期。
[6] 李菡幽（2007）汉语作为第二语言学习语法偏误研究综述，《福建师范大学学报（哲学社会科学版）》第 6 期。
[7] 李泉（2007）对外汉语语法教学研究综观，《语言文字应用》第 4 期。
[8] 李遐（2005）少数民族学生汉语"把"字句习得偏误的认知心理分析，《语言与翻译》第 3 期。
[9] 龙青然（1990）对外汉语语法教学的重点和难点，《汉语学习》第 3 期。
[10] 卢福波（2007）语法教学与认知理念，《汉语学习》第 3 期。
[11] 卢福波（2008）语法教学的基本原则与操作方法，《语言教学与研究》第 2 期。
[12] 陆俭明（2000）"对外汉语教学"中的语法教学，《语言教学与研究》第 3 期。
[13] 吕必松（1994）《吕必松自选集》，郑州：河南教育出版社。
[14] 吕叔湘主编（1999）《现代汉语八百词》（增订本），北京：商务印书馆。
[15] 孙德金（2006）语法不教什么——对外汉语语法教学的两个原则问题，《语言教学与研究》第 1 期。
[16] 吴中伟（2007）怎样教语法——语法教学理论与实践，上海：华东师范大学出版社。
[17] 张和生主编（2006）汉语可以这样教——语言要素篇，北京：商务印书馆。
[18] 赵金铭（1994）教外国人汉语语法的一些原则问题，《语言教学与研究》第 2 期。
[19] 赵金铭（1996）对外汉语语法教学的三个阶段及其教学主旨，《世

界汉语教学》第 3 期。

[20] 周健、彭小川、张军（2004）《汉语教学法研修教程》，北京：人民教育出版社。

[21] 周小兵主编（2009）《对外汉语教学导论》，北京：商务印书馆。

[22] 邹洪民（2002）语言单位的同一性与对外汉语教学中的偏误分析，《语言与翻译》第 2 期。

美国大学生汉语学习动机与成绩的相关分析*

——以美国哥伦比亚大学学生为例

张 莉

一、引言

近十年来，因为海外孔子学院蓬勃发展，国内对外汉语教师被大量派往国外任教。但是，对于习惯了长期以来来华留学生教育模式的对外汉语教师而言，国外非汉语环境下的汉语教学，是一个仍然亟待熟悉的新领域。本文尝试结合笔者2009—2011年在美国哥伦比亚大学（下文简称"哥大"）的教学经验，对美国大学学生汉语学习的态度与动机进行调查与分析。

自20世纪50年代末开始，Gardner & Lambert 以加拿大英语、法语学习者为研究对象，对第二语言学习动机进行了一系列开创性的研究，创建了"社会心理模式"。Gardner & Lambert（1972）把语言学习的动机确定为两种不同倾向：融合型倾向和工具型倾

---

* 原文发表于《华文教学与研究》2015年第3期。

向。所谓融合型倾向，指学习第二语言是为了跟目的语社团直接进行交际，与目的语文化有更多的接触，甚至想进一步融入其语言社团，成为其中的一员；所谓工具型倾向，指学习的目的是因为第二语言有实用价值。Gardner（1985）提出，有融合型取向的学生要比有工具型取向的学生在学习中更加主动，成就更大，因此融合型取向要优于工具型取向。后期研究中，Gardner 修改了社会心理模式，提出了"社会教育模式"。这两个模式被广泛使用了三十年。90 年代至今，国外第二语言/外语学习动机进入多元化时代，有影响的理论主要有 Dörnyei 提出的外语学习动机三层次说，Trembley & Gardner 的扩展动机理论，Schumann 的神经生物学模式等（参见武和平，2001；温晓虹，2012）。

　　国内对外汉语教学界对外国学生汉语学习动机的研究起步较晚，到目前为止，有影响的论文还很有限，研究的重点主要集中在融合型动机和工具型动机对学习效果的影响上，而研究结论则不尽一致。曹贤文、吴淮南（2002）对 51 名来华留学生进行的调查研究表明，持融合型动机的学生的学习成绩要明显好于持工具型动机的学生。冯小钉（2003）在对 73 名短期来华留学生进行学习动机的调查研究中发现，短期来华留学生学习动机中工具型动机所占的比重大于融合型动机，而且具有工具型动机的学生的语言水平也要高于融合型动机。而王佶旻（2007）对初级阶段留学生口语测验的研究发现，持融合型动机的学习者和持工具型动机的学习者在口语测验上的表现无显著差异。

　　国外对汉语作为外语的学习动机的研究，我们看到的文献主要是温晓虹（2008，2012）。温晓虹（2008）调查了在美国学习汉语的亚裔美国学生和非亚裔美国学生的学习动机及其在初级水平和中级水平上的动力表现;温晓虹(2012)进一步将学生分为华裔、亚裔和非亚裔三组,考察他们在一、二、三年级的动机情况。

来华留学生来自不同的国家和地区,有着不同的语言背景和文化背景,因此对他们的教学管理和教学法是具有普适性的。但是,在学生母语环境中的汉语教学则与此不同,学习者的语言背景和文化背景相对比较单一,管理模式和教学法与来华留学生有很大差异,教学的实施必须因地制宜。笔者2009—2011年在美国哥伦比亚大学任教两年,深感其汉语教学环境和学生学习动机与国内的来华留学生相比有很大差异,而哥大的情况在美国是具有代表性的,因此,对学生做了问卷调查和研究,希望对国内对外汉语教学界了解美国大学的汉语学习环境和学生的学习动机有帮助。笔者的问卷调查并未参考温晓虹的研究,而思路与之暗合,调查结果则与之既有差异,又互相佐证。

二、研究目的与方法

本研究的目的是:(一)考察不同族裔(区分为亚裔和非亚裔)学生的汉语学习成绩与学习动机的关系;(二)不同阶段学生的汉语学习成绩与学习动机的关系。目的(一)的确定是基于这样一个事实:虽然学习汉语的美国学生越来越多,但是,哥大选修汉语课的学生有大约一半是亚裔,而哥大的这种情况在美国是有代表性的。目的(二)的确定,是因为除了温晓虹(2008,2012),现有的汉语学习动机研究基本上都是基于对某一个级别学生的调查,而我们认为,不同阶段的学习者的动机肯定不尽相同,而且随着学习的深入,同一个学习者也会发生动机衰减或增强，必须综合考察。

如同我们查阅的大部分研究成果一样，我们也根据 Gardner（1985）设计的 AMTB（Attitude / Motivation Test Battery）量表，编制问卷，对学生进行问卷调查，然后使用 SPSS 软件对调查数据进行统计和分析。

2.1 调查对象

本次调查的被试是哥大 2009—2011 年两年间选修初级汉语课和中级汉语课的 11 个班的学生，少数已经在初级班做过问卷的中级学生，不再重复做问卷。共收回问卷 128 份，其中有效问卷 118 份。这 118 名学生，亚裔和非亚裔人数恰好相同，各为 59 人；其中初级班学生 65 人，中级班学生 53 人。

需要说明的是，这些亚裔学生中大部分为华裔，只有少数是日裔、韩裔或东南亚裔。但是这些华裔学生之所以能跟非亚裔学生同班学习，是因为他们基本上都不会汉语，只有少数能听和说一点点粤语或客家话。那些具备汉语普通话听说能力、只是汉语读写能力比较欠缺的华裔学生，都编在特殊的华裔学生班里，使用特殊的教材。另外，本研究的被试选取了哥大两个汉语等级的学生，初级班的学生基本上都是从零起点开始学习，学期为一学年。中级班的学生有的是由初级班升上来的学生，有的是在别的培训机构学过汉语，或者在中国短期游学过，经测试大约掌握了 800 个左右的生词，才能进入中级班学习。需要指出的是：初级班学生未必是一年级新生，也未必是连续学习，中级班学生有不少已经是四年级学生，学生可以在任一学年选修汉语课。根据调查统计，初级班学生基本上没有接触过中国，而中级班学生很多都已经来过中国。另外需要特别说明的一点是，能够坚持从初级学到中级的学生只有一半左右。

2.2 问卷设计

Gardner 的 AMTB 的量表共 104 个问题,涵盖 12 个项目。我们从中选择了 54 个问题,每个项目从 3 到 8 题不等。每个问题后面有 5 个选项(A 非常同意、B 同意、C 不同意也不反对、D 不同意、E 完全不同意),要求被试根据自己的情况选择一项。选择 A 得 5 分,B 得 4 分,依次递减,E 得 1 分。

2.3 被试学习成绩的测定

被试学习成绩的测定分为两个步骤。第一步,我们选择被试学年结束的期末考试笔试成绩作为测定其学习效果的指标。为了检测这一成绩的信度,我们将被试各次单元考试成绩与这一成绩进行相关分析,结果显著相关($r=0.87$,$P<0.001$)。

第二步,因为初级学生和中级学生考试的试卷有所差别,我们将两个级别学生的成绩都转化为标准分,标准分的算法为:(学生成绩－该年级的平均分)／该年级的标准偏差。

三、统计结果与分析

为了了解被试汉语学习成绩与学习动机之间的关系,我们对所有被试学习态度／动机的得分与成绩进行了 spearman 等级相关的统计分析,结果如表 1:

从表 1 的数据可以看出,被试的汉语学习态度和动机与他们的考试成绩密切相关,也就是说他们的学习态度和动机对学习成绩有明显的促进作用。

表 1 学习态度／动机与学习成绩的相关度

	学习成绩
学习态度／动机	.369**
显著性检验（双尾）	.000
样本容量	118

** 相关系数在 .01 水平上显著（双尾检验）。

为了了解被试在汉语学习态度／动机量表中每个分项目与学习成绩之间的关系，我们根据 Gardner & MacIntyre（1993）对调查问卷题目的分类，对所得到的数据进行了进一步的相关统计分析，得出的结果如表 2：

表 2：学习态度／动机各分项目与学习成绩的相关度

维度	测量项目	亚裔		非亚裔		初级生		中级生	
动机	学习汉语的愿望	.272*	.216	.385**	.394**	.266*	.214	.345*	.374**
	动机强度		.243		.300*		.255*		.208
	对学习汉语的态度		.212		.345**		.207		.339*
融合性	对说汉语者的态度	.298*	.212	.340**	.109	.197	.034	.406**	.170
	对汉语的兴趣		.228		.449**		.237		.440**
	融合型取向		.247		.215		.171		.355**
对学习环境的态度	对汉语教师的评价	.239	.094	.307*	.008	.215	-.051	.256	.055
	对汉语课程的评价		.277*		.441**		.374**		.309*
语言焦虑	汉语课堂焦虑	.153	.207	.034	.011	.240	.167	-.042	.015
	汉语使用焦虑		.058		-.030		.108		.108

续表

维度	测量项目	亚裔		非亚裔		初级生		中级生	
其他特性	父母鼓励	.214	.057	.345*	.012	.213	.154	.291*	.140
	工具型取向		.283*		.297*		.155		.387**
		.369**		.399**		.325**		.413**	

* 相关系数在 .05 水平上显著（双尾检验）；** 相关系数在 .01 水平上显著（双尾检验）。

从统计分析的结果来看，非亚裔学生学习成绩与学习动机的相关性远远高于亚裔学生，中级班学生学习成绩与学习动机的相关性远远高于初级班学生。亚裔学生只是在 2 个维度和 2 个项目上成绩与动机相关；而非亚裔学生在 4 个维度和 6 个项目上相关，而且其中有 2 个维度和 4 个项目是显著相关。初级班学生只在 1 个维度和 2 个项目上成绩与动机相关，而中级班学生在 3 个维度和 6 个项目上相关。下面我们来逐项分析。

在动机维度的 3 个项目上，非亚裔学生的成绩与动机都显著相关，而亚裔学生的成绩与动机都无显著相关。虽然这个结果与温晓虹（2012）的调查一致，但亚裔学生的这个统计结果还是出人意料的。对此，温晓虹（2008）的分析是，亚裔学生和非亚裔学生"动力的主要方面和定位却在一定程度上有所不同。亚裔美国学生的最大动力来自'对于继承自身的传统文化的极大兴趣'，以及'了解中国人'。而非亚裔美国学生受到'内在动力'和'对学习策略和努力程度的期望'的共同激励"。那么，合理的推论是，以华裔为主的亚裔学生对汉语有天然认同感，所以成绩与动机关系不显著；非亚裔学生选修汉语课，则无疑是动机驱动的，动机越强，则成绩越好，二者关系显著。到了中级阶段，动机与成绩的关系强于初级阶段，这是可以理解的，因为能够继续学习的学生，无疑具有更强的学习动机。

在融合性维度的3个项目上，以华裔为主的亚裔学生的族裔认同自不待言。非亚裔学生的成绩与对汉语的兴趣显著相关，但是，在美国学习汉语的一个必须承认的事实是，除了老师，学生们基本上接触不到说汉语的人，也基本上接触不到中国文化，融入汉语社团无从谈起，非亚裔学生的融合性纯粹体现在对汉语的兴趣上。综合考察亚裔与非亚裔，则初级班在三个项目上成绩与动机都不相关了。不过，到了中级，学生虽然依旧接触不到说汉语的人，但是，经过一年的学习，已经了解了一些中国文化，而且很多学生已经去过中国。他们能够坚持学下来，必定是有深层动机的，也愿意融入中国文化之中。

在对学习环境的态度这个维度上，无论是亚裔还是非亚裔学生，无论是初级班还是中级班学生，其成绩与动机在对汉语课程的评价这个项目上都显示出相关性，而在对汉语教师的评价这个项目上都显示不相关。这是因为哥伦比亚大学的教学管理非常严格，考勤、课堂表现（听写、作业）、单元测验等都量化计入学分，学生素质很高，不仅自我要求严格，而且主动推动教师教学。至于对教师的评价，由于哥大的汉语教学长期以来形成了成熟的以句型操练为主的规整模式，教师水平也比较整齐，而且每位教师的教学时间固定，学生还可以根据自己的时间选择何时上课，所以，对学生的动机影响不大。

在语言焦虑维度的2个项目上，不同族裔、不同水平的学生，成绩和动机都不显示相关性。从笔者的教学经验来看，首先，学生在课堂上并不能做到强制自己使用汉语,除了朗读、回答问题等必须使用汉语,大部分时间还是使用英语;其次,在课堂之外,几乎没有使用汉语的机会。所以,成绩与动机不显示相关就不奇怪了。

在父母鼓励这个项目上,无论亚裔还是非亚裔,成绩与动机都不相关。以华裔为主的亚裔学生的这个结果,与温晓虹(2012)的统计结果不尽一致,这可能与我们没有将华裔学生单独分组有关。在工具型取向这个项目上,亚裔和非亚裔学生的成绩与动机都显示出相关性,说明无论亚裔还是非亚裔学生,学习汉语都带着很强的实用目的。这一点,从初级与中级的差异能够更加清楚地看出来。初级班学生的成绩与工具型动机不显示相关性,而中级班学生的成绩却与工具型动机显著相关。这是因为,初级班学生才刚刚开始学习汉语,而中级班学生随着接触汉语的时间增长,有的还去过中国,越来越把掌握汉语当作找工作的一个优势了。这一点,与温晓虹(2012)是完全一致的:"工具型动机对于 CFL 学习者,尤其是初中级学习者来说是非常重要的动机因素。……直至中级水平,工具型动机在汉语学习中一直起着很重要的作用。"

四、讨论

通过上面的逐项分析,我们可以得出结论:从族裔来看,非亚裔学生学习成绩与学习动机的相关性远远高于亚裔学生;从过程来看,动机对成绩的激励作用是发展变化的,中级班学生学习成绩与学习动机的相关性远远高于初级班学生;从动机类型来看,融合型动机与工具型动机都能促进汉语学习，但是，在单一英语环境下，融合型动机并没有显示出比工具型动机更大的激励作用。

　　Gardner 关于融合型动机优于工具型动机的观点影响深远，同时也争议纷纭。有学者指出，Gardner 的这一结论只适用于加拿大等双语环境，在其他地方很难成立（参阅戴运财、何琼，2003）。Al-Ansari（1998）认为，虽然第二语言学习者在学习过程中拥有某种融合或工具型动机，但是如果这种动机不能在课堂外得以实现，就不会影响第二语言学习，因为学习者缺少接触交际语言的机会。我们的调查也印证了这一点。哥大的非亚裔学生在"对说汉语者的态度"和"融合型取向"这两个项目上，成绩与动机并不显示相关。根据笔者向自己所教学生咨询分析，这是因为他们基本上没有接触中国人和中国文化的机会，谈不上喜欢或热爱。那么他们为什么选修汉语课？主要是因为中国的经济发展让他们觉得汉语很有用。因此，他们在"工具型取向"这个项目上显示了成绩与动机的显著相关。再从级别来看，初级班学生在融合性维度的三个项目上，成绩与动机都不相关。而中级班学生在"对汉语的兴趣"和"融合型取向"方面，成绩与动机则显著相关，这显然与他们对汉语的深入学习和对中国的深入了解有关系。不过，在"工具型取向"方面，成绩与动机也由不相关提升为显著相关，这再次说明工具型动机对于激励学习的积极作用。因此，我们同意王佶旻（2007）的观点："在长期学习汉语的学习者当中，很少有完全持单纯的工具型或融合型动机的，多数学生往往是兼而有之。"从哥大学生的调查情况来看，甚至可以说，对于汉语学习的效果而言，工具型动机是优于融合型动机的。

由此我们想到目前海外汉语国际教育领域的一个明显的倾向，那就是中文教学过程中已略显"喧宾夺主"的中国文化推广。语言与文化是不可分割的，在语言教学中合理实施文化教学，适当营造文化氛围，本身是有益于促进学生的融合型动机，加深学生对汉语的理解，提高其汉语水平的。我们所谓"喧宾夺主"，往往表现为对中国文化推广一厢情愿的过度投入而无视学生工具型动机。这种一厢情愿，虽然一般无损于学生的工具型动机，但往往反而削弱了学生的融合型动机。

事实上，关于融合型动机和工具型动机，当前国际上的观点越来越倾向于认为：工具型动机才是二语学习的有效动机，至少在英语教学界是如此。目前，全球化进程早已使英语成为国际语言，英语不再归属于某一明确的说话群体，因此，有学者甚至提出，"融合型这一概念不适用于世界英语环境下的二语学习者"（Coetzee-Van Rooy，2006：447）。而且，Kumaravadivelu（2012：35—36）指出："全球化，特别是文化全球化，已经向全世界的大多数人展示了前所未有的文化发展机会，同时也对他们自己国家和文化身份造成了前所未有的威胁。结果，世界各地的人们都越来越意识到学习英语的需求，也意识到保留和保护自己国家语言文化身份的必要性。"因此，"世界上大多数英语学习者只是把英语看成交流工具，也仅仅是把它当成交流工具来使用"。就是说，对于英语学习者而言，工具型动机是具有压倒性优势的。

客观上说，虽然汉语的国际地位还远远不及英语，但是，文化全球化赋予人们的自我文化身份认知是相同的，外语（包括汉语）学习者很少再有以与目的语文化同化为最终目的的，在全球拥有文化优势地位的欧美学生尤其不可能。所以，我们应该清醒地认识到，中国经济的迅猛发展所创造的工作机会，中国国力迅速增强所带来的了解中国之必要，才是美国学生学习汉语的主要动机。

当然，这并不意味着外派美国的汉语教师在提高学生的融合型动机方面无可作为。我们的调查显示，随着学习的深入，哥大学生学习汉语的融合性动机呈现增强的态势。可以说，这与他们汉语水平的提高是相辅相成的。这就要求汉语教师既要善于利用学生的工具型动机，更要积极而巧妙地向学生施加中国文化的吸引力，增强他们的融合型动机，以取得最佳学习效果。

参考文献
[1] 北京语言大学汉语水平考试中心编制（1995）《中国汉语水平考试大纲（高等）》，北京：北京语言学院出版社。
[2] 曹贤文、吴淮南（2002）留学生的几项个体差异变量与学习成就的相关分析，《暨南大学华文学院学报（华文教学与研究）》第3期。
[3] 戴运财、何琼（2003）第二语言学习动机研究：存在的问题及发展趋势，《国外外语教学》第2期。
[4] 冯小钉（2003）短期留学生学习动机的调查分析，《云南师范大学学报（对外汉语教学版）》第2期。
[5] 胡壮麟编著（1994）《语篇的衔接与连贯》，上海：上海外语教育出版社。
[6] 廉爱宁（2011）基于修辞结构理论的留学生汉语议论文篇章结构研究，东北师范大学硕士学位论文。
[7] 廖秋忠（1988）篇章中的论证结构，《语言教学与研究》第1期。
[8] 聂丹（2009）汉语水平考试（HSK）写作评分标准发展概述，《云南师范大学学报（对外汉语教学与研究版）》第6期。
[9] 王佶旻（2007）初级阶段留学生个体背景因素与口语测验表现的关系，《汉语学习》第5期。

[10] 温晓虹（2008）《汉语作为外语的习得研究—理论基础与课堂实践》，北京：北京大学出版社。
[11] 温晓虹（2012）汉语作为第二语言的习得与教学，北京：北京大学出版社。
[12] 吴丽君等（2002）《日本学生汉语习得偏误研究》，北京：中国社会科学出版社。
[13] 武和平（2001）九十年代外语／二语学习动机研究述略，《外语教学与研究》第 2 期。
[14] 杨振道、韩玉奎编著（1984）《文章学概论》，武汉：武汉大学出版社。
[15] Al-Ansari, S (1998) Attitudinal and motivational variables in foreign language learning: a case study of students in Bahrain. In W. W. Kelliny (ed.), *Surueys in Linguistics and Language Teaching*. Bern: Peterlang Publishers Inc.
[16] Coetzee-Van Rooy, S. (2006) Integrativeness: untenable for world Englishes learners. *Word Englishes*.
[17] Gardner, R. C. (1985) *Social Psychology and Second Language Learning: The Role of Attitude and Motivation*. London: Edward Arnold.
[18] Gardner, R. C. & W. E. Lambert (1972) *Attitude and Motivation in Second Language Learning*. Rowley, MA: Newbury House.
[19] Gardner, R. C. & P. D. MacIntyre (1993) A student's contributions to second language learning. *Language Teaching*, 26(1).
[20] Kumaravadivelu, B. (2012) *Language Tearcher Education For A Global Society: A Modular Model for Knowing, Analyzing, Recognizing, Doing, and Seeing*. New York: Routledge. 中译本：库玛《全球化社会中的语言教师教育："知""析""识""行"和"察"的模块模型》，赵杨、付玲毓译，北京：北京大学出版社，2014。

汉语教材编写的继承、发展与创新 *

姜丽萍

汉语教材建设可以从 1958 年出版第一本教材《汉语教科书》算起,到今年已经整整 60 年。截至 2017 年,汉语教材已经出版了 17 800 余册 / 种(周小兵等,2017),但无论教师还是学生都对使用的教材不完全满意,编写和出版新教材还有很大的提升空间,同时教材编写存在着"同一水平重复"(程相文,2001)等问题,造成资源和成本的浪费。

教材建设并不在于频繁出版"新"教材,而在于新出版的教材要有所突破和创新,抑或延长好教材的生命力。因此教材的出版既要继承和发扬汉语教学和教材编写中的优良传统,也要借鉴和吸收二语教学先进的教学理念和方法,并在编写中有所突破和创新。

一、汉语教材的历史发展

汉语教材大体经历了结构、句型阶段,结构、功能相结合阶段,结构、功能、文化相结合阶段(任远,1985;刘珣等,1982;

---

* 原文发表于《华文教学与研究》2018 年第 4 期。

刘珣，2014），任务型阶段等。

第一阶段：结构、句型阶段

1958年出版的《汉语教科书》是第一部供外国人学习汉语的正式教材。"它的最大功绩在于把汉语作为外语的教学从汉语作为母语的教学中分离出来，从外国人学习汉语的实际出发，提出了比较实用的汉语语法教学体系"（刘珣等，1982）。这套教材对汉语语法做了独具特色的切分和编排，其语法体系成了此后各个版本教材编写语法部分时的主要参考依据（任远，1985）。但是《汉语教科书》语法条目过于繁杂，1971年出版的《基础汉语》针对这种情况做了删改和压缩，并以典型"范句"的形式体现语法规则，突出了"范句"教学，即首先介绍基本句式，通过大量的练习，在较熟练掌握范句的基础上进行语法知识的讲解，突出实践性原则，"范句"的出现使汉语教学向句型教学迈进了一步。

20世纪70年代，国内外语教学普遍实行句型教学，汉语教学也开始了这方面的实验和研究。1977年出版的《汉语课本》就是在此背景下编写的一部以句型为主的教材，它用句型代替了范句。这套教材第一次把句型及替换练习引入对外汉语教材，在对外汉语基础教材中具有开创意义（赵贤洲，1987）。但是这套教材时代色彩过多过浓，因而"寿命"较短。取而代之的是70年代后期开始编写并于1980年出版的《基础汉语课本》。《基础汉语课本》以句型为主，通过大量替换练习培养语言习惯，"是到那时为止按照结构法的路子编写的一部最成熟的教材"（吕必松，1990）。

这一时间，汉语教材的编写由以语法结构为纲，到在此基础上突出"范句"，再到重视句型教学，其发展脉络影响了整个汉语教学的发展路径，以及后续教材的编写思路。尤其是口语教材，大都沿用了句型教学的路子。另外，《基础汉语课本》也是第一部配有教师手册和录音磁带的教材，开创了配套教材的先河。

第二阶段：结构、功能相结合阶段

20世纪70年代功能法在西欧兴起，并于80年代逐步引入对外汉语教学领域。1981年出版的《实用汉语课本》，"力图通过结构与功能的结合，突出语言教学的交际性原则"（任远，1987：93—97）。这是一套为国外汉语教学编写的教材，它采用了句型、功能、结构相结合的编写原则，包含句型替换、功能项目操练、语法分析等综合性训练，既考虑到交际的需要，又能贯彻句型的循序渐进原则，同时也保证了语法体系的相对完整性。这套教材是第一部把功能法引进对外汉语的教材。随着功能法研究的深入，在结构与功能的关系上，开始强调不同学习阶段要有不同的侧重，如：《现代汉语教程》（1988）、《科技汉语教程》（1987）、《中医汉语》（1985年试用，1999年出版）等，体现了初级阶段以结构为主、兼顾功能，中高级阶段以功能为主、兼顾文化的特点。

进入80年代，对外汉语教学研究呈现出欣欣向荣的景象，在课程设置上，变一门课综合训练多种技能为几门课训练单项技能（吴勇毅、徐子亮，1993），教材编写呈现出系列化的特点。鲁健骥主编的《初级汉语课本》（1986）包括了与之配套的《阅读理解》《听力练习》《汉字读写练习》课本，设置精读课、听说课和汉字读写课相互配合，注重各项技能的训练。另外，这套教材在语法解释方面简单、明了，大量采用公式、英文缩写，较少使用专业术语。正如鲁健骥先生所说，语言教材在处理语言材料的时候，不应拘泥于语言知识的系统性……为了分散难点，一是把同一语法点的不同方面分散到几课书里，并且允许中间有间隔，二是允许有计划地"冒"，"冒"的部分可以进行注释和翻译（鲁健骥，1993）。这些做法都为后续教材的编写不同程度地提供了借鉴和参考。

这段时期教材的特点主要有：（1）编写理念由以语法句型为中心向结构和功能相结合转变。（2）综合型的通用教材发展为以核心课为主、单项技能课相互配合的配套教材，教材向系列化发展。（3）语法编排上注意分散难点、语法解释简单明了，以公式和英文缩写方式呈现。

第三阶段：结构、功能、文化相结合阶段

进入90年代，教材编写呈现出百花齐放的局面，教材编写理念仍以结构、功能相结合为主，但是，文化在教材中的地位得到强化。1994年12月，在北京召开了"对外汉语教学的定性、定位、定量问题座谈会"，从会后发表的纪要中可以看到，此次会议重点强调"语言教学的目的是培养学生用这种语言进行交际的能力"，同时还讨论了语言教学和文化教学的关系问题。1995年在全国对外汉语教学基础汉语推荐教材问题讨论会上，对未来教材编写做了如下展望："坚持结构、功能、文化相结合的基本编写原则，是实现培养学生交际能力的最佳途径，也是提高教学水平的基本保证。新一代教材，无论采用什么编写体例，都不能脱离这一基本编写原则"（杨庆华，1995）。由刘珣主编的《新实用汉语课本》（2003）是这一阶段结构、功能、文化相结合的典范。此后，学界的教材编写基本沿用了这一编写原则。正如刘珣（1994）先生指出的，90年代末到新世纪，进入了"结构、功能、文化"相结合时期。

第四阶段：以任务为主，多种教学理念并存的教材发展时期

进入21世纪，任务型语言教学在汉语教学界产生了很大影响，无论是教学理念、教材编写还是课堂教学都不同程度体现了任务型的教学理念。以任务型语言教学为指导编写的教材也大量涌现，像高等教育出版社2007年陆续出版的多版本、多语种《体验汉语》系列教材，赵雷主编的《任务型中级汉语口语》（2013）教材等。任务型教材的特点主要体现在：（1）真实性：一是语言材料的真实，二是语言使用情境的真实；（2）参与性：让学生在完成各种语言任务的过程中，通过参与、体验、合作、交流来提高语言交际能力；（3）连续性：通过环环相扣的"任务链"设计提高学生的参与度；（4）结果性：任务的完成需要以明确的结果作为检验的标准。

与此同时，这一阶段主题式教学、基于内容的教学、沉浸式教学等理念也影响着汉语教学，并出版了各自具有代表性的教材，使汉语教材发展呈现多元化的态势。

二、教材编写的继承与创新

对于编写较成功的教材来说，它们总是不断继承和发扬以往汉语教学和教材编写中的成功经验，吸收国内外同一时期先进的教学理念和方法，既能尊重语言本身的规律，又能从学生的需求出发，并在此基础上有所创新。（刘珣，1994；任远，1995；赵金铭，1997、2004；程相文，2001；朱志平，2004：182—188；张建民，2010：251—255）

2.1 继承和发展

（1）教材在编写理念上继承了"结构、功能、文化相结合"的路子，但是根据需求有所侧重。对外汉语教材近几十年的发展，一直倡导"结构、功能、文化相结合"、以结构为主的编写思路。20世纪九十年代末出版的长期进修教材、学历生用教材基本沿用了这一理念，像《汉语教程》（1999）、《成功之路》（2008）、《当代中文》（2010）等，但是根据学习者汉语水平和需求等的不同而有所侧重。李晓琪（2017）认为，教材编写者对教学法理论要自主灵活地运用，要为我所用。她主编的《博雅汉语》（2013）努力在结构和功能间寻找结合点和平衡点。《博雅汉语》共分"起步—加速—冲刺—飞翔"四个阶段，每个阶段对应不同的教学理念，比如：初级阶段（起步篇），以结构为纲，结构、功能、情景相结合；准中级阶段（加速篇），则以功能为纲，功能、情景、结构相结合。

（2）强调句型教学。继《基础汉语课本》出版之后，句型教学一直是教材编写遵循的主要原则，而且随着20世纪80年代功能法的引进，教材编写开始倡导以功能为纲，通过把典型句型融入设置的功能、情境中进行操练，进而达到潜移默化，再通过角色扮演等形成交际能力，这是对句型教学的进一步发展，像20世纪90年代出版的《汉语会话301句》（1990）、《说汉语》（1990）、《口语中阶》（1991）等。进入21世纪，出版的教材仍然以句型教学为主，像《体验汉语基础教程》（2006）、《新概念汉语》（2012）等。《新概念汉语》以例句的形式呈现课文，通过学习、练习、运用，加强句型学习，达到举一反三。

替换练习是句型教学重要的练习形式。90年代出版的教材主要以词语替换的方式练习句型,但对于不太认识汉字的学生来说,很难顺利进行替换,也难以培养听说能力。《体验汉语基础教程》继承了替换练习的形式,但是在替换部分,改为图片加词语,这样即使不认识汉字的学生,也能看着图片进行听说练习。

(3)在语言点的切分上,许多教材采取分散难点的做法。在语法项目的安排上,不求一次讲解完一个完整的语法项目,而是学什么解释什么,一个语法项目可能分别出现在几课里(姜丽萍,2010)。语法点的注释和解释追求简单、明了、实用。《新概念汉语》在语法点的解释上只用学习者可以理解的寥寥数语,点出语法点的基本形式和意义特点,避免过多的"专业解释"让学习者感到困惑,摸不着头脑(刘珣,2015)。徐家祯(1996)认为,句型的表格化能使学生一目了然,而且像数学公式一样容易记忆,容易使用。

2.2 突破和创新

每一部优秀汉语教材的编写都不是既往经验和研究的简单继承,而是在继承的基础上,根据时代的特点、学习者的需求、市场的反馈等有所突破和创新,从而在众多的教材中脱颖而出,经受住时间和市场的检验。

(1)理念上的创新。打破以结构、功能、文化相结合,以结构为主导的编写理念,探索其他编写路子。正如刘珣先生(1994)指出的,在结构与功能的关系上需要突破"以结构为纲"的框框,不妨闯一闯"初级阶段不宜以功能为纲"的禁区,探索一下能否以功能为纲而又能体现结构的系统性和循序渐进;或者更进一步,探索以功能为纲,结构完全服从于功能需要的路子。《体验汉语基础教程》(以下简称《教程》)就是以功能为纲,强调功能、结构、文化相结合。以功能为纲,虽然有利于学生的交际和运用,但是不容易落实"由易到难、循序渐进"的语言教学原则。因此,《教程》做了以下一些探索:一是功能为主,核心是"以学生为中心"。《教程》不是以让学生学习系统的语言知识为目的,而是以功能和交际为目的,解决学生最基本的学习和生活问题。编者首先对 7 套有代表性的初级汉语教材的功能项目进行统计(王方,2008),确定排序前 30 的功能项目,作为选择功能项目的参考;然后通过调查了解学生的兴趣和需要,进一步确定功能项目和话题;再根据教师的教学经验,最后确定了 34 个功能项目。功能的内容从最初的衣食住行,到兴趣、爱好、情感等,逐渐进入学生的精神世界,活动场景也从学校逐渐延伸到校外、社会等,符合学生的认知需求和生活经验。二是功能项目确定以后,以功能为主编写课文,但随之而来的问题是对课文难度的把控。为了控制难度,在编写教材之前,编者先研制了"功能、语言点、词汇、课文话题"大纲,把初级阶段甲乙级 100 多项语言点由易到难编入每一课的功能话题中,通过功能话题掌握词汇和语言形式。但是实际编写时也很难做到功能和结构相结合。《教程》(上)本来要体现更多的功能,但是编写到 20 课时发现如果再增加新的功能,新的语言点就融不进来,会造成功能丰富,结构简单,句式难度上不去的矛盾。为此,《教程》(上)的后五课都是以"学习"功能为主,从而把一些常用语言点架构进来,这可以算是将功能与语法融合的一种技巧处理。另外,《教程》在话题方面尽量自然地融入中国文化内容,真正做到功能、结构、文化相结合。

(2)教材的立体化开发。教材建设发展到今天,仅仅是系列开发已经不能满足当今汉语国际教育事业发展的需求,必须根据时代的特点进行立体开发。所谓教材的立体化,是指在教材建设的过程中,把各种相互作用、相互联系的媒体和资源加以有机的整合,从而为教学提供一套整体解决方案。教材的立体化包括内容的立体化、形式的立体化和服务的立体化(庄智象、黄卫,2003)。内容上,要加强主干教材和配套教学资源的综合开发。形式上,要发挥纸质教材、音像教材、电子教材各自的优势,形成相互支撑、相互补充的系统。服务上向师生提供"一体化教学方案",通过设立相关网站、组织研讨活动、搭建教材用户交流平台,形成线上线下完整的服务体系(吴中伟、耿直、徐婷婷,2017)。2014年出版的《HSK标准教程》就进行了相关的立体化建设,既有配套的课文、练习册、教师用书等纸质教材,也有出版社搭建的资源平台,提供教材的相关信息、电子课件等,同时开发了教学示范课,并定期组织教学研讨等,是一套全方位开发的立体化教材。我们认为教材立体开发的目的就是为了教师好教、学生好学、教学好用(姜丽萍,2017)。

(3)突破汉语难的问题。进入21世纪,教材编写无论从内容上、形式上还是印刷上都尽量给人一种汉语不难、汉语易学、汉语有意思的印象。内容上,《新概念汉语》的"课本"部分,一改以往多数汉语教材的"厚重"的传统,以"薄"的面目出现(刘珣,2015)。《体验汉语基础教程》对内容进行了量化,上册每课学习5个左右的句子,到下册每课最多9个句子;每篇课文的对话保持在10—12个话轮;汉字每课学写四五个,一共学写110多个汉字。这些数字分散到每课中,学生学起来有信心、有动力;体例上,模块清晰、层次分明。许多教材都设计了不同的模块,模块之间既各自独立,又相互联系。模块的设立实际上是引导学生小步子进步,每个模块讲练结合,符合学生的习得规律;印刷上,风格清新,图文并茂。图片的选择、情境的设置,因为有了色彩而更加真实,犹如身临其境,与学习者的真实生活非常接近,有利于表达和运用。

(4)以"真实"为核心要素。真实是教材编写追求的主要目标,因为它能拉近学生和生活的距离,能让学生们很快地学以致用。现代教材编写通过引导学生参与、合作、交流,使学生在"真实"的体验中,提高语言运用和交际的能力。这里的"真实"用了引号,是指课堂环境中不可能做到百分之百的真实,但是可以利用现有条件或创造条件,尽量做到真实。"教程"中尽量选取真实的照片,而不是手绘的图片,比如:场景、人物、物品、食物等,以增强真实感和临场感。练习设计上,突出语言做事和语言应用的功能。

三、教材发展的进一步深化

3.1 教材的本土化

进入21世纪以来,对外汉语教学的发展战略发生了重大转变,工作重心从将外国人"请进来"学汉语,向汉语加快"走出去"的转变(许琳,2007)。随着2005年第一家孔子学院的建立,到2017年,已在全球建立了500多家孔子学院,1000多个孔子课堂。孔子学院的快速发展,使教材编写面临着许多问题,比如:编写理念不适应海外教学环境,多语种教材短缺,文化辅助读物不足,本土化特征不强,数字化资源落后,推广渠道不畅等。缺乏教材或缺乏合适的教材成为海外汉语教学面临的突出问题(李泉，2015）。因此，解决"本土化"问题成为紧迫任务。

（1）"一版多本"教材的"本土化"

为了解决不同国家汉语教材短缺的问题，国家汉办在 2005 年实行了对"精品教材"的多语种化，即将一种版本的教材翻译成多国语言。这种翻译不是简单的直接翻译，而是对教材进行的一种二次加工，因此出现了"一版多本"教材的编写。所谓"一版多本"是指在一种教学媒介语（如英语）版本的基础上进行其他教学媒介语（如法语、德语、西班牙语、阿拉伯语）版本二次开发的汉语教材（周小兵、陈楠，2013）。在开发的过程中，充分考虑母语国的国情、语言特点、生活习俗、文化特点等，比如：在语音方面主要采取母语相同音、二语相同音、相近音＋区别等注释的方式；在词汇方面主要采取删减和替换人名、地名、机关团体名、货币、食物、节日等方面的词汇，并适当加入一些高频词；在语法方面通过母语与目的语的语言对比，确定难点，并重点加以解释和练习，有目的地利用母语的正迁移，同时防止母语的负迁移；在文化方面，在语言表达方式中隐含母语国文化，比如改变人物的姓名和身份等，另外为尊重该国宗教文化而改编相关内容等。这些做法为教材的本土化进行了有益的探讨（周小兵、陈楠，2013）。

《体验汉语基础教程》出版后，于 2009 年由德国 Langenscheidt 出版公司购得版权，由德国老师和编辑进行改编、加工，并在德国出版，在本土化方面进行了一些新的尝试。第一，教材名称的变化。由《体验汉语基础教程》变为《你行》。国内教材和国外教材在名称上有一定的差别，国内教材常常冠以"……教程""……汉语""……课本""……中文"等等，往往从教材本身的性质出发，无时不在强调要学的内容、要完成的任务。而国外的汉语教材名称很少有这些字样，教材的名称与生活相关，与学习者的需求和认知相关，比如 *Life*、*Our World*、《龙》《聊聊》《谢谢》《滚雪球》《熊猫》，这些教材名称采用英文、中文或拼音，给人一种亲切感，也容易引起学习者的好奇心。《你行》就给人一种自信、轻松、有能力学好汉语的感觉。第二，体例上更加简化。与"教程"相比，《你行》简化了体例，使教材结构更加严谨，脉络更加清晰，功能更加突出。第三，本土化特点凸显。一是全德文翻译；二是每一课在开头部分都有一个内容导引，说明该课学习的主要内容；三是图片全部替换，大部分图片中出现的是中德两国人物，或者展现中国独特景色、文化和人物的图片；四是加强文化内容的比重。选取了德国学习者感兴趣的、具有跨文化对比的内容，像餐馆、筷子、茶、中国邮政、信筒、超市、出租车、互联网、网吧、中国时间表示法、亲属称谓等。

"一版多本"教材使母本教材进入海外课堂时更具有针对性和本土化特征，也解决了海外汉语教材短缺的燃眉之急，但是一些海外使用院校认为这类教材仍然不是真正的本土化教材。

（2）在海外编写、出版的本土化教材

在教材编写本土化方面，另一个重要的方式是由海外教师独立编写或者由中外教师合作编写，并在海外（当地）出版，像在美国市场占有率较高的《中文听说读写》和《事事关心》等。以《中文听说读写》为例，第一版于1997年出版，现在已经出到第四版了。这套教材具有以下特点：一是教材适用对象明确，某册教材供哪个年级、哪个学期使用完全是按照美国大学一般学期的长度、每周上课的课时数、该年级学生在大学日常生活的真实情况编排的。

二是多种学科背景的教师合作编写。从编者的教育背景来看，他们中国大陆背景、中国台湾背景、美国背景兼具，各有所长，有的长于中文语法、有的长于教学理论、有的长于中国文学与文化、有的长于英文写作，具有明确的比较语法、比较文化的意识，同时又具有丰富的美国高校教学经验和跨文化交际意识，如此组合，强强联手，相得益彰。三是编者在课文编写、问题讨论方面的视角、思想观念和价值取向与美国学生比较一致。四是经过长期试用和反复修改，千锤百炼（梁霞，2017）。这样的教材比较符合"三贴近"原则，即贴近外国人的思维、贴近外国人的生活、贴近外国人的习惯。编写方式是中外合作（许琳，2007）。我们认为本土化教材应包括五个要素：一是教材容量本土化；二是各类注释母语化；三是难点讲解对比化；四是部分话题本土化；五是文化内容跨文化化。

3.2 教材的"一纲多本"

汉语教学的全球化，带来教材发展的国别化、本土化。所谓国别化，是指针对不同的国家，根据当地的语言文化背景和教学对象的需求等情况而编写汉语教材。一般来说国别化教材必然是本土化教材，我们不去细分"区域化""国别化""本土化"的具体内涵和外延，而是指凡是符合国别语言、文化、教育体制、学时安排等国别内容，符合"三贴近"的汉语教材都可以称作国别化教材或本土化教材。

目前孔子学院总部/国家汉办在全球140多个国家建立了孔子学院和孔子课堂，不可能也不必要编写这么多国别化教材。通用型、普适型教材也是未来教材发展的途径之一。但是我们所说的通用型教材不是以往仅仅以国内学历教育、进修教育或短期教育等为参照编写的,主要适合在目的语环境下使用的汉语教材,而是以国家通用的课程标准或考试大纲为参照编写的教材。即在标准或大纲的指导下,编写"一纲多本"的教材。"一纲多本"既可以是通用型的教材,也可以是满足不同区域、不同国家、不同文化、不同学校、不同学生需求的国别化、本土化教材。

2014 年出版的《HSK 标准教程》就是以《新汉语水平考试大纲》(2010)为指导而编写的通用型教材。它以大纲为依据,并对部分真题进行统计、分析,然后确定每册教材的词汇量、语言点、话题、功能、场景,在构建的编写大纲的框架下,进行分工合作编写(姜丽萍,2015),目前该套教材在海内外广泛使用。

我们认为,未来汉语教材的格局应该是通用型和本土化并存。通用型教材主要由汉语母语国来编写,并且努力编写出具有引领、示范和模式化作用的精品教材(李泉,2015)。本土化教材主要由中外合作编写或教材使用国自行组织编写。但是无论哪种教材都要以大纲或所在区域或国家的汉语能力标准为参照,编写出在同一标准框架下的具有针对性、个性化的教材。

3.3 教材的数字化、智能化

现代信息技术的数字化、网络化、智能化和多媒体化催生教材研发从形式、内容到结构的蜕变。从形式上看,由主要服务于课堂活动为主的纸质教材,到目前以文字版、网络版、多媒体课件等形式服务于课内外的产品,到将来更灵活、多样、自主定制、小批量多品种的形式服务于慕课、微课、SPOC(Small Private Online Course,小规模限制性在线课程)等数字化教学资源的集成;在内容上,数字化、智能化的教材不但可以包含既往的语言要素、语言技能、中华文化、跨文化交际能力，以及学习策略、情感策略等内容，更重要的是可以依靠网络的特性对以上内容随时随地更新，使内容适应当代社会信息量庞大、信息更替速度快的特点；在结构设计上，根据语言学习理论、教学理论、语言学习的内容、技能要求和教材构成要素等，建立教材模型库，其构成有文本库、技能库、试题库、语言点库、文化库等，可以根据需求自动组合成需要的教材或教学资源。

参考文献

[1] 程相文（2001）对外汉语教材的创新，《语言文字应用》第 4 期。
[2] 姜丽萍（2010）《体验汉语基础教程》（系列教材）编写理念与实践，见《第九届国际汉语教学讨论会论文选》，北京：高等教育出版社。
[3] 姜丽萍（2015）《HSK 标准教程》系列教材的编写理念与实践，《国际汉语教学研究》第 2 期。
[4] 姜丽萍（2017）论汉语教材编写的教学实用性，《国际汉语教育（中英文）》第 1 期。
[5] 李泉（2015）汉语教材的"国别化"问题探讨，《世界汉语教学》第 4 期。
[6] 李晓琪（2017）汉语教材建设与学科建设的关系，《国际汉语教育（中英文）》第 1 期。
[7] 梁霞（2017）美国大学中文教材的发展历程对教材编写的启示，《汉语国际教育学报》第 2 期。
[8] 刘珣（1994）新一代对外汉语教材的展望——再谈对外汉语教材的编写原则，《世界汉语教学》第 1 期。
[9] 刘珣（2014）"结构—功能—文化相结合"的汉语教学理念再思考，《国际汉语教学研究》第 2 期。
[10] 刘珣（2015）一部好学又好教的汉语教材——《新概念汉语》评议，《国际汉语教学研究》第 2 期。
[11] 刘珣、邓恩铭、刘社会（1982）试谈基础汉语教科书的编写原则，《语

言教学与研究》第 4 期。
[12] 鲁健骥（1993）基础汉语教学的一次新尝试——教学实验报告，见盛炎、沙砾编《对外汉语教学论文选评第一集 1949—1990》，北京：北京语言学院出版社。
[13] 吕必松（1990）《对外汉语教学发展概论》，北京：北京语言学院出版社。
[14] 任远（1985）基础汉语教材纵横谈，《语言教学与研究》第 2 期。
[15] 任远（1987）七十年代以来北京语言学院对外汉语教学法之发展，见《第二届国际汉语教学讨论会论文选》，北京：北京语言学院出版社。
[16] 任远（1995）新一代基础汉语教材编写理论与编写实践，《语言教学与研究》第 2 期。
[17] 王方（2008）初级阶段七套汉语教材功能项目的考察，北京语言大学硕士学位论文。
[18] 吴勇毅、徐子亮（1993）建国以来我国对外汉语教学法研究述评，见盛炎、沙砾编《对外汉语教学论文选评第一集 1949—1990》，北京：北京语言学院出版社。
[19] 吴中伟、耿直、徐婷婷（2017）汉语教材建设的发展趋势和相关理论问题，《国际汉语教育（中英文）》第 1 期。
[20] 徐家祯（1996）从海外使用者的角度评价大陆编写的初级汉语课本，见《第五届国际汉语教学讨论会论文选》，北京：北京大学出版社。
[21] 许琳（2007）汉语国际推广的形势和任务，《世界汉语教学》第 2 期。
[22] 杨庆华（1995）新一代对外汉语教材的初步构想——在全国对外汉语教学基础汉语推荐教材问题讨论会上的发言，《语言教学与研究》第 4 期。
[23] 张建民（2010）汉语教材内容选择与安排的创新思考，见许嘉璐编《第十届国际汉语教学研讨会论文选》，沈阳：万卷出版公司。
[24] 赵金铭（1997）对外汉语教材创新略论，《世界汉语教学》第 2 期。
[25] 赵金铭（2004）跨越与会通——论对外汉语教材研究与开发，《语言文字应用》第 2 期。
[26] 赵贤州（1987）建国以来对外汉语教材研究报告，见《第二届国际汉语教学讨论会论文选》，北京：北京语言学院出版社。

[27] 周小兵、薄巍、王乐、李亚楠（2017）国际汉语教材语料库的建设与应用，《语言文字应用》第 1 期。

[28] 周小兵、陈楠（2013）"一版多本"与海外教材的本土化研究，《世界汉语教学》第 2 期。

[29] 朱志平（2004）对新世纪汉语教材的思考——从加拿大中学汉语教材编写原则所想到的，见《第七届国际汉语教学讨论会论文选》，北京：北京大学出版社。

[30] 庄智象、黄卫（2003）试论大学英语教材立体化建设的理论与实践，《外语界》第 6 期。

对外汉语教材中练习的目标与方法*

聂　丹

0、引言

在汉语作为第二语言的教材编写过程中，练习设计是不可缺少的一个环节。吕必松（1993）指出："一部教材练习的好坏，对课堂教学质量有直接的影响。"李扬（1993）也认为，"看一部教材编得好不好，除了看语料的选择、整体框架安排外，主要看练习的编排"。赵金铭（1998）更是"把练习编写的质量作为对外汉语教材评估的一项重要内容"。然而长期以来，与汉语教学其他方面的研究热度相比，学界对练习的研究相对较少。正如胡明扬（1999）所言，"在课文、语法、注释方面花的功夫多，练习下的功夫不够"。刘颂浩（2009）提出，"练习是教材编写与研究中的薄弱环节"。目前的研究现状与练习的重要地位并不相称。在刘颂浩（2009）的基础上，我们将对外汉语教学界对练习的研究概括为三类：一是从题型出发，研究每类题型的特点、设计原则、应用领域等（如潘洪超，2014等）；二是从课型出发，

---

* 原文发表于《汉语学习》2017年第4期。

研究综合、口语、阅读、听力等课型所适合的题型（如周丽娟，2010 等）；三是从特定教材出发，专门对一部（套）教材的整体研究或几部（套）教材的对比研究（如杨惠元，1997；武广红，2012 等）。其中，后两类研究相对较多，并且在一些问题上已达成共识：（1）练习应有明确目的；（2）练习应有效；（3）应区分主要题型和次要题型；（4）应区分课内练习和课外练习；（5）练习编排应讲究顺序；（6）练习量并非越大越好。尽管近年来对练习的关注越来越多，但总体说来，在练习设计上还未形成明确的目标和方法，对于练习与测试的关系、练习应该"练什么"和"怎么练"等基本问题还缺乏深入思考。

练习设计不仅是一个技术问题，也包含一定的理论问题。练习说到底要解决的是"练什么"和"怎么练"的问题。"怎么练"，主要是技术问题；"练什么"，主要是理论问题。"练什么"关系到练习的目标、内容或理念，是第一位的；"怎么练"关系到练习的方法、技术或手段，是第二位的。在练习设计的整个过程中，要始终明确"练什么"，据此再决定"怎么练"，所有练习的编写都应建立在这一基本思想上。

一、练习与测试的关系

练习和测试均为巩固、检查学习知识的手段，二者既有区别也有联系。

1.1 区别

练习不同于测试，练习题不同于测试题。二者最主要的区别在于：测试的目的主要是检测评估，对考生水平进行测量、给出评价，其用途或者是区分考生层级、选拔相关人才，或者是诊断考生学业、给予学习建议，或者是反馈教学效果、给予教学建议等；而练习的目的主要是强化学习，特别是语言水平的提高主要依靠语言练习，语言学习尤其离不开语言练习的强化。像"语言不是教会的，而是练会的""三分讲解七分练习""在练中学，在学中练""精讲多练"等常见说法都是强调语言练习对于语言学习的重要性。

正是因为练习与测试的目的和用途不同，决定了二者的设计要求也有所不同。测试由于关系到对人群的区分和评价，社会影响较大，特别是大规模的水平测试，往往会产生较大的社会效应，因此对测试的设计要求非常严格，在可靠性、有效性、标准化、公平性等方面都要达到相应的标准。而练习则不然，只是语言学习的助推剂，其社会影响相对较小，所以对练习的设计要求相对宽松，在科学性、标准化等方面没有硬性的标准。

1.2 联系

练习与测试在内容、形式和编写方法上也有很多共同之处，具有紧密的联系。比如，在内容上，都要有明确的目标和范围，是测/练语言知识还是语言技能？测/练哪些语言知识或语言技能？测/练的目标群体是什么？在形式上，都体现为各种题型样式，其中很多题型是通用的。在编写方法上，都要追求针对性和有效性等，会使用一些相同的手段。此外，也有很多教学单位、教师或学习者把测试当成练习的手段，以测促练，测、练不分家。比如，以HSK的测试题作为练习题，甚至作为教学内容，教、练、测紧密融合，有时甚至难以区分是练习还是测试。

正是因为练习与测试联系密切，所以语言测试的编写理念和方法技术可以适当地应用于汉语教材的练习设计中,在"练什么"和"怎么练"上可以确立一些基本的目标和方法。

二、练什么?——练习的目标

汉语教材中的练习到底"练什么"?归根结底,要看练习的目标是什么。一切练习设计都是为了实现目标,包括课型目标、语言点或技能目标以及对象目标等。

2.1 课型目标

汉语教学至少包括以下课型:(1)语言知识类课型,如汉字课、语音课、语法课、词汇课等;(2)接收技能类课型,如听力课、阅读课等;(3)产出技能类课型,如写作课、口语课等;(4)接收+产出技能类课型,如听说课、读写课等;(5)知识+技能类课型,如综合课、精读课等;(6)专业+语言类课型,如商贸汉语课、旅游汉语课等。

不同的课型目标要求不同,练习的内容和方式也有所不同。比如,对于语言知识类课型来说,练习时要紧扣教学中的语言点,进行针对性训练。对于技能类课型来说,针对接收技能的练习和针对产出技能的练习设计有很大不同。前者可以多设计客观性题型,训练听或读的理解能力;后者应该多设计主观性题型,训练在一定语境中产出适合交际要求的书面或口头作业的能力。对于综合类课型来说,练习可以多种多样,一道题可以既训练语言知识又训练语言技能,既训练接收技能又训练产出技能,特别是可以结合实际生活需求,设计听说读写并重的交际型任务。而对于专业+语言类课型来说,练习应该紧紧围绕相关专业领域,设计常见的语境、语料和交际任务类型。

有目标的练习才有望成为有效的练习,练习设计首先应该为课型目标服务。然而在实际编写教材时,编写者有时忽视了练习服务于课型的宗旨。比如"有的阅读教材编写了不少口头表达方面的练习,特别是缺少快速阅读练习。这就是练习内容与课型的教学目的不一致"(吕必松,1993)。总之,练习不能盲目,"练什么"要结合并围绕课型目标,做到有的放矢。

2.2 语言点或技能目标

每项练习在设计之前,应该明确具体要练习什么语言点或什么技能。一般来说,如果一项练习只围绕一个语言点或一项技能进行设计,那么更有利于提高练习的针对性和训练的成效。但在练习的实际编写中,编写者设计的出题点有时比较分散,导致训练目标不明。例如[①]:

> ①组句练习:
> A. 我 喜欢 除了 游泳 还 以外 足球
> B. 卧室 虽然 舒服 可是 小 很
> C. 她 不 好 很 得 打
> D. 妈妈 妹妹 衣服 替 穿
> E. 给 老师 上 学生 课

"组句练习"的题型,很多初级汉语教材都喜欢采用。需要说明的是,每道题应该确定所要训练的目标语言点,设计时凸显对目标语言点的考查,适当控制非目标语言成分的干扰。

---

① 选自李晓琪主编,宣雅、刘晓雨、王淑红编,《快乐汉语(练习册)》,北京:人民教育出版社,2009年。

例① A 主要训练"除了……以外，还……"这一关联词语在复句中的使用，因此题干中应该突出考查重点，适当固定其他语言成分，以免学生造出的句子出现多种多样的语病，分散练习的目标。基于这一考虑，例①的五个题目可以改写为：

① A. 喜欢　除了　游泳　还　以外
　　　我_____，_____足球。（考查"除了……以外，还……"）

B. 虽然　舒服　可是　小　很
　　卧室_____，_____。（考查"虽然……，可是……"）

C. 不　好　很　得　打
　　她_____。（考查"得"字程度补语）

D. 妹妹　衣服　替　穿
　　妈妈_____。（考查"替"的用法）

E. 给　上　学生　课
　　老师_____。（考查"给"的用法）

总之，在设计练习时，需要明确训练目标，分清主要目标和次要目标，控制与目标无关的干扰因素，清晰地呈现练习的主旨。再如，一般认为，阅读理解能力包含阅读速度、查找信息的能力、捕捉关键信息的能力、理解重要细节的能力、猜测生词的能力、推断作者态度的能力、归纳主题的能力等多种阅读微技能。为此，设计阅读理解练习题时应明确每道题训练的是哪一种微技能。只有目标明确，练习才有效度可言，只有将影响练习效度的因素排除在外，练习才能真正实现其训练目的。

2.3 对象目标

练习的设计还应该考虑对象因素，至少在汉语水平、母语背景、年龄等方面适应其目标群体的特征和需求。

2.3.1 汉语水平

目标群体的汉语水平不同，练习的设计也会不同。比如，对初、中、高不同水平学生的听力理解练习，语篇材料的难度势必不同。李绍林（2003）曾提出："在初级教学阶段，要求学生能够理解以课堂风格表达的简单的词句；在中级阶段，学生要练习听懂带有某些常见变化的语句，使学生逐步适应外界的口语表达；在高级阶段，学生要逐步学习听学术报告，视听节目的广播，理解说汉语的人在各种情景下的语言表达。"同样，对于其他语言技能和语言知识的训练，也应视对象水平有所侧重。毋庸置疑，在考虑对象目标时，汉语水平的高低应该是练习设计者首先考虑的重要因素。

2.3.2 母语背景

面向不同母语背景对象的练习设计也应有所不同。以日本学习者为例，其汉语语音面貌相对欠佳，语音练习应设计得多些。在设计语音练习时，还要了解日本人的语音偏误特点。比如，在韵母方面，单元音 i、u 和 ü 的辨析与发音、前鼻音和后鼻音的辨析与发音等比较困难；在声母方面，送气音和不送气音的辨析和发音等比较困难；在双音节声调组合方面，"阳平＋阳平"组合的辨析和发音比较困难等。了解日本人的语音偏误特征，据此设计语音练习会更有针对性。可见，随着国别化教材编写越来越受到重视，国别化的练习设计也应提上日程。

2.3.3 年龄

学习者的年龄不同,认知水平有异,则练习设计也应有所侧重。比如,针对少儿的练习一般追求趣味性和画面感,话题贴近少儿的学习和生活内容,游戏设计得比较多,注重寓教于乐,与少儿的年龄特征和认知水平相适应。而针对成人的练习则无需注入过多的视觉和娱乐因素,如果画面太多可能还会起到反作用。尤其是对老年学习者来说,与其设计漫画等练习形式来调动学习兴趣,不如设计文字的练习形式更符合其认知偏好。

除上述因素之外,对象因素还应包含学习者的需求、专业背景、生活环境、性别、职业等诸多可能影响教材设计的因素,但是一部教材的练习无法兼顾那么多个体因素,相对来说,汉语水平、母语背景和年龄是最重要的对象因素,是设计练习时一定要考虑的。

三、怎么练?——练习的方法

汉语教材中的练习应该"怎么练"涉及练习的方法。与"教无定法"类似,练习设计其实也是"练无定法"。但在练习的数量、题型的种类、题型的选择、练习的顺序、题目的编写等方面还是颇有讲究的。练习的目标决定练习的方法,因此,所有关于练习方法的讨论都应围绕练习目标进行。讲究练习方法的核心目的就是为了提高练习的效果和效率,应最大程度地实现练习目标。

3.1 练习的数量

早期的研究者担心练习数量不足(赵金铭,1998;胡明扬,

1999）。后来的教材练习量普遍增大，如《速成汉语初级教程》[①]的练习篇幅相当于课文篇幅的三倍左右。"题多量大已成为新型教材的明显标志。"（周健、唐玲，2004）为此，很多研究者又转而呼吁练习不宜过度，以避免学生产生畏难情绪。

  从练习主要用于强化语言学习的用途出发，综合多方意见，我们提出如下原则：（1）汉语教材中的练习应有充足的数量。对测试来说，一般一个考查点只出一道题，尽量不重复设题。但对于练习来说，一个考查点往往需要设计很多平行题，以大量的练习来强化语言学习，所以题量应尽量满足教材使用者的需要。（2）数量虽多但不能搞题海战术，更不能凑数，应该精心设计每个题型、每道题目，追求练习效果。（3）教材编写者不妨编写足够多的练习，而教材使用者可以根据教学和学习的需要灵活取舍。比如对掌握不好的语言点可以多做练习，对熟练掌握的语言点就可以少做。为避免教材使用者在选择题目时难以取舍，可以适当区分必做题和选做题、课内练习题和课外练习题等，既保证练习数量充足，又做到练习层次分明，并且重点突出。（4）从篇幅上看，练习量与课文量应该合理分配，防止出现大课文小练习或小课文大练习等比例失衡现象，至于具体权重还应根据练习目标来定。比如针对初级水平目标群体的教材，不妨课文少些，练习多些；针对高级水平目标群体的教材，则可以课文多些，练习少些。

  [①] 郭志良主编《速成汉语初级教程》，北京：北京语言文化大学出版社，1996年。

3.2 题型的种类

3.2.1 分类标准

关于题型的种类,并没有统一的分类标准。比如,周健(2004)将练习的题型归纳为模仿记忆型、联想创造型和任务交际型等。李绍林(2003)则归纳为泛化和分化等类型。在测试方面,由于考虑到科学化、标准化等要求,对题型的确立和选择通常比较慎重,远没有教材练习中的题型这么五花八门。一般来说,测试习惯于根据题目的评阅方式,将题型分为主观性和客观性两大类。主观性题型的答案开放,评分复杂,但命题相对简单,如填空、写作、口试就是主观性题型;而客观性题型的答案封闭,评分简单,但命题难度较大,如多项选择题就是典型的客观性题型。综观国内外语言测试,常见的主客观题型可以概括为有限的几类基本题型。在实际测试与练习设计中,我们见到的很多题型其实是基本题型的变体。如填空题型可以衍生出组词、造句、用所给词语完成句子、连词成句、短文填空等,口试题型可以衍生出朗读、分角色表演、根据问题回答、小组讨论、看图说话等。因此,尽管当前练习中的题型花样繁多,但其实可以重新分类组合。如按照主观性和客观性分成两大类一级题型,每类之下再分成二级题型、三级题型等。

3.2.2 种类数量

关于题型种类的数量应该多还是少,意见不一。李绍林(2003)认为,一部教材的练习题型应以 10 种为宜,题型应相对固定并且最大限度地运用到每课当中,重现率低的题型应该删除。程相文(2001)则认为,教材练习中同一题型的出现率太高,会给人乏味之感,进而影响教学效果。刘颂浩(2009)提出,每种题型都需要一个熟悉的过程，如果频繁更换，就需要耗费较多的时间去适应，每本教材中主要题型和次要题型的总数以15种左右为宜。

本着实用性与趣味性兼顾的原则，对一部教材中练习的题型设计，我们提出以下原则：（1）题型种类不宜太少，以避免练习过程单调乏味；但也不应过多，避免花哨的形式干扰语言强化的根本目标，每课的题型可以控制在10种左右。（2）题型要固定化。学生熟悉练习的模式，可以提高练习效率，因而大部分题型都应固定下来，并贯穿教材始终。固定化的标志是有统一的指令语和描述语等形式标记，不能随意变化。比如，"组词成句""连词成句""将下列词语连成一句话"其实都属于同一种题型，就应该用统一的表述形式。语言表述除了统一之外，还应追求简洁、明确。（3）根据需要，个别课后可以增加一两类新鲜的题型，但不宜多，只在必要时配合主要题型使用。

3.3 题型的选择

题型的选择没有一定之规，要看练习目的。在测试方面，题型的选择受制于测试目的。一般来讲，主观性题型的效度较好，但信度不易保证；客观性题型的信度较好，但效度未必高。在考查"听"和"读"等接收技能时，用客观性题型的效度尚可；而如果考查"说"和"写"等产出技能时，客观性题型的效度就难以保证，可考虑主观或半主观性题型。一个语言测试为了保证既有一定的信度又有一定的效度，通常既包含客观性题型也包含主观性题型；由于客观性题型容易实施，所以常常作为主打题型，主观性题型作为辅助。

对语言练习来说也是如此，客观性题型更适合考查语言知识和接收技能，主观性题型更适合考查产出技能。当面向初学者时，考查语言知识和接收技能的客观性题型不妨多一些；当面向水平高的学生时，可以适当增加考查产出技能的主观性题型。

从具体题型来看，有的题型可以应用到多种课型和不同对象目标的练习设计中，如选择题、填空题、朗读题、问答题等，应用范围相对广泛；有的题型就有局限性，如造句、成段表达题型就不适合听力、阅读等以接收技能为主的课型；语音听辨也不宜在写作课上练习。再如，很多教材喜欢采用组词成句的题型（如例①），而这最适合初级水平学生，主要训练组句能力，但对于中高级学生就显得有些简单。中高级可以训练成段表达、组句成篇的能力。在原HSK（高等）笔试中，就有组篇练习的题型，即给出四个句子，让考生组成完整的一段话。这种题型主要训练的是语篇能力，在初等教材中不宜使用。

另外，有些题型是否能够收到预期效果，也需要研究。刘颂浩（2009）针对《桥梁》①中《试试吸毒》一课的一道交际训练题提出质疑。例如：

②交际训练练习：
根据提示写一段话或说一段话（150字左右）
提示：（1）吸毒不能尝试……
　　　（2）有这样一个吸毒者……
下列词语帮助你表达：吸毒、海洛因、发作、戒、注射、损害、理解、丧失、人格……

---

① 陈灼主编《桥梁》，北京：北京语言大学出版社，2000年。

在训练成段表达时，上述题型用得较多。但刘颂浩（2009）发现，每次运用这一题型时，学生常常是机械地按照给出的词语顺序来说话或写作，句与句衔接生硬，交际训练效果不理想。事实上，语言测试工作者在编写口试或写作题目时，一般只对必须使用的生词（多是名词，如"海洛因"）给出提示，以避免考生因未掌握关键词而无法表达，通常不给过多的词语提示，否则会限制考生的思维和表达，造成交际任务难度增大。

再如，有些题型未必适合所有学习对象。如关联词语衔接练习需要具有一定的思维和认知能力基础，而对于认知能力有限的少儿学习者来说，这一题型就显得偏难，对语言水平的提升作用恐怕不大。例如：

③现在小学语文太难了，看他们的一道练习题[①]。

要求：把以下四句话用关联词连接起来。

（1）李姐姐瘫痪了；

（2）李姐姐顽强地学习；

（3）李姐姐学会了多门外语；

（4）李姐姐学会了针灸。

标准答案：李姐姐虽然瘫痪了，但顽强地学习，不仅学会了多门外语，而且还学会了针灸。

学生们的回答多种多样。例如：

A. 虽然李姐姐顽强地学会了针灸和多门外语，可她还是瘫痪了。

---

① 来自网络语料。

B. 李姐姐不但学会了外语，还会了针灸，她那么顽强地学习，终于瘫痪了。

C. 李姐姐之所以瘫痪了，是因为顽强地学习，非但学会了多门外语，甚至学会了针灸。

D. 李姐姐是那么顽强地学习，不但学会了多门外语和针灸，最后还学会了瘫痪。

E. 李姐姐学会了多门外语，学会了针灸，又在顽强地学习瘫痪。

F. 李姐姐通过顽强的学习，学会了多门外语和针灸，结果照着一本外文版针灸书把自己扎瘫痪了！

上述回答并无明显语法错误，其主要问题在于不符合正常认知逻辑。虽然这段语料纯属网络笑话，但从中可见，这类练习考查的主要是思维和认知能力，而在提升语言水平上具有多大作用，还需商榷。

3.4 练习的顺序

练习既要考虑教学内容的顺序，又要顾及认知的顺序，是一个渐进的训练过程，可以从多个角度体现渐进性。比如，由浅入深，由易到难，由课内知识的巩固到课外能力的拓展，由语言知识到语言技能再到综合运用；再如，由机械性练习到活用性练习，由较多控制的练习（如模仿）到较少控制的练习（如补足句子）再到无控制的练习（自由表达）等。在同一题型内部，每一个题目的出现也应按照由易到难、由短到长的顺序。比如，例①中的组词成句，就是先短句、后长句。但很多教材对此不加注意，练习的顺序编排随意，这类现象是应该避免的。

3.5 题目的编写

在语言测试中,每一种题型都有一套命题方法,其中很多方法可以应用到练习的设计中,限于篇幅,不予细述。而所有的命题方法都离不开一个共同原则,即紧紧围绕测试/练习目标,追求较高的题目效度。比如,语言测试/练习的首要目标应该是考查/训练语言能力,而有的练习题考查/训练的却主要是计算能力,这就偏离了命题主旨,效度不会很高。例如:

④听力理解[①]:
女:请问,葡萄怎么卖?
男:黑葡萄十块钱三斤,白葡萄两斤十五块。
问:买三斤黑葡萄、两斤白葡萄需要多少钱?
A. 七块五　B. 十块钱　C. 十五块　D. 二十五块

同理,如果练习目标是训练语法知识,那么题目中就不宜包含生僻词,否则会干扰对语法知识的训练。反过来,如果练习目标是训练词汇知识,那么题目中就不宜包含复杂的语法结构,否则会干扰对词汇知识的训练。

再如,在阅读理解练习中,常有"猜测词语意义"一类练习题,目的是训练学生利用上下文语境推断词义的能力。编写这类题目时,并非所有词语都适合用来猜测,需遵循以下几点:(1)该词要么是一词多义,某个义项需根据上下文语境才能确定;要么仅根据字面义无法推测实际含义,需结合上下文语境才能推断(通常是成语或熟语)。(2)该词本身或者其中一个义项超出学生现有水平(超纲词),只有依靠上下文才能推测。

---

① 自编听力试题。

（3）该词在文中地位重要，不了解该词就很难了解文章主旨或重要细节。（4）练习句提供的语境应足以推断出目标词的意义。满足以上几点，这项练习才可能有效。请看例⑤中的第4题：

⑤《博雅汉语（中级冲刺篇）》① 副课文"东北人的家乡情结"：

1. 下面哪一项不是东北的特点？

A. 三年两头闹灾荒，人们无法生存

B. 居民都是从中原一带迁移来的

C. 位于山海关以北，有大片黑土地

D. 盛产黄豆，当地方言粗犷豪迈

2. "一步三回头"是说东北人 _____。

A. 担心未来　B. 回忆过去　C. 难离故乡　D. 怀念家人

3. 离开家乡的东北人遇到的最大的困难是什么？

A. 吃苦受累　B. 思念故土　C. 失眠焦虑　D. 水土不服

4. "掏心挖肺"是形容东北人 _____。

A. 周到　B. 真诚　C. 粗鲁　D. 凶恶

5. 下面哪个词语最适合形容在东北的东北人？

A. 满足　B. 保守　C. 苦闷　D. 骄傲

6. 关于东北人，下面哪一项正确？

A. 愿意当平常百姓，不愿意做官

B. 愿意开荒种地，不愿意当兵

C. 脾气不好，喝酒打架

---

① 李晓琪主编，赵延风编《博雅汉语（中级冲刺篇）》，北京：北京大学出版社，2005年。

D. 留恋故土，安于清贫

如果不看语境，单看字面，就觉得"掏心挖肺"这个词很血腥，形容粗鲁、凶恶都有可能，只有结合原文才能体会其"真诚"的涵义。通过这道练习题，学生可以掌握这一生动形象的词语，达到练习目的。

另外，例⑤阅读理解练习是一组"块题"。在语言测试中，"块题"的编写是一项重要技术，其基本要领是：（1）一组提问的出题点各有侧重（尽量考查不同层面的阅读理解能力，包括从查找、捕捉，到理解、猜测，再到推断、归纳等多种阅读微技能的针对性训练，难度渐次提升）；（2）避免一组提问互相依赖（即避免学生因为会做这个题目便自然会做其他题目，或者因为不会做这个题目便也不会做其他题目）；（3）避免提问常识或专业知识（即避免学生不看阅读材料仅凭已有知识便能解答）。（聂丹，2013）

对照上述要领分析例⑤的"块题"，可以发现以下问题：（1）第1、3、6题主要训练查找信息和捕捉重要信息的能力，第2、4题训练猜词的能力，第5题训练推断和归纳的能力。可见题目大多还限于查找和捕捉信息层面，理解能力的训练主要体现在对词语含义的考查上，而训练更高层次理解能力的题目还有待增加。（2）根据第3题的题干"离开家乡的东北人"，可以推测第2题"一步三回头"是"难离故乡"的意思，进而再推测第3题"离开家乡的东北人遇到的最大的困难"应该是"思念故土"，在此基础上可以进一步推断第6题"关于东北人，下面哪一项正确"应选择"留恋故土，安于清贫"。可见上述几道题目存在不同程度的依赖关系。(3) 个别题目和选项存在常识化倾向，比如第 1 题的四个选项。

总之，尽管不同题目有不同的编写方法，但都是为实现练习目标服务的。如果一个题目很好地体现了练习目标，那么该题目就为提高练习效度做出了贡献；反之，如果一个题目背离了练习目标，那么必然会损害练习效度。因此，在编写练习题时应始终牢记"练什么"（目标），进而决定"怎么练"（方法），时刻防止脱离练习的初衷。

四、结语

本文从语言测试的视角出发，对对外汉语教材中练习设计的两大核心问题进行了探讨。

第一个问题是"练什么"，这是一个理论问题，分别从课型、语言点或技能、对象等三个方面阐述了练习的目标；第二个问题是"怎么练"，这是一个技术问题，依次从练习数量、题型种类、题型选择、练习顺序、题目编写等五个方面分析了练习的方法。希望本文能够引发对外汉语教材编写者对练习目标和方法的深入思考，进一步增强对外汉语练习设计的针对性和科学性。

参考文献
[1] 程相文（2001）对外汉语教材的创新，《语言文字应用》第 4 期。
[2] 胡明扬（1999）对外汉语教学基础教材的编写问题，见中国对外汉语教学学会编《中国对外汉语教学学会第六次学术讨论会论文选》，北京：华语教学出版社。
[3] 李绍林（2003）对外汉语教材练习编写的思考，《云南师范大学学报

（对外汉语教学与研究版）》第 3 期。
[4] 李扬（1993）建立科学的训练体系——中高级阶段汉语教学技能训练问题，见中国对外汉语教学学会编《中国对外汉语教学学会第四次学术讨论会论文选》，北京：北京语言学院出版社。
[5] 刘颂浩（2009）对外汉语教学中练习的目的、方法和编写原则，《世界汉语教学》第 1 期。
[6] 吕必松（1993）《对外汉语教学研究》，北京：北京语言学院出版社。
[7] 聂丹（2013）听力与阅读理解"块题"编写的常见问题，《中国考试》第 10 期。
[8] 潘洪超（2014）对外汉语初级听力语块练习考察与设计，山东大学硕士学位论文。
[9] 武广红（2012）《汉语教程》与《发展汉语》初级教材练习比较研究，东北师范大学硕士学位论文。
[10] 杨惠元（1997）论《速成汉语初级教程》的练习设计，《语言教学与研究》第 3 期。
[11] 赵金铭（1998）论对外汉语教材评估，《语言教学与研究》第 3 期。
[12] 周健、唐玲（2004）对汉语教材练习设计的考察与思考，《语言教学与研究》第 4 期。
[13] 周丽娟（2010）对外汉语初级综合课教材练习设置的考察与分析，复旦大学硕士学位论文。

海外汉语教师的知与能＊

崔希亮

一、引言

　　海外的汉语教师不同于我们在国内教留学生的汉语教师。首先，教学环境不一样。海外的汉语教师面对的是学生的母语环境，国内的汉语教师面对的是目的语环境。其次，教学理念不一样。比如同是在美国，有的学校要求汉语教师用学生的母语授课，有的学校要求汉语教师不能使用学生的母语授课。再次，教学目标也不一样。有的学校汉语课是公共外语课，有的学校汉语课是专业外语课，而公共外语课和专业外语课的教学目标是不一样的。

　　因此即将赴海外进行教学的汉语教师应该认识到这种差别，为海外任教的工作生涯做好准备。那么赴海外进行汉语教学的教师，应做哪些方面的准备呢？他们应该具有哪些方面的知识和能力呢？下面我们主要从海外汉语教师的生涯准备、上岗准备及海外汉语教师的知与能等方面对这些问题进行说明。

＊ 原文发表于《国际汉语教学研究》2016 年第 3 期。

二、海外汉语教师的生涯准备

为了顺利地进行汉语教学，成为一名合格的海外汉语教师，每一位赴海外进行汉语教学的教师都应注意从以下方面进行工作生涯的准备工作。

2.1 语言学的专业训练

与国内的汉语教学相比，海外的汉语教学更加灵活多变，汉语教师必须适应学生的情况，适应当地的教育环境，因而赴海外教学的汉语教师在去之前要接受语言学的专业训练，其中包括教学法的培训、中国语言文化等本体内容的培训等。汉语教师在课堂上应努力成为一个优秀的匠人，课堂外应努力成为一个学者。因为有很多问题目前还没有现成的答案，只能靠我们自己去独立研究，加以解决。因此，就要求我们有一些基本的专业训练，如教学技巧的训练、基本科学研究能力的训练等。基本科学研究能力的训练对于我们很多老师来说，可能没有这方面的自觉，或者没有这方面的要求。但实际上，很多问题在课堂上出现后，我们无法从别的地方找到答案。如并列式的双音节词"桌椅、天地、脸面"，不能说成"椅桌、地天、面脸"，但"介绍"却有"绍介"的说法存在，为什么？这里面是否存在规律？这就需要我们自己去研究。如果我们借助大规模语料库，对这类语料进行分析，就会发现这种现象其实和我们汉语声调有关，汉语的并列式音节排列是有规律的，就是平起仄收。但为什么两个音节都是去声的"道路"，却不能反过来说成"路道"呢？这里面可能有别的因素。要解决这样的问题，就需要我们进行语言学的专业训练。

2.2 国际视野

所谓国际视野,就是说要站在一个全球的角度来看问题,而不是只站在中国的立场上看问题。这一点非常重要,因为现在是一个全球化的时代,不管你愿意不愿意,我们的这个世界变得越来越小,因此,我们现在每一个出国任教的老师都要有国际化的视野。有些现象在我们中国人看来是很奇怪的现象,但在有些国家却很自然。如关于吃饭的方式,我们中国人用筷子吃,西方人用刀叉,阿拉伯人用手抓。这三种不同的吃饭方式有无优劣之分?有人可能会说用筷子和刀叉很卫生,用手不太卫生。可阿拉伯人不这么认为,他们认为筷子和刀叉是别人洗的,干净不干净你不知道,只有手是自己洗的,所以最放心。又如巴西很多原始部落的印第安人,其主食就是虫子,我们去了之后就会觉得匪夷所思,怎么可以吃虫子呢?同样外国人到中国来,看到中国人吃的海参,他们也觉得很奇怪,怎么吃这么恶心的东西呢?但我们认为海参是很好吃的东西。每个民族都有其历史传统文化,国际视野就是不能有偏见,要有包容心。

2.3 事业心

所谓事业心就是指要将自己所从事的汉语教学看作一个值得做的事业。汉语国际教育或者说汉语作为第二语言教学,本身就是一个事业,是值得做的,因为你会发现你教的学生将来可能会在国际交流当中起到非常重要的作用。让外国人学汉语,学中国文化,学中国历史,了解中国社会,这是一件非常重要的事情。

2.4 责任感

有了事业心还要有责任感。如作家董桥的一本书里讲到他有一位老朋友是一位学者,他送给老学者一本自己的书,结果那位学者在宾馆里三天就看完了,还给他写了三页的勘误。他非常感动,他说这就是责任心、责任感。而这本书的编辑要是有责任感就不会出现这样的问题。从事对外汉语教学也是一样的。

2.5 包容精神

对不同的文化要有包容心,这是非常重要的。我们常常认为中餐是最好吃的食物,可是出国之后你会发现法餐很好吃,意餐也很好吃。所以我们不要说中餐是世界上最好吃的食物,对我们来说是这样,可是对别人来说不见得,我们要包容。

2.6 合作精神

我们在外面工作离不开跟同事的合作,离不开跟学生的合作,还离不开跟校方的合作、跟社区的合作、跟社会各界的合作。因此,我们需要有合作精神。

三、教师上岗 ABC

海外汉语教师除了进行上面所提到的生涯准备外,还应了解"教什么、怎么教、怎么学、在哪儿教、教什么人、用什么方式教"等方面的问题。其中最重要的是"教什么、怎么教、怎么学、用什么方式教"四个方面,下面我们进行具体说明。

3.1 教什么

海外汉语教师教的是什么?教的是语言和文化。因此海外汉语教师对汉语和中国文化一定要有所了解。汉语和印欧语很不一样。汉语是孤立语,印欧语是屈折语。屈折语有很多屈折变化,汉语没有。如印欧语里日耳曼语族的德语有四个格三个性,每一个名词前都有阳性、阴性或中性的标记。我们中国人搞不清楚哪个词是哪个性，需要一个一个地记，因而觉得比较难。那么汉语难在什么地方呢？汉语没有这些形态，如句子"我明天去上海"中，"我"是主语，"明天"是什么？有人说是状语，因为它是时间词，有人说它是第二层的主语。这在西方看来没法说，因为没有任何标记。印欧语里一个句子只有一个动词，不可能有第二个动词。如果有第二个动词，一定要用分词的形式或是不定式的形式出现。而对于汉语来说，一个句子出现几个动词都可以，如"我派张三去找李四让王五给我进城买一台电视机"里有五六个动词。这就是我们汉语和其他语言不同的地方。除了这些不同外，更大的不同是书写系统——汉字系统。汉字对于习惯了字母文字的人来说是一个非常奇怪的书写系统。

3.2 怎么教

教学法有很多，如"3P 教学法"[①]"5P 教学法"[②]、任务型教学法等等。没有放之四海而皆准的教学法。教学法要随着教学环境的变化、教学对象的变化而变化。什么是好的教学法？能解决问题的教学法就是好的教学法。那什么样的教学法是能解决问

---

① 编者注："3P 教学法"是在 20 世纪 70 年代形成的交际语言教学（Communicative Language Teaching，CLT）模式下的产物。"3P 教学法"把语言教学分为演示（presentation）→操练（practice）→成果（production）三个阶段。在教学过程中教师通过对语言知识的呈现和操练让学生掌握，然后再让学生在控制或半控制之下进行假设交际，从而达到语言的输出，形成学习成果。

② 编者注："5P 教学法"也称"五位一体教学法"，把语言教学分为五个阶段：准备（preparation）→呈现（presentation）→操练（practice）→生成（production）→提高（progress）。"5P 教学法"和"任务型教学法"同样都属于交际语言教学法的分支，或者说是实施交际语言教学法的手段。"5P 教学法"强调以结构—功能—交际为主的教学模式，加大了语言的输入输出量，大大提高了课堂目标语言的操练频率。

题的教学法呢？这需要随机应变。就好比你会十八般武艺，在打仗的时候你不会都用出来，你用什么要看实际的情况，临时来处理。

3.3 怎么学

怎么学？这是我们不知道的，或者说是一个秘密。就学生来说，他的第二语言习得过程我们是不太清楚的，虽然有汉语作为第二语言的习得研究，但我们得到的结论都是局部的，我们并不了解整体的习得过程。我们可以在教学的过程中，专门研究学生的学习过程。为什么在同样的条件下，学能差不多的人有的成功，有的不成功？成功的经验是什么？不成功的教训又是什么？这些都是我们可以研究的问题。

3.4 用什么手段和方式教

我们汉语里面这样的问题大量存在：学生会问，可是你说不出来个所以然。还有就是在美国学习汉语的除了美国人还有世界各地移民及其后裔。比方说亚裔的日本人、韩国人、华人等。他们的学习策略是不一样的。日本学生学习的时候非常认真，每个不会的地方都会标得清清楚楚，上课的时候不问，下课的时候问。美国学生上课的时候搞不清楚就会马上问："为什么会这样？"如果我们没有办法解释，只是告诉他汉语就这样说，他是不会满意的。那怎么办？办法有两个，一是查阅现有的可参考语法，看看有没有现成的研究成果。二是自己进行研究，得出结论。

我们要知道，作为一位匠人、一位好的教师，就是在课堂上怎么当好教练，把学生组织起来让学生来说、来参与、来练习，老师就是做指挥的。作为一位学者，除了这些之外还要有一些研究的能力。教师的知识结构、能力结构、文化热情、包容精神、教学技巧、教学艺术、道德修养都是非常重要的。这就是教师的素养。

四、海外汉语教师的知

4.1 汉语知识

海外汉语教师要了解汉语知识，就是要了解自己语言的特点和规律。既包括语音方面的知识，也包括词汇和语法方面的知识，还包括语言学理论方面的知识。下面我们主要简单说说语音、语法及语言学理论方面的相关知识。

4.1.1 语音方面

4.1.1.1 声调的问题

汉语是有声调的语言，普通话有四个声调：阴平、阳平、上声、去声。这四个声调按照五度标音法都有调值，可是对于外国学生来说学会四声并不是简单的事。如对说英语和阿拉伯语的人来说，第二声很困难，第四声也常常发得很不到位。为什么？因为我们教的时候用的五度标音法是赵元任先生创制的，有误导的作用。如"——好不好？——好。"我们不会说"好（214）"，这里的214不是真正的214，而是211或212。再加上汉语的语调，外国人把声调和语调混在一起，就会出现洋腔洋调的问题。英国人、美国人说汉语时的语调是英语的语调，不是汉语的语调。因此，我们要了解声调和语调的问题。

4.1.1.2 声母、韵母发音的问题

声母的问题在哪？对于美国人来说最难的是r，他们常用英语的r来发汉语的r。英语r的发音开口度大一些，而且更加灵活。对于说日语的人来说最难的是双唇后高圆唇元音[u]，因为日语没有这个音，只有后高不圆唇元音 [ɯ]。学过语音学的就知道，这两个元音的主要差别在于口腔的圆展程度不同。对于日本人来说还有一个问题就是他们会将送气音和不送气音发成清音和浊音。因为日语有清音、浊音的区别，没有送气、不送气的区别，所以你说"兔子"和"肚子"对他来说没有区别，他听不出来"兔子"和"肚子"的不同。这些情况我们都应该了解。

4.1.2 语法方面

语法方面也有很多问题，如关于"的"的隐现问题，很多外国学生都掌握不好。为什么"我狗"要加"的"，而"我爸爸""我妈妈"可以不加"的"？我们用"可让渡性"来解释，凡是可让渡，即可以送给别人的，都必须加"的"。"我的狗"可以送给别人，"我的爸爸妈妈"不能送给别人，所以"爸爸""妈妈"可以不加"的"。加"的"表示距离远，不加"的"表示距离近。是不是这样就把问题都说清楚了？其实大家会发现并不完全这样。如"我的老婆"，"老婆"离婚后就可以让渡给别人，不离婚不可以。这里面是很多概念的问题，所以很难一句话说清楚。

4.1.3 理论方面

香港科技大学张敏教授，用认知语言学的距离像似（iconicity）动因理论来解决"的"的隐现问题[①]。所以我们还得有点理论准备，能用语言学理论来解决所碰到的类似的问题。

4.2 外语知识

海外汉语教师最好懂两门外语，会用一种语言。所谓懂，就是说要在知识层面上了解这种语言是怎么回事，同时我们也强调

---

① 张敏《认知语言学与汉语名词短语》，北京：中国社会科学出版社，1998年。

要会用一种语言。假如我们去美国，就要会用英语。如果不会用，就会出现很多生活方面的问题。外语知识懂得多了我们就会知道学生为什么会犯这样的错误。如韩国人为什么会把 [f] 发成一个双唇音的 [p]，因为韩语只有双唇音 [p]，没有唇齿音 [f]。又如"鸡不吃了"，汉语是有歧义的，"鸡"可以是受事，也可以是施事。可德语、日语就不会出现这样的问题，因为德语有格的标记，日语也会标记宾格还是主格，同时还会在词尾或定冠词上有变化。德语的"在火车上写字"，汉语至少有三个意思：（1）坐在火车里面写字；（2）在火车表面写字；（3）在火车车顶上写字。究竟表达哪个意思？这是不确定的。而德语用三个不同的介词把三种不同的场景表达得很清楚。如果我们懂两门外语，我们就会发现不同的语言会有不同的语法手段。

4.3 驻在国的知识

古人说入国问禁，入境问俗，入门问讳。要了解驻在国的知识，知道他们忌讳什么，不能当着和尚骂秃子。如到了日本，吃面的时候要把碗端起来吃，而且要吃出声音来，并且吃之前还要说"Itadakimasu!"（日语：开始吃啦）。吃面条时不出声，主人会认为面条不好吃，如果你一边吃一边出声，吃完了，还要品一品，回味地说"Go-chiso-sama deshita!"（日语：吃饱了/感谢款待）。这样日本人就会很放心。而在美国人家里吃面条要一根一根地吃，而且既不能出声，还不能把碗端起来。在韩国吃米饭的时候，碗也是不能端起来的。而在中国，吃米饭碗端起来或不端起来都没关系。这些都属于餐桌礼节（table manners）。每个民族都有自己的餐桌礼节，所以，我们要了解驻在国各种各样的知识，包括生活上的细节和常识。

4.4 语言学知识

海外汉语教师应该了解一些语言学的基本知识,因为很多问题在语言学理论上已经解释得很清楚了。如果我们没有语言学的知识就会乱解释,因为你不知道它究竟为什么。比方说,如果一个美国人到中国来旅行,他会发现一个很有趣的现象,到了四川"鞋子"不叫"xiézi",而叫"háizi"。他就会问:为什么四川人把"xiézi"叫做"háizi"?其实我们中国人也问这个问题。如果我们学过语言学,就会发现 j、q、x 这三个音是后来产生的,原来都读作 [g][k][h]。这是语言的一种发展变化。日语、越南语、韩国语都保留了汉语古代的发音,所以四川话中有古代的发音一点也不奇怪。语言学的很多问题都可以用语言学的理论解决,所以,我们要有语言学的知识。

4.5 中国文化知识

具体来说包括文学、艺术、思想、宗教、建筑、医药和传统武术等等。对于这些文化,西方人有一个迷思:第一,他们认为中国人都会功夫;第二,他们认为中国人都会打乒乓球。这两个问题我们走到哪儿,外国人都会问到。如果中国人不会打乒乓球,他们会觉得非常奇怪。这里面就有很多文化的内容。又比如,他们会和我们讨论老子、庄子、孔子、孟子,如果你不能和他们讨论,他们就会认为你不适合做他们的老师。作为一位外派的汉语教师,他们会理所当然地认为你是中国问题的百科全书。

4.6 中国历史、地理知识

我们对中国整体的历史和地理知识了解得多,但是在某些细小的、局部的方面,我们可能会不如某些对中国某一方面的历史和地理感兴趣的外国人知道得多。我读书时的一位美国室友,他对武则天特别感兴趣，所以他对唐代的历史特别感兴趣，他的很多问题，我都无法回答。但是，我可以和他讨论唐代的历史、社会、典章制度、民族状况、官职等等。所以作为对外汉语教师，中国的历史、地理知识要了解。

4.7 中国社会的知识

我们要洞悉中国社会的社会结构和社会现象，如我国中古封建社会是以宗法氏族为主要结构的，那么什么是宗法社会？在南方，很多村子都有祠堂，也有宗亲会，大家会经常聚在一起，互相帮助。那么宗法社会的特点是什么？在现代中国，宗法社会还有它的影响力吗？这些都是我们需要了解的。另外，我们现在的村级民主选举制度、人民代表大会制度等这些政治制度也需要我们了解。

4.8 教育心理学知识

海外汉语教师还需要了解教育心理学方面的知识。我们的志愿者，可能有的会去社区，有的会去大学，也有的会去小学。小孩儿和成年人的学习心理有很大的不同。另外，人和人之间也是有差别的。我们应该有一些教育心理学的知识，能针对不同的学生采取不同的教学方法和技巧。如我在澳大利亚教学的时候，教学对象是大学生，通常课上到 30 分钟的时候他们就要求休息。为了吸引他们，每次上到 30 分钟的时候，我就给他们讲一个故事。这些故事都来源于中国的寓言，如刻舟求剑、南辕北辙等，同时又将故事与当地的地名、习俗结合起来，使故事具有当地特色。这样学生们都很喜欢，最后形成了一日一故事的习惯。

4.9 百科知识

海外汉语教师还要有百科知识。要有百科知识并不是说我们要了解所有的知识，但是常识性的知识我们要知道。如我们要了解所在校园的植物、动物。美国的校园里会有很多动物，像松鼠、鼬、獾、乌鸦、喜鹊等，我们要知道它们叫什么。我们要尽量多读一些书，看到身边的事物多问一个为什么。

五、海外汉语教师的能

5.1 语言表达能力

所谓语言表达能力就是会说话，能把话说清楚，这是对教师最起码的要求。这个要求看起来很简单，但要做到却并不容易。如何做到把话说清楚？首先，要明确说话对象，即教学对象是哪国人；其次，要明确他的汉语水平；最后是要表达的事件的复杂程度。这要求我们的教师有一定的功力。如在汉语中有两个词"看"和"见"，如何将二者的差异说清楚？最好的办法就是用例句的方式解释。据胡明扬先生讲，某词典征求意见稿对"跳"是这样解释的："双脚离开地面，身体向上运动"。张志公先生看了之后，说这不是"跳"，这是"上吊"。所以给一些词下定义是很难的事情。我们该怎么办？目前有专门用于第二语言教学的词典，用元语言等基本词汇来解释词，而且采用举例的方式进行解释。在教学中要避免的是只讲理论不讲例子。

5.2 课堂组织能力

课堂组织能力就是说要当好教练。我们有的教师没有把握好匠人和学者的关系，在课堂上，如果90%的时间是个人独白，那这样只能使学生昏昏欲睡。我们在课堂上要做个匠人或者教练，在课堂外要做个学者。

5.3 外交能力

海外汉语教师，尤其是在孔子学院工作的教师，要尽快打开局面，外交能力是很重要的。很多教师尤其是孔子学院的院长，更多的不是教课，而是要经常和社会人士打交道。比如招生工作，要去政府、社区、中小学参加很多外交活动。如何寻找交流的话题，成功地进行交流？我曾经参加过在英国举办的大学校长交流会，酒会上出现了这样的场面，很多中国校长聚在一起聊天，他们为什么不和外国校长交流？原因有两个：一是担心自己的英语不好，无法进行交流；二是不知道该交流什么。我想可能更重要的原因是不知道该交流什么，害怕交流不成功。在交流的过程中，最忌讳的是冷场，如果冷场，对方会认为他说的话题你不感兴趣。如何让话轮继续下去，涉及谈话的技巧。外交能力和语言技巧是分不开的。

5.4 表演能力

在进行汉语教学时，有些知识我们可以直接表演给学生看，如教"跳"时，我们可以直接"跳"给他们看。教"怒发冲冠"时，可以通过身段、表情、语音表演出来。

5.5 理解能力

理解能力就是要听得懂学生的问题，知道学生问的是什么。举个例子，以前有个学生问我："老师，什么是Y头？"我一时没明白，就问他从哪儿看见的这个词，他说在《红楼梦》里有"凤Y头"。原来是将"丫头"看成了"Y头"。又如在对外汉语课堂上，有个巴西的学生说："我很瘦，因为我的妈妈没有牛奶，我是吃母牛的牛奶长大的。"显然他对"牛奶"的理解是有问题的。又如，有个学生去我家时问我："老师，你媳妇在家吗？"显然这是语用方面的问题。"媳妇"有很多表达,如"爱人""夫人""老婆"等,但是每个词的用法是有区别的。台湾人觉得"夫人"是别人对自己爱人的尊称,自己不会叫自己的爱人"夫人"。但在大陆,我们称自己的爱人为"夫人"是很正常的。所以在对外汉语课堂上,教师要认真听,体会学生的问题,分辨出他们的问题是语音、语法、文化还是语用方面的问题。

5.6 科学研究的能力

海外汉语教师还需要具有一定的科学研究的能力,在研究一个问题的时候,要抓住问题的本质。汉语作为第二语言教学中出现的很多问题都是很有代表性的问题,而且有很多是我们在本体研究中不会想到的问题。如"我差点儿没摔倒"和"我差点儿摔倒",都是"我没摔倒",而"我差点儿没考上北大"和"我差点儿考上北大",前一句意思是"考上了",后一句意思是"没考上"。这种肯定、否定是否有规律?这种问题我们要抓住它的本质去研究。"差点儿"句分两种情况,一种情况是肯定和否定意思不同,一种情况是肯定和否定意思相同。什么时候意思相同?什么时候意思不同?这要看是否符合说话人的主观企望。如果是说话人主观希望发生的,肯定形式和否定形式意思不同;如果是说话人不希望发生的,肯定形式和否定形式意思相同。在这个问题上,主观愿望是问题的本质。又如,学生按照"把"字句的特点造出"我把饺子吃在五道口"这样的句子,为什么这种表达是错误的?因为"把"字句中动作行为的对象要存在位移的现象,"我把饺子吃在五道口"没有这种逻辑上的联系。在对外汉语课堂上这样的问题俯拾即是,发现问题要有慧眼,解决问题要有慧根。如果你没有足够的学术储备,你发现的问题可能永远不知道从何下手。

5.7 亲和能力

一位教师能否得到学生的喜欢，有很大一部分取决于这位教师的亲和力。有的教师上课不看学生，看天花板，还有的教师讲课总是习惯皱眉。这样学生就会觉得和教师有距离。教师的亲和力是教师自己可以控制的，上课时，教师必须要和学生有交流。

5.8 现代教育技术的应用能力

教师要学会运用多媒体等现代教育技术。在教学的过程中，我们可以做一些动画使有的问题变得简单。例如"把"字句的教学，我们可以做一些动画来图解。有时一个很复杂的问题，我们可以用一张很简单的图说清楚。当然将复杂问题简单化，深入浅出，这是需要修炼，需要功力的。

六、结语

6.1 汉语教师的使命

我认为汉语教师的使命是：以此为业，以此为乐，以此为荣，以此为善，以此为己任。作为一位汉语教师，我们将来可能要到世界各地去讲课、讲学，云游四方，这是我们的事业。在云游四方的时候我们要以此为乐，这样我们就会兴致勃勃地去做。

6.2 对汉语教师的期望

教师要做个有心人，要搜集各种各样的问题，要有书卷气，要有烟火色，要有雨露功。所谓烟火色，是指对底层有所了解，比如最炎热的时候，我们的建筑工人拿着喷火枪在高层施工，我们要有同情心，要感同身受。同时要了解农村，比如哈佛班，我们会安排社会实践，去中国西部，看看那里的农村。所谓雨露功是指用"润物细无声"的方式，慢慢地将中国文化传递给他们。

中国有句古话叫"为学日益，为道日损"，就是说学的知识越多，我们知道的道理就越精练。这就是我想要说的。

汉语国际教育专业人才培养的现状、问题和发展方向*

施家炜

0、引言

汉语国际教育体系是一个综合系统，涵盖了教育教学、科学研究、人才培养、师资培训、语言测试、教材出版等多个领域。当前，汉语国际教育事业日益呈现多元化发展态势：市场需求多元化，学习需求多元化，语言学习环境多元化，学习者年龄层次、学习动机、语言和专业背景多元化，等等。作为事业也好，作为学科发展也好，汉语国际教育学科建设亟须解决新形势带来的诸多新课题，学科的人才培养问题就是其中之一，因为有了优秀的教师，才能科学探究和灵活运用并创造性地使用教法；有了优秀的教师，才能科学研发、评估和创造性地使用教材；也只有优秀的教师，才能科学开展与教学内容、教学方法、教学设计、教材评估、语言测试、课堂管理等有关的研究。学科和事业发展的核心要素始终是人。

---

* 原文发表于《国际汉语教育（中英文）》2016 年第 1 期。

一、汉语国际教育专业人才培养的发展现状

目前,汉语国际教育专业人才培养在本硕博各层次均已有开展。

以本科生培养为例,教育部于 1985 年正式设立对外汉语本科专业,最初是布控专业,全国仅有 4 所高校设立,即北京语言大学、华东师范大学、北京外国语大学、上海外国语大学。进入 21 世纪之后该专业在全国范围内迅速发展。2010 年底,全国共有 285 所高校开设该专业;2012 年底,全国共有 342 所高校开设该专业,在校生 63933 人[①],同年教育部新颁布的本科专业目录中,对外汉语专业与中国语言文化、中国学专业合并更名为汉语国际教育专业;教育部 2013 年和 2014 年两年新批备案汉语国际教育专业高校 21 所;截至 2015 年 9 月,全国开设对外汉语/汉语国际教育专业的高校数量达 363 所。

汉语国际教育二级学科博士点设立始自 2012 年,开办高校如:华东师范大学(2012 年,国际汉语教育)、中央民族大学(2013 年,国际汉语教学)、北京语言大学(2014 年,汉语国际教育)、四川大学(2014 年,汉语国际教育)、厦门大学(2014 年,国际汉语教育)等。另外还有不少高校仍在"语言学及应用语言学"二级学科下设置"对外汉语教学"方向培养博士生。

---

① 数据来自教育部高教司,参见《"2013 年全国高校汉语国际教育/对外汉语本科专业建设研讨会"召开》,《世界汉语教学》2014 年第 1 期。

二、汉语国际教育专业人才培养目前存在的问题

从上述情况来看，汉语国际教育专业人才培养已达到相当的规模，数量上增长迅速，但也存在问题，主要表现于其质和类。

以国际汉语师资培养的重要基础环节——汉语国际教育本科教育为例。据我们2008—2010年对全国普通高校对外汉语专业本科教育情况的调研[①]以及自2013年以来从"全国高校汉语国际教育本科专业负责人联席会"了解到的情况，该专业本科教育存在如下困难与不足：

（1）师资队伍：汉语国际教育专业具有应用型和交叉型的特点，涉及语言学、教育学、心理学、文学文化等多个领域，对教师团队成员的知识和能力具有特殊而严格的要求。在师资方面，目前汉语国际教育本科专业任课教师的学科专业以语言类和文学类为主，能够将语言学理论与教育教学密切结合、将汉语作为第二语言教学的理论与实践密切结合的高层次人才严重不足。

（2）专业定位与培养模式：专业归属不明，培养规格不统一，人才培养模式和教学模式单一化，特色不够鲜明，不能完全适应汉语国际教育的新形势和学习者的多元化需求。

（3）课程体系：专业课程设置共性较明显，已形成较为统一的课程格局，分别从普通语言学和汉语言文字学基础理论知识、

[①] 该项调研为北京市教育委员会共建项目"汉语国际推广背景下的首都留学生教育研究"子课题"首都汉语国际教育体系研究（对外汉语本科专业）"的研究成果，旨在全面客观地呈现普通高校对外汉语专业本科教育的发展现状和存在问题，为科学制订专业规范、适应汉语国际教育新形势的对外汉语本科专业人才培养体系，进而为政府制定汉语国际教育发展中长期规划提供科学依据。调研分两期进行，一期调研涉及全国30所高校，二期调研共涉及全国56所高校。

对外汉语教学的基本理论和方法、文学文化素养、汉语和外语写作能力以及口头表达能力四个方面培养学生的综合能力素质,其中有十门专业主干课程在60%以上的高校均有开设,且使用教材较为统一,它们是:现代汉语、古代汉语、语言学概论、第二语言教学概论/对外汉语教学通论(概论)、对外汉语(课堂)教学(方)法、中国古代文学(史)、中国现当代文学(史)、外国文学(史)、中国文化史纲/中国文化通论(概论)、汉语(基础)写作。这十门主干课程与专业培养目标一致,体现出专业人才在知识结构和能力结构上的特色。但同时,课程设置存在结构不够合理、前后不够衔接、课程横向与纵向关系不够科学、课程不够规范、理论与实践脱节等问题,需要论证规范、合理布局。

(4)教学实践:汉语教学实践环节较为薄弱,学生实习基地缺乏或不稳定,实践技能培养不够,理论与实践脱离,实践课程的开设尚无明确标准。

(5)教学管理:多数高校建立了一系列教学管理规章制度,但管理体系建设不均衡,有的学校尚未形成系统的教学管理体系。质量评估与教育管理体系急需科学完善。

(6)就业"出口":有两种现象并存。一方面,多数高校设置对外汉语本科专业的历史尚短,一半高校并无毕业生,存在盲目招生且招生规模过大的现象;另一方面,从毕业生去向来看,能够直接从事对外汉语教学工作的仅占10%左右。尽管对外汉语专业招生生源很好,但本科毕业生难以直接从事汉语作为第二语言的教学工作,尤其是在海内外大学或相关机构从事教学工作,这在一定程度上导致了部分优秀人才的流失。

以上本科层次的人才培养问题,在汉语国际教育专业硕士、博士生培养中也不同程度地存在。突出问题有二：

其一，人才培养量增而未能质优。吴应辉（2014）曾指出："硕士层次目前存在数量扩张太快、质量参差不齐的问题。……盲目扩张将导致'汉语国际教育硕士'专业学位研究生培养质量降低，就业形势恶化，最终将造成该专业学位社会声誉严重受损的恶果。"

其二，课程设置体系初成而未尽科学应时。2007年底，为保证汉语国际教育硕士专业学位研究生的培养质量，受国务院学位委员会办公室、教育部学位管理与研究生教育司的委托，全国汉语国际教育硕士专业学位教育指导委员会秘书处组织专家制定了《汉语国际教育硕士专业学位研究生指导性培养方案》，课程设置已初步形成体系，但多年来在实践中各高校仍存在课程名不符实，课程结构不合理，课程不能反映当前第二语言教学的新教育理念或适应当前汉语国际教育新形势新需求，理论与实践相脱节等诸多问题。

三、汉语国际教育专业人才培养的发展方向

面对以上问题，我们亟须思考汉语国际教育专业人才培养的发展方向。笔者谨在此列出6个思考方向以供参考。

（1）经验教训的反思。汉语国际教育专业建设、学科建设、人才培养有何经验？又有何教训？

（2）教育理念的创新。汉语国际教育专业人才培养的教育理念如何创新？哪些方面需要创新？如何检验创新的效果？

（3）人才培养目标。汉语国际教育专业要培养什么人？是

只培养教师还是更多元化的人才？培养教师时，要培养何种教师？优秀的国际汉语教师应具有什么样的知识结构、能力结构和思想心理素质？应注重何种能力和素质的培养？什么样的汉语教师能够适应各类汉语教学包括海外汉语教学的需要？20世纪八九十年代最早设立对外汉语本科专业的高校在人才培养目标上多从知识结构、能力结构与所能胜任的工作三方面加以描述，可概括如下：

知识结构	普通语言学和汉语言文字学（或汉语语言学）
	汉语作为第二语言教学（或对外汉语教学）与习得
	文学、文化（或历史文化）
	双语、双文化
	教育学、心理学
	百科知识
能力结构	汉语表达能力
	外语能力
	跨文化交际能力
	汉语作为第二语言教学能力（或对外汉语教学能力）
	课堂组织能力、现代教育技术应用能力等
	研究能力与创造性思维能力
所能胜任的工作	对外汉语教学与研究
	中外文化交流（或涉外工作，包括文秘、翻译等）
	新闻出版、外交、企事业管理等
	继续深造

但仅有以上认识还远远不够，汉语国际教育新形势对专业人才的知识技能需求有何变化？培养目标发生了哪些变化？如何建构不同的能力指标体系？这些问题都尚无令人满意的答案。

（4）人才培养模式和教学模式。新形势下的汉语国际教育专业人才培养模式和教学模式如何创新？如何培养优秀的国际汉语教师？如何培养差异化、有特色的人才？

当前，各高校都在探索人才培养模式的创新，模式各具特色，如：

北京语言大学模式——培养国际化、应用型、复合型的高水平汉语国际教育专业人才，突出两个融通："厚基础、宽口径、高素质、复合型"的融通教育和中外学生的融通教育，建构多元化实习/实践模式的体系；

华东师范大学模式——突显"双语、双文化、双能力"的办学特色，强调创建"国际化、实践型、创新型"人才能力培养链，知识传授与能力培养结合、课堂教学与课外实践结合的培养模式；

北京外国语大学模式——"双专业、复合型"培养模式；

上海外国语大学模式——对外汉语、英语能力和第二外语三方面均衡发展；

暨南大学模式——在汉语、英语、语言教学与习得三方面基本知识基础上注重实践教学环节；

南京大学模式——"三三制"本科人才培养模式："大类培养""专业培养"和"多元培养"的"三个培养阶段"以及"专业学术类""交叉复合类""就业创业类"的"三种发展路径"。

这些都是可贵的探索，而更重要的是，模式创新的效果如何，人才培养的质量如何，尚需实证的检验。

（5）课程体系建设。汉语国际教育专业人才培养应如何建构科学应时、横纵向关系协调、结构科学合理的课程体系？课程体系的改革方向是什么？着力点又是什么？

（6）专业资源建设。汉语国际教育专业人才培养需要建设何种专业资源？如何在建设专业资源平台的同时，发展学生的多元智能和自主学习能力？

汉语国际教育专业人才培养是学科建设的核心课题之一，其发展方向有待学界深入探讨。这里我们还想强调三点。

第一，人才培养是一个关涉"进口—培养—出口"三个环节，与专业定位、培养目标、培养方案、课程体系、教材建设等相配套的系统工程，思考其发展方向时需要统筹兼顾。

第二，当今的"后方法时代"要求国际汉语教师熟悉各种教学法流派和教学方法，能根据特定的教学对象、具体的教学环境、教学目标，灵活选用最合适的方法；要求国际汉语教师除具有扎实的语言学、教育学、心理学知识外，还要具备良好的教学反思能力、教材评估及选择能力和独立研究能力。

第三，"必须强调以科研引航，要做踏踏实实的科学研究，只有坚持以科研引航，才能确保汉语健康、稳步而又高速地走向世界"（陆俭明，2013），也才能确保学科和事业的科学发展。

参考文献

[1] 程娟、华学诚主编（2013）《对外汉语专业建设的理论与实践——全国高校对外汉语专业建设研讨会论文精选》，北京：北京语言大学出版社。

[2] 国家汉语国际推广领导小组办公室（2007）《国际汉语教师标准》，

北京：外语教学与研究出版社。

[3] 李其龙、陈永明主编（2002）《教师教育课程的国际比较》，北京：教育科学出版社。

[4] 陆俭明（2013）汉语教学的新形势与汉语教学人才培养——兼论汉语师资培养要有针对性，见程娟、华学诚主编《对外汉语专业建设的理论与实践——全国高校对外汉语专业建设研讨会论文精选》，北京：北京语言大学出版社。

[5] 陆俭明、马真（2016）《汉语教师应有的素质与基本功》，北京：外语教学与研究出版社。

[6] 吴应辉（2014）汉语国际教育学科建设亟待解决的主要问题，《国际汉语教学研究》第1期。

"明德模式"之汉教硕士培养*

杨玉玲

一、前言

  美国明德学院中文暑校在汉语教学方面取得的斐然成绩在汉语教学界有口皆碑。明德学院无论是师资培训、教学理念、教学方法、教学管理以及学生成绩考核等方面均已形成自己鲜明的特点。这些特点被业内总结为"明德模式"并被无限地复制传播。很多人百思不得其解："汉语的故乡在中国，为什么汉语教学的重镇在美国明德？"为了求解并服务于汉语教学，近些年来，对"明德模式"的关注和研究越来越多，如施仲谋（1994），张和生（1997），崔永华（1999），张喜荣、田德新（2004），汲传波（2006），曹贤文（2007），司红霞（2017）等。但大家对"明德模式"的研究大多集中在明德中文暑校本科语言教学方面，对其汉语教学硕士（以下简称明德汉教硕士）的培养似乎关注不多，研究不够，甚至国内还有些人尚不知明德有汉教硕士项目。其实明德汉教硕士培养在仅仅10年的时间里已经形成了自己的特点，

---

* 原文发表于《中国大学教学》2018年第2期。

取得了骄人的成绩。美国汉语教学界已逐渐认识到：明德对汉语教学界的贡献不仅体现在培养了大批精英汉语人才，还体现在培养了大批"精英汉语教师"。这些"精英汉语教师"除了来自明德中文暑校课堂，还有一部分就来自明德汉教硕士项目。他们就像一粒粒火种把"明德模式"传播到美国甚至是世界各地，使得"明德模式"的影响和贡献更加巨大。本人有幸在明德汉教硕士项目从事教学九年，所以希望能从实践层面对明德汉教硕士项目在课程设置、教学模式、学制设置、生源情况等方面进行总结，以期对国内轰轰烈烈的汉语国际教育硕士（以下简称汉教硕士）的培养有所裨益。

二、明德汉教硕士项目的优点和特点

明德暑校即明德学院暑期语言学校，始创于1915年，目前已有德语、法语、西班牙语、意大利语、俄语、中文、日语、阿拉伯语、葡萄牙语和希伯来语等12所语言学校。其中中文暑校始创于1966年。这些暑期语言学校主要进行两种学制的教学：一是本科程度的外语教学，二是研究生教学。研究生教育始于1927年，主要有文科硕士（Master of Arts）学位和现代语言博士（Doctor of modern languages）学位。中文暑校于2007年正式招收汉语教学硕士（graduate program in Chinese），现已毕业9届50余名硕士生，2017年暑期在校硕士生共31人。

明德汉教硕士培养模式主要有以下几个特点。

1. 明确的培养目标和灵活的学制

明德汉教硕士培养目标非常明确，即培养适合美国的汉语教师，不以单纯培养学术研究能力为目的。所有的教学环节都紧紧围绕这一目标进行，如并不要求毕业生统一撰写学术毕业论文，学生可根据自己的兴趣和实际情况选择撰写论文，或者综合所有课程的学习研究成果编写一个教学单元的教学设计。

明德汉教硕士培养有两种模式：一种是仅在暑期上课，连续或间断四个暑期；另一种是两个暑假加一学年持续不间断的学习（加州蒙特雷分校）。目前看来，已就业的学生多取前者，即利用暑假充实自己；本科刚毕业尚未走上工作岗位的学生多取后者。这种可供选择的学制具有很大的灵活性，学生可根据自身的时间安排进行选择，既利于学生灵活安排自己的学习生活，也利于学校招收更好的生源。明德汉教硕士暑期学习时间为6周，6周内完成正常一个学期的教学内容，所以是一种高强度、密集式的教学方式。

2. 相对固定但不失灵活的"（3+1）+2"课程设置

"（3+1）+2"中"3+1"即"三大模块＋教学实训"为必修课，"2"为2门选修课。具体如下：

第一个模块：语言学及其汉语各要素。如：语言学导论、汉语语音学、汉语教学语法、汉语词汇、语义学、语用学、社会语言学等。该模块要求选修三门。

第二个模块：二语教学理论、课程设计、教学评估。如：对外汉语习得研究、对外汉语教学导论、汉语课堂活动设计、对外汉语教学的行动研究、汉语教材研究、阅读研究等。该模块要求选修四门。

第三个模块：中文文化。如：中国电影、中国文化、中国妇女文学、中国古典文学、当代中国文化专题等。该模块要求选修两门。

为了更突出地体现该项目的实践性,除了这三个模块以外,还有一门集大成者的课程,即教学实训。该课程仅在最后一个学期开设,即只有即将毕业的学生才可以选修该课程。该课程由教学经验丰富的白建华教授和 Lisa 教授亲自指导。这个课程的目的是把学生前面所学的零散的知识进行整合,以便学生能够更好地驾驭整个课堂。

为了满足来源不同的学生的不同需求,除了这"3+1"模块之外,还允许学生有两门课的自留地,即学生可以根据自己的情况,再灵活选修两门课程。如果是教学经验非常丰富但语言知识不够系统的学生,则可以再多选修两门语言课;如果是刚语言学毕业的学生,则可以多选两门二语教学或文化的课程;如果是缺少中国文化知识的外国学生,则可以多选修中国文化课程等。

这种课程设置既保证了作为一个汉语教师所必备的"汉语知识、教学技巧和中国文化",又能做到因材施教,灵活多变,同时也可以看出其对教学技能的重视。

除了正常上课以外,每一位教师都有一个晚上的 office hour,用以解答学生的各种问题。另外,老师一日三餐尽量要和学生坐在一起,以便随时回答学生的问题,了解学生的需求。

3. 优秀的生源和较低的师生比例

明德汉教硕士的生源足且优。从国籍上来说,一部分学生来自美国,一部分来自中国(包括香港、台湾地区),还有小部分来自英国、缅甸、不丹等国家。但为了搭建一个互相进步的脚手架,基本上是一半毕业于美国大学,一半毕业于中国大学。从学生背景来看,大部分是已经在美国各大中小学从事汉语教学,小部分刚本科毕业尚未走上工作岗位。从专业上来看部分是汉语语言专业毕业，部分是英语等其他专业，甚至还有物理、化学、生物的毕业生。这样的生源比例就为学生的共同进步搭建了一个极好的脚手架。他们可以互相学习，取长补短。比如，美国大学毕业的学生创意足，更了解美国的本土教学情况，而国内大学毕业的学生汉语本体知识和文化方面具有优势。他们在一起上课看起来水平参差不齐，实际上只要老师充分利用，就可变劣势为优势。这些学生都是经过暑校校长亲自严格筛选而招进来的。一般来说，他们学习积极性高，自主性、能动性强。如前所述，如此强化密集式的教学如果没有较强的学习动机、积极主动的学习热情是很难进行下去的。

明德暑校向来以"小班教学"的精英教育而著名，汉教硕士项目也是如此。以2013年暑期为例，师生之比为1∶5.4，每个班大约在10个人，最小的班只有4人。这样的师生比例更容易做到因材施教，使学生得到更多"个性化"的指导，可以保证师生有更多的互动机会，生生的交流也更充分。

4. 突出实践性的教学环节

对实践性的重视，不仅表现在课程设置上，而且还表现在教学的各个环节上。

（1）从教学内容上看，无论是三大模块中的哪一门课程都紧密围绕汉语教学进行，而不是单纯的知识传授。比如，明德汉教硕士项目不单独开设现代汉语语法，而是开设汉语教学语法；不开设现代汉语词汇，而是开设汉语词汇及其教学。语用学也不是简单地介绍语用学的基本理论，而是紧密结合美国学生在学习汉语过程中经常出现的语言现象进行语用分析。中国文化也不是单纯讲文化,而是从教学出发,讲授应该融入哪些文化,这些文化怎么融入汉语课堂等等。

(2) 从教学方法上看,明德汉教硕士的授课方式主要是教授主讲、学生报告、大家讨论的紧密结合。老师在开学之初就会把整个学期的详细教学计划发给学生,每个学生根据自己的兴趣选择一个专题做报告。老师提前让学生看一些文章,提出讨论的主题。做主报告的同学除了用 PPT 展示自己对该专题的理解、应用和思考之外,还应引导其他学生在课上讨论。这就要求所有的同学提前阅读相关文献。报告结束一周内负责报告的学生应根据自己的阅读思考和大家的讨论形成最终报告。每学期每个学生至少有一次报告的机会。这样的教学方式可以更多地鼓励学生独立思考和判断,给予学生自主学习的权利。

(3) 从课堂观摩上看,明德汉教硕士的培养依托享誉全球的"明德中文学校",可以说这是明德汉教硕士培养成功的一个关键因素。众所周知,明德中文暑校汇聚了中美最优秀的汉语教师,而且这些教师都乐于交流和分享。对于汉教硕士来说,这一平台极其重要,他们进入这样的课堂去观摩,和那些优秀教师与学生进行交流沟通,真正做到了把课堂所学和教学实践密切结合。

5. 高效的教学管理和自由严谨的学术氛围

明德的教学管理有条不紊,紧张而有序。

(1) 一视同仁的教师培训从思想认识上保证了教学的顺利进行。无论是著名教授还是年轻新秀,只要是为明德汉教硕士项目上课的老师都被一视同仁。在学生到校的前三天他们都要统一参加一个小型培训会。在这个培训会上,校长会简单介绍该项目的情况以及在教学过程中应注意的问题,老师们也互通有无。

（2）切实有效的教学评估也对教学效果起到了保障作用。明德暑校实行严格的师生评估和考核制度。在暑期中间（即第三周）和暑期结束时，所有的学生都要对自己的老师进行两次评估，学校办公室则会把评估结果及时反馈给老师。评估结果不仅可以作为第二年聘任教师、进行课程改革的重要依据，也是任课教师进行教学反思和改革的重要依据。

除了以上书面评估以外，暑校校长也要跟每一个学生进行逐一面谈，亲自听取学生们对教学和管理方面的意见和建议。

明德汉教硕士的课堂上，老师讲的并不是很多，而是鼓励学生讨论、分析，自由发言。很多人可能就此认为，这种教学似乎不够严谨，其实不然。其严谨表现在多方面，如：开学之初的学术规范宣讲；大小报告都需注明出处（包括 PPT），一旦被老师发现引用或抄袭别人的观点而不注明出处，则取消学籍，至少这门课成绩为零，等等。这是一种学术氛围自由和治学态度严谨的统一。

6. 乐观的就业形势

短短 10 年明德汉教硕士培养已经取得了有目共睹的成绩，其成功首先体现在培养了一批教学能力强的汉语教师。从毕业生的情况我们可以发现，明德汉教硕士的培养走的不是突击式培养的路子，更不是遍地开花，但培养出来的学生朵朵结果、朵朵耀眼。目前的毕业生约 50 人，几乎全都找到了比较满意的汉语教学岗位。有的已经回到明德中文暑校进行汉语教学。众所周知，能进入明德中文暑校教学是对其教学能力的极大肯定。好的就业形势对该项目的发展会起到良性循环的推动作用。

三、明德汉教硕士培养模式对国内汉教硕士培养的启示

为了解决海外汉语教师奇缺、满足海外对汉语教师极大需求的问题，国务院学位办于2007年批准设立汉语国际教育硕士专业。不可否认，国内汉语国际教育发展迅猛，为满足世界对汉语以及汉文化日益增长的需求做出了巨大贡献。但我们不得不承认该专业的培养也"逐渐出现了办学质量参差不齐，学生'专业迷茫'、就业难等问题。……对此，既不能忽视，也不能因噎废食、全盘否定，应该正视问题、寻找对策"（赵世举，2017）。我们知道，中国批准设立汉语国际教育硕士专业的时间点和明德开始招生汉教硕士不谋而合。这"英雄所见略同"的背后是汉语教师奇缺的现实，它们的设立是基于相同的认识和共同的培养目标，那么明德汉教硕士培养的"高招"就应该能"拿来为我所用"。

虽然教指委已于2009年5月颁布了《全日制汉语国际教育硕士专业学位研究生指导性培养方案》（以下简称《培养方案》），但仅从表面来看，我们据此进行的课程设置确实已经凸显了实践性，但从课程的实施落实情况来看不尽然。

1. 国内汉教硕士培养现状

（1）有些院校一线教学经验的师资力量不足，了解海外汉语教学的师资更是缺乏。国内有些院校虽然也在招收汉教硕士，但师资力量严重不足。不足主要表现在缺少有对外汉语一线教学经验的老师，特别是了解海外汉语教学情况的老师为这些未来的汉语教师上课。试想一个没游过泳的教练怎么教人学习游泳？从事汉教硕士教学工作的老师至少应该有丰富的对外汉语教学经验，这一点是毫无疑问的。可目前确实依然存在很多院校的汉教

课程由从没教过留学生,也不懂二语教学特点、规律的所谓"大专家""大学者"来承担。

(2)教学内容的实践性不突出。受师资不足的影响,导致有些院校汉教硕士的课程要么偏理论而轻实践,要么表面上花里胡哨实则四不像。《培养方案》规定的"教学实训"或者"微格教学"形同虚设,"案例分析"有名无实。

(3)学生就业尴尬,出路不明。按照培养目标和目前汉语教师奇缺的现实,汉教硕士应该都会有用武之地,可事实上并非如此。因为种种原因,有的因培养单位的不负责任或者教学理念的偏差,教学缺乏实践性,培养的学生想出去而不能。有的因国内没有正式的工作单位,无法以公派教师的身份外派。即使外派两三年回国依然存在就业问题。虽然汉办承认这些学生回国后可按照应届毕业生参加就业,但事实上招聘单位并不一定认可。所以这些学生回到国内要么转做其他,要么就在各汉语培训机构"漂"着。所有这些都和我们的培养目标背道而驰。

2. 借明德汉教山石,攻国内汉教之玉

众所周知,"明德模式"被无限复制模仿,那么明德汉教硕士的培养模式可否被国内复制和模仿呢?如果不能,可否借鉴呢?

国内汉教硕士和明德汉教硕士在生源、师资、师生比例、培养效果诸方面都存在巨大差距,而这些差距特别是师生比例和学费之悬殊是分不开的。明德6周研究生项目的学费大概9 000美元(含食宿,当然大部分学生都获得了奖学金,特别是从中国大陆来的学生几乎都是奖学金生)。而国内高校的学费普遍偏低,如首都师范大学汉教硕士每学年的学费仅5 000元人民币

（不含食宿），中山大学每学年 10 000 元，其他院校也大都在 10 000—15 000 之间。明德有了这样的经济基础，才可以维持几乎 1∶5 的师生比例，才可以"网罗天下人才为我所用"地聘请全球优秀教师，所有这些都是国内大学无法企及的。

明德汉教硕士培养模式的高效是毋庸置疑的，但其高投入的运营成本、个性化的小班教学、为我所用的教师聘任制度、学习动机强积极性高的生源都不是国内高校能够轻易模仿的。目前我们能做的就是借鉴，在借鉴的基础上逐渐探索形成一种适合国内现实的汉教硕士培养模式。

（1）量力而行，宁缺毋滥，少培养无果花。国内汉教硕士的招生可以说遍地开花。有的学校连留学生教学都没有，就大规模招收汉教硕士。在这种情况下，学生无法获得一线教学经验。而有的学校虽然有留学生教学，但因为汉教硕士学位点到底放在哪里而引发了学院之间的矛盾，致使汉教硕士无法利用留学生教学的平台，得不到一线教学经历，甚至连教学观摩都无法实现。在这种情况下，怎么可能培养出实践性很强的学生呢？怎么能寄希望于学生掌握汉语教学能力和技巧呢？从招生单位来说，应该量力而行，有条件就招生，没条件不招生，条件好的多招生，条件差的少招生。

目前汉教硕士的生源可谓是五花八门、水平参差不齐。其实，其专业背景不重要，因为汉教本身就是一个跨学科的职业，重要的是考生的动机，这决定以后的动力。有些考生是因为不了解该专业，觉得新鲜，甚至有的天真地以为可以出国所以报了该专业。从生源上来说，应该遵守"宁缺毋滥"的原则。

（2）切实落实教学实践性。突出教学实践性不能停留在"培养方案"上，也不能停留在课程名称上，而要真正落实到教学中去。比如，更新教学观念和教学方法：和明德"教师讲、讨论和学生报告相结合"的互动式教学相比，国内基本上还是老师主讲，学生主听，甚至爱听不听；将实践性强的"微格教学"或者"教学实训"课程落到实处；充分利用留学生汉语教学课堂，增加学生的间接教学经验；加快案例库的建设，特别是海外汉语教学案例库的建设，使学生尽早接触更多真实的汉语教学案例。

（3）切实为学生谋出路。"为学生谋出路"不是说要为学生的就业负责，也不是回到"分配制"的历史轨道上去，而是要为学生的就业着想。一方面从教学观念、教学内容、教学方法等多角度切实落实实践性，提高学生的教学能力和技巧，为学生找出路做好必要的准备；另一方面要从制度上找出路。比如汉办最近尝试实施的"专职汉语教师"不失为一种两全其美的好办法，既解决了国外汉语教师奇缺以及志愿者教师制度的不可持续性等问题，又解决了汉教硕士的出路。这样对汉教硕士的培养将是一个良性循环。总之，不仅要在招进来的时候把好关，还要为送出去以后着想，使学生学有所用，这样这个专业才可能持续发展。

（4）教学评估发挥应有的作用。国内的教学评估往往是在学期末进行一次，而且这些评估对老师的聘任升职薪金等基本上不起作用。所以对有些老师来说，教学评估往往就成为"过眼云烟"，既不会据此进行教学反思，也不会据此进行教学改革。另外，因为只在期末才进行一次教学评估，所以教学评估对本学期的教学基本上是不起作用的，把它运用于下学期，很有可能因学生变化而不适用。所以中尾两次教学评估更能保证教学评估的有效性。

（5）让"导师负责制"切实负起责来。国内既然无法实现

"小班授课",其弥补手段就是导师负责制。可目前看起来原本很有效的导师负责制在无限扩招的现实面前似乎形同虚设:有的学校不管老师是否有硕导资格,都可以指导汉教硕士,而学术型硕士一般必须有硕导资格的教师才可以指导。这无形中就降低了对汉教硕士的要求。有的老师一个人一年带十几个甚至是几十个汉教硕士,甚至直到毕业都分不清学生名字的所谓导师不乏其人。还有的老师虽然学术功底深厚但根本就没有汉语教学经验,怎么能指导出实践性强的汉语教师?

四、对明德汉教硕士培养的几点建议

1. 课程设置有"因教师设课"之嫌

虽然明德汉教硕士"三大模块"课程是固定的,但各模块中每年开设哪些课程并不是固定的,而且从前几年来看,规律尚不明显。这主要是由于所聘教师不固定的缘故。因为种种原因,教师队伍无法做到稳定(其实,这本身也是优点,可使学生接触不同的老师、不同的教法、不同的内容),教师所从事的研究方向不同,所开课程自然不同。

这样带来的后果就是学生难以根据自己的情况安排学习,给学生选课带来了一些纠结。比如有的学生某一学期并不想先学习某门课,但由于担心明年这个老师不会来、那门课不会开等因素而不得不做出艰难抉择。如果能够做到课程固定,根据课程再聘任合适的教师,比如四年为一个单位,每年开设哪些课程,在学生选课的时候能够看到整体安排,学生就可以根据自己的情况放心选课。

2. 培养数量不能满足目前汉教需要

从前面的分析可以看出,明德汉教硕士的培养属于"精英式教育",培养的人数自然不多,这是优点,同时也是缺点。固然,"遍地开花,均为无果花"的培养模式不可取,但可否考虑以和国内某些高校合作的形式增加培养数量?比如"三加一模式",即每年从明德选择一些出生在美国的汉教硕士来中国学习一学期或一年,而中国合作院校可以选派一部分学生到明德学习一个暑假。当然,汉办资助一部分中国学生去明德全程学习也不失为一个好办法。

3. 在课程设置上和分校欠沟通

从目前选择去加州蒙特雷分校回来的学生反映,他们在蒙特雷分校确实学到了别的学生所没有学习的内容,但有些必备知识他们自我感觉欠缺,因为可能会出现该生学习的这一年总部和分校开设课程不同的情况。如果总部和分校在课程设置上能进行较好的沟通,也许可以解决这种问题。

参考文献

[1] 曹贤文(2007)明德模式与中国大陆高校基础汉语教学常规模式之比较——兼谈汉语教学的精英模式与大众模式的差异与互补,《暨南大学华文学院学报》第 4 期。

[2] 冯丽萍(2009)论汉语国际教育专业硕士培养中的若干问题,《长江学术》第 1 期。

[3] 关仲和(2010)关于应用型人才培养模式的思考,《中国大学教学》第 6 期。

[4] 国务院学位委员会(2007)《汉语国际教育硕士专业学位设置方案》,北京。

[5] 汲传波(2006)论对外汉语教学模式的构建——由美国明德大学汉

语教学谈起,《汉语学习》第 4 期。
[6] 李泉(2009)汉语国际教育硕士培养目标和教学理念探讨,《语言文字应用》第 3 期。
[7] 李泉(2010)汉语国际教育硕士培养原则与实施重点探讨,《华文教学与研究》第 3 期。
[8] 司红霞(2017)后方法时代汉语教学模式改革刍议,《中国大学教学》第 12 期。
[9] 施仲谋(1994)明德中文暑校经验的启示,《世界汉语教学》第 1 期。
[10] 张和生(1997)美国明德大学的汉语教学,《中国高等教育》第 1 期。
[11] 张喜荣、田德新(2004)美国明德学院的中文教学,《世界汉语教学》第 1 期。
[12] 赵世举(2017)汉语国际教育类专业的困境与出路,《中国大学教学》第 6 期。

汉语语音教学中教师策略性知识的发展研究*

严　彦

一、问题提出

20世纪90年代以来，关于教师发展的研究逐渐成为教师心理研究的一个重要课题，其中日益受到重视的是专家—新手教师的比较研究。衷克定、张溦（2000）和衷克定（2002）研究发现，一名教师从新手到专家的发展历程，就是策略性知识形成和发展的过程。教师的策略性知识可以分为三个子结构：思维导向策略、知识同化策略和过程监控策略。在汉语国际教育领域，对新手—专家型教师的研究不多，主要集中在教师的教学效能感（徐彩华、程伟民，2007；徐彩华，2009）、教学思想和实践（江新、郝丽霞，2010、2011）及教学监控能力的研究上。已有研究主要存在四方面的问题：（1）研究方法主要是横向比较研究，纵向研究较少。对新手教师转化为专家教师这一过程缺乏整体的了解（连榕、孟迎芳，2001）；（2）教师样本量和课型有一定的局

---

* 原文发表于《华文教学与研究》2017年第2期。

限性；（3）调查量表大多是套用国外研究的量表，缺乏针对性；（4）对课堂教学的关注不够。

教师发展并非一蹴而就，在新手与专家之间必然存在着过渡的中间阶段。Katz（1972）认为任教3—5年可进入成熟阶段。Huberman（1993：56—62）认为在第4—6年进入稳定期。Burden（1979）、Berliner（1988：2—6）和衷克定（2000）都认为大约在从教的第5年左右可成为熟练教师。江新、郝丽霞（2011）认为，教师至少在积累了十年的教学经验之后才有可能发展到专家阶段。Berliner（1988）比较全面地提出了教师发展的五阶段理论：新手阶段、优秀新手阶段、胜任阶段、熟练阶段、专家阶段。他认为，所有教师都是从新手阶段起步，大约经过2—3年后就可以发展为优秀新手。到了3—4年后，大多数教师都能达到胜任水平。第5年便有一定数量的教师成为熟练教师。汉语国际教师队伍有两个特殊现象：（1）存在大量"生手"教师。"生手"教师指对外汉语教学经验几乎为零的其他学科教师或其他职业背景人士。他们以往的知识结构和实践经验不一定完全符合对外汉语教学的需求；（2）许多熟练教师遭遇"发展瓶颈"，直至退休也没能成长为专家，这可能是当前教师专业化水平不高的一个重要原因。本文给他们定义为"资深教师"。目前关于"生手教师""发展瓶颈"和教师各阶段如何发展晋升的研究匮乏。综合以往研究成果，为了适应汉语师资现状，我们将对"生手—新手—熟手—资深—专家"型教师进行纵向研究，了解教师发展转化的连续性和阶段性，为造就更多的专家型教师服务。

已有研究对课堂教学的关注不够，课堂语音教学中仍有很多问题值得探讨：有些在理论界尚存争议，如，学习者母语/媒介语的作用、语音软件的作用等；有些被研究者认为是重点，但在教材和教学中却不被重视，如，半三声、轻重音、语调等（鲁健骥，2010）；有些教学技巧是经验总结，不知一线教师的认可度和使用率如何，如，区分送气音和不送气音的"土办法"等（崔永华、杨寄洲，2002）。

综上所述，我们有必要从课堂语音教学入手，编制一套教学策略量表，对不同发展阶段的汉语教师进行大规模的调查。本文试图回答：（1）不同发展阶段的汉语教师在语音教学中主要采用哪些策略性知识？（2）专家型教师在哪些策略上显著优于其他类型的教师？（3）这些策略有怎样的难度等级？（4）教师掌握语音教学策略性知识的发展规律。（5）教师发展瓶颈的原因及改善建议。

二、研究方法

2.1 研究对象

本研究的调查对象主要包括：在高校、教育机构从事对外汉语教学的教师和参加汉办培训的孔子学院教师。教师是一种实践性很强的职业，教龄可以反映教师经验的积累和内化的程度（连榕，2004）。教师发展研究通常以教学年限对教师进行分类（Berliner，1988；衷克定、张溦，2000；孟迎芳、连榕、郭春彦，2004；徐彩华，2009；江新、郝丽霞，2011）。本研究汲取前辈经验，主要通过汉语作为第二语言教学的年限，兼顾职称和教学质量评估结果，将教师分为5类：生手教师（0≤教学年限<1年）；新手教师（1年≤教学年限<3年）；熟手教师（3年≤

教学年限＜5年）；资深教师（教学年限≥5年）；专家教师（教学年限≥10年，具有高级职称，且历年教学质量评估的结果都在80分以上）。

其中"资深教师"和"专家教师"主要来自北京语言大学汉语学院和汉语进修学院。本研究向海内外教学一线的老中青教师发放269份问卷。回收有效问卷共241份。其中生手教师68人，新手教师64人，熟手教师40人，资深教师47人，专家教师22人。

2.2 研究量表

本研究采用自编的《汉语作为第二语言的语音教学策略性知识量表》，该量表的编制经过如下程序：

第一，研究者通过对教学策略性知识和语音教学方面的文献整理，结合与部分教学专家和普通教师的经验访谈，收集了课堂语音教学中有代表性的难点和争议点（林焘，1996；王魁京，1996；崔永华、杨寄洲，2002；王韫佳，2002：7—25；鲁健骥，2010），形成了20个考察项目。

第二，形成初步问卷。采用Likert 5点量表，请教师对20个项目进行自我评定（1表示从不如此，5表示总是如此）。为避免受访者的趋同心理，20个项目中包含10个正向题和10个反向题。

第三，预测和修订。选取30名教师做小样本探测性研究，将被试按量表总分高低排序，取前面27%为高分组，后面27%为低分组。经独立样本T检验，高分组和低分组在每个项目上的差异均达到了显著性水平（$P \leqslant 0.05$），说明该量表的20个项目都具有良好的区分度。经内在信度检验，α系数大于0.70，说明该量表信度可靠。经探索性因素分析，KMO值为0.716，Sig.值为0.000，数据适合因素分析。

除了正式的量表外，还有一个基本情况调查问卷，包括被试从事汉语教学的年限、从业机构、教学对象、平均周课时、所学专业、母语等方面的问题。

2.3 施测过程

采用问卷发放、回收的方式，以指导语提示被试匿名填答问卷。

2.4 数据处理

先对每份问卷的 10 个反向题进行重新编码，以防与正向题相互抵消。然后将数据转化为标准 Z 分数，使用 SPSS10.0 软件，通过探索性因素分析、验证性因素分析和单因素方差分析等研究方法，对数据进行统计分析。

三、研究结果

3.1 7 个主成分的提取和命名

对 241 份问卷的数据进行探索性因素分析，发现从 20 个项目中能抽取出 7 个主成分。这 7 个主成分的因子特征值大于 1，能代表整个量表 73.109% 的信息，可以用这 7 个主成分代表汉语教师的语音教学策略。依据各项目与主成分的相关系数，我们把这些项目汇聚成 7 类，分别命名为："母语/媒介语因素""工具因素""指导因素""调节因素""纠错因素""练习因素"和"对比因素"。

3.2 三维度模型的归纳

探索性因素分析的优点是按照数据支持的最高程度来生成模型，但其重要缺陷就是对于高度相关的因素很难建立令人满意的模型，而因素间相关在心理学研究中是普遍存在的。衷克定（2002）采用了较为先进的验证性因素分析：即以研究者最初构建的模型为基础，通过对数据的迭代计算来验证数据对模型的支持程度。当数据对模型的支持程度不能达到可接受水平，可用 LISREL for WINDOWS 软件做验证性因素分析，有选择地修改模型。他最终得到了教师策略性知识结构的 3 维度模型，克服了原 5 维度模型中的部分成分冗余，使模型的结构更加合理和便于理解。

根据衷克定（2002）对模型 3 个维度的定义，我们将"指导因素"和"工具因素"归入"思维导向策略"，将"母语/媒介语因素"和"对比因素"归入"知识同化策略"，将"调节因素""纠错因素"和"练习因素"归入"过程监控策略"；最终形成了教师语音教学策略性知识的 3 维度模型（见表 1）。

3.3 5 个发展阶段的教师在语音教学策略性知识上的差异

我们对 5 类教师的自我评定得分进行单因素方差分析，研究结果见表 1。

表 1　5 个发展阶段的教师在语音教学策略性知识上的差异

结构	因素（factor）	项目	教师组之间的比较（平均分）			显著性差异（p）值
语音教学策略性知识	思维导向策略	指导因素	重视准确度	生手（2.91）	专家（3.41）	.039*
			重视语调			全都不显著
			重视轻重音			全都不显著
		工具因素	用半三声辅助三声教学	新手（2.89）	资深（3.75）	.008**
					专家（3.45）	.068

续表

结构	因素（factor）	项目	教师组之间的比较（平均分）		显著性差异（p）值
语音教学策略性知识	思维导向策略	工具因素	使用发音部位图	生手（3.57）	新手（3.06）	.005**
					熟手（3.23）	.055
				新手（3.06）	熟手（3.23）	.040*
					专家（3.64）	.023*
			使用语音软件	熟手（2.35）	生手（2.76）	.036*
					新手（2.87）	.010**
			由一个音带出另一个音	生手（2.58）	新手（3.18）	.001**
					熟手（3.20）	.001**
					专家（3.90）	.000**
				专家（3.90）	新手（3.18）	.007**
					熟手（3.20）	.009**
			时常提醒	生手（2.52）	新手（2.92）	.037*
					熟手（2.98）	.015*
					专家（3.09）	.034*
	知识同化策略	母语/媒介语因素①	汉语与母（媒介）语的某些音对比	生手（3.42）	熟手（3.06）	.039*
					专家（2.95）	.003**
		母语/媒介语因素	用母（媒介）语描述发音要领	生手（3.35）	熟手（2.71）	.001**
					资深（2.35）	.000**
					专家（2.05）	.000**
				新手（3.33）	熟手（2.71）	.001**
					资深（2.35）	.000**
					专家（2.05）	.000**
				熟手（2.71）	专家（2.05）	.013*

---

① 对外汉语教学界主张"用汉语教汉语"，所以教学经验越丰富的教师对"母语/媒介语因素"的使用率越低。

续表

结构	因素（factor）	项目	教师组之间的比较（平均分）		显著性差异（p）值
语音教学策略性知识	知识同化策略	母语/媒介语因素	汉语声调与母（媒介）语超音段成分的对比	生手（2.61）	新手（2.11）	.005**
					熟手（2.00）	.001**
					专家（1.23）	.000**
				专家（1.23）	新手（2.11）	.000**
					熟手（2.00）	.002**
					资深（2.15）	.003**
		对比因素	比拟发音活动	资深（4.26）	生手（3.56）	.004**
					新手（3.70）	.021*
					熟手（3.65）	.012*
			汉语内部对比	生手（3.28）	熟手（3.63）	.028*
	过程监控策略	调节因素	调节顺序			全都不显著
			应急处理	生手（3.47）	熟手（3.82）	.044*
			时间分配	生手（3.35）	熟手（3.69）	.037*
					专家（4.29）	.000**
				专家（4.29）	熟手（3.69）	.011*
					资深（3.58）	.012*
		纠错因素	鼓励学生纠错			全都不显著
			不重复错误音	专家（4.05）	生手（3.41）	.028*
					新手（3.30）	.011*
		练习因素	练习方法			全都不显著
			练习内容	专家（4.14）	生手（3.53）	.008**
					熟手（3.61）	.023*

注：* 表示在 .05 水平上差异显著，** 表示在 .01 水平上差异显著。

四、讨论

4.1 对三维度模型的解释

4.1.1 思维导向策略

思维导向策略的概念，源自认知结构理论，同布鲁纳学习理论和皮亚杰认知发展理论在很大程度上是相对应的。布鲁纳主张：为了使学生在学习时所知觉的内容更有意义，教师应当对教学内容加以组织，使学生尽快地掌握该学科的基本内容。在这里，教师的思维导向作用是显而易见的。教师在教学过程中的各种教学行为，要明确表现出其教学思想的目的性与定向作用，克服盲目性和被动性。思维导向策略在课堂语音教学中的表现是，教师应具备正确的语音学知识，明确每堂课的主导思想，并运用各种工具来确保主导思想的实现。从调研结果来看，专家教师比新手教师更重视语音的"准确度"，且差异显著。从访谈中我们得知，在语音训练课或初级汉语教学阶段，专家教师将"准确度"作为指导思想，严格地纠音、正音，以确保学生语音的准确性。从年轻教师的角度来说，一些生手教师对语音错误不敏感，对"准确度"的要求不严格，与专家教师形成显著差异；一些新手、熟手和资深教师更多地接受了交际法的影响，认为一定程度上对标准音的偏离是可以容忍的，只要不影响交际即可；故此在训练时不十分强调发音的准确性，与专家教师的差异显著。在语音教学中，教师运用发音部位图、语音软件、由一个音带出另一个音等各种"工具"辅助语音教学；从易到难，从具体到抽象，从熟悉到陌生，辨析主次轻重，充分发挥思维导向策略的效果，促进学生对汉语语音的理解和掌握。因此，"指导因素"和"工具因素"

应归入"思维导向策略"。

4.1.2 知识同化策略

知识同化策略的理论,源于奥苏伯尔的认知同化理论,是对认知结构理论的具体化阐释。奥苏伯尔提出,有意义的学习过程应是原有知识同化新知识的过程;并提出"接受教学",即教师要把新材料与学生认知结构中已经建立的有关内容联系起来,使学生学习和理解新材料更为容易。从调研结果来看,知识同化策略在课堂语音教学中的表现是:利用母语/媒介语的某些音与汉语对比、用母语/媒介语描述发音要领、用母语/媒介语的超音段成分与汉语声调对比、通过外显的身体语言比拟内隐的发音活动等方法,帮助学习者用母语知识同化目的语知识,初步掌握汉语语音。通过汉语内部某些音的对比学习,帮助学习者用旧的目的语知识同化新的目的语知识,深入理解汉语语音。因此,"母语/媒介语因素"和"对比因素"应归入"知识同化策略"。

4.1.3 过程监控策略

过程监控策略,源自元认知理论中的元认知监控理论。弗拉维尔认为,过程监控是主体在认知的全过程中,将自己正在进行的认知活动作为意识的对象,不断对其进行积极地、自觉地监察、控制和调节的过程。我们认为,汉语作为第二语言的课堂教学崇尚"精讲多练",不同于知识传授的课堂教学。

从调研结果来看,过程监控策略在课堂语音教学中的表现是两方面的,既有教师对自己教学活动的监察、控制和调节(即元认知监控),也有教师对学生习得情况的反馈、校正和评价。第一方面,教师对自己的监控表现为"调节因素"。专家教师对教学活动的计划和安排包括:课前对教材的准备、对学生的准备以及对教学过程中可能产生的问题的准备；课中对自己的教学活动进行调节、校正和有意识的自我控制；以及课后进行教学反思、总结经验教训，并计划在下次教学中对本次的弱点进行补救或巩固。例如，当教材安排的声调教授顺序与学生习得效果不匹配时（崔永华、杨寄洲，2002），当课堂上学生的需求超出教案准备之外时，专家教师会以学生为中心，调整教学内容和教学方法，适应并促进学生对汉语语音的理解和掌握。又如，4个声调有16种组合，专家教师会根据学生的掌握程度，实时调整教学时间，而非均衡用力用时。第二方面，教师对学生的监控表现为"纠错因素"和"练习因素"。专家教师在给学生纠错时，不仅要给学生输入正确的语音信息，而且要减轻错误的语音信息对学生的负面影响，可谓"事半功倍"。而生手和新手教师常会重复学生的错误发音，强化了对学生的负面输入，往往"事倍功半"。另外，从文化心理学的角度讲，重复他人的错误，也有缺少尊重之嫌（崔永华、杨寄洲，2002）。在练习内容的选择上，新手和熟手教师只给学生练习带声调拼音的词语；而专家教师在词语的基础上，还让学生练习带声调拼音的短语和短句。这是因为专家教师重视语音在不同语境中的变异性（Ellis，1994：121—133；严彦，2010），也重视练习语境的真实性（鲁健骥，2010）。因此，"调节因素""纠错因素"和"练习因素"应归入"过程监控策略"。

4.2 语音教学策略性知识的发展规律

从表1中可见，生手教师与其他4组教师在3种策略7个因素中都存在显著差异，即生手教师对这3种策略都不擅长。新手教师在"思维导向策略"和"知识同化策略"上有明显突破；与生手相比，新手教师开始使用工具辅助教学，且对母语/媒介语的依赖减少。熟手教师在"知识同化策略"上更加丰富,不仅进一步减少母语/媒介语的使用,而且开始采用对比的方法帮助学生掌握语音;在此阶段,"过程监控策略"首次有所突破,熟手教师开始对自己的教学活动进行监控。资深教师在"思维导向策略"和"过程监控策略"上与熟手教师相比,没有质的提高,只是进一步强化"知识同化策略"。专家教师不仅进一步完善"知识同化策略"、完全摆脱母语/媒介语因素,而且在"思维导向策略"和"过程监控策略"上再度突破:在明确的教学思想指导下,选择有效的练习内容,并对学生习得效果积极反馈、校正和评价。专家教师全面掌握3种语音教学策略性知识(见表2)。

表2 语音教学策略性知识的发展规律

	思维导向策略		知识同化策略		过程监控策略		
	指导因素	工具因素	母/媒介语因素	对比因素	纠错因素	练习因素	调节因素
生手型							
新手型		√	√				
熟手型		√√	√√	√			√
资深型		√√	√√	√√			√
专家型	√	√√	√√√	√√	√	√	√√

注:空白表示尚未掌握,√表示初步掌握,√√表示进一步掌握,√√√表示完全掌握。

4.3 语音教学策略的难度等级

依据这些策略被教师掌握或改善的不同阶段,我们可以预测:"思维导向策略"和"知识同化策略"属于基础策略;正常情况下,教师在教龄满1年后就会使用;在教学经验满3年后会逐渐掌握。"过程监控策略"属于高级策略;虽然其中的"教师自我监控"(即调节因素)在教龄满3年后就开始为熟手教师所使用,但其中"对学生习得的监控"(即纠错因素和练习因素)要在教学经验满10年,且对教学和科研有深度思考的专家阶段才能熟练掌握(见图1)。

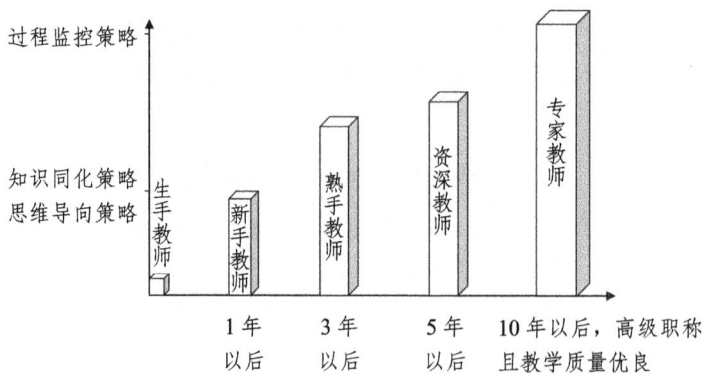

图1 汉语教师掌握语音教学策略性知识的发展规律

本研究得出的语音教学策略的难度等级与衷克定、张溯(2000)和衷克定(2002)的研究基本一致。他们认为,一名教师从新手到专家的发展历程必不可少地要经历策略性知识结构的建构过程。其中,过程监控策略是重要策略。他推断:并非有一定的教学年限就可以形成完备的过程监控策略。专家教师在过程监控策略方面的表现是新手教师无法相比的,而且优于有一定经验的教师。本研究中,过程监控策略的掌握与否正是专家教师与其他类型教师的分水岭。

4.4 教师发展的瓶颈

从表 2 中，我们发现，熟手教师和资深教师掌握的语音教学策略性知识差别不大，后者只是教学年限上有量的增长，却没在策略性知识上有质的提高。熟手和资深教师肯定是昨天的新手，但不一定是明天的专家。从调研结果来看，专家教师比其他类型教师更完善地掌握了过程监控策略。教师发展到熟手阶段后，往往会遭遇一个瓶颈；如果操练并掌握了过程监控策略，就会朝着专家教师发展；否则，只能平行地发展成为资深教师。如何才能掌握过程监控策略呢？该策略要求教师既对自己的教学活动进行监察、控制和调节，也对学生的习得情况进行反馈、纠错和评价；既能按常规熟练地处理教学问题，也能对教学进行反思、求真、实践和创新。教师若想掌握过程监控策略，必须从事教学研究，从教学中发现问题、提出问题、用理论和数据分析问题、解决问题，再回到教学中探索创新。经历一次次"教研相长"的螺旋式上升，才能掌握"过程监控策略"，方能成长为专家教师。

4.5 指导因素的错位

指导因素作为"思维导向策略"的一部分，属于基础策略，本应在新手或熟手阶段就为教师所掌握。但研究结果表明，"指导因素"在教师发展的最高阶段——专家阶段才被掌握。为什么会产生这样的错位呢？我们看到指导因素包含了 3 个项目，分别是重视准确度、重视语调和重视轻重音。在对外汉语教学中，过去曾把《汉语拼音方案》作为汉语语音教学的全部内容，即只限于教声母、韵母、声调（鲁健骥，2010）。"轻重音""语调"和"准确度"等问题往往被教师轻视，而这些恰恰是形成外国人说汉语"洋腔洋调"的症结。"如果说声调对音高曲线是基础调节，那么句重音和节奏就是对音高曲线复杂的二次调节，且是在音节组合范围内的调节；而语调是语句的音高类型，是在小句或大句范围内的再次调节，不受高音线的限制。"（沈炯，2012）可见，对"轻重音""语调"和"准确度"的重视程度反映了教师对语音教学的指导思想。

然而，调研结果表明，大部分汉语教师普遍对"轻重音"和"语调"教学都没有给予足够重视，自我评分的差异都不显著。只有专家教师严格要求"准确度"的指导思想才与其他类型教师形成了显著差异。指导因素的错位，原因有两个：一是汉语作为第二语言的教材没有足够重视"轻重音"和"语调"等语音特征；二是许多教师缺乏学术研究的思维导向，过分依赖教材，教学创新水平不高。

五、结论及建议

不同发展阶段的教师使用的语音教学策略性知识可分为3类：思维导向策略、知识同化策略和过程监控策略。这3种策略性知识的发展并不均衡：前两者属于基础策略，"过程监控策略"属于高级策略。教师在不同的发展阶段能掌握不同难度等级的语音教学策略性知识，有规律可循。专家教师对这3类语音教学策略的使用都显著优于生手、新手、熟手和资深教师。其中"过程监控策略的掌握与否"是专家教师与其他四类教师的分水岭。到熟手阶段后，教师发展会遭遇一个瓶颈。只有那些既能按常规熟练地处理教学问题，也能进行教学创新的"教研相长"型教师，才能掌握好"过程监控策略",方能成长为专家教师。

建议一线教师不要过分依赖教材,应该保持独立的思考能力,提高教学创新水平。对生手和新手教师加强"思维导向策略"和"知识同化策略"的培训;这些策略难度低,易于接受,教师的专业成长较明显。希望熟手和资深教师重视"过程监控策略",用科研意识来反思教学,早日成为专家教师。

参考文献
[1] 崔永华、杨寄洲主编(2002)汉语课堂教学技巧,北京:北京语言大学出版社。
[2] 江新、郝丽霞(2010)对外汉语教师实践性知识的个案研究,《世界汉语教学》第3期。
[3] 江新、郝丽霞(2011)新手和熟手对外汉语教师实践性知识的研究,《语言教学与研究》第2期。
[4] 连榕(2004)新手—熟手—专家型教师心理特征的比较,《心理学报》第1期。
[5] 连榕、孟迎芳(2001)专家—新手型教师研究述评,《福建省社会主义学院学报》第4期。
[6] 林焘(1996)语音研究和对外汉语教学,《世界汉语教学》第3期。
[7] 鲁健骥(2010)对外汉语语音教学几个基本问题的再认识,《大理学院学报(综合版)》第5期。
[8] 孟迎芳、连榕、郭春彦(2004)专家—熟手—新手型教师教学策略的比较研究,《心理教育与发展》第4期。
[9] 沈炯(2012)汉语语调研究展望,http://blog.sciencenet.cn/blog-781460-611689.html.09-11。
[10] 王魁京(1996)汉语作为第二语言学习中的句子语调、语气理解问题,《北京师范大学学报(社会科学版)》第6期。
[11] 王韫佳(2002)汉语语音研究和语音教学接口中的若干问题,见竟成主编《对外汉语论丛(第二集)》,上海:上海外语教育出版社。

[12] 徐彩华（2009）对外汉语教师教学效能感的特点，《语言教学与研究》第 3 期。
[13] 徐彩华、程伟民（2007）对外汉语教师自我教学效能感研究初探，《汉语学习》第 2 期。
[14] 严彦（2010）美国学生习得第三声的声调情境变异研究，《汉语学习》第 1 期。
[15] 严彦（2015）不同环境不同岗位教师的课堂语音教学策略调研，《华文教学与研究》第 3 期。
[16] 衷克定（2002）教师策略性知识的成分与结构特征研究，《北京师范大学学报（人文社会科学版）》第 4 期。
[17] 衷克定、张溉（2000）教师策略性知识的发展规律及影响因素研究，《心理科学》第 4 期。
[18] Berliner, D. C. (1988) The development of expertise In pedagogy. In *The Charles W. Hunt Memorial Lecture*. American Association of College for Teacher Education. New Orleans, La.
[19] Burden, P. R. (1980) Teachers Perceptions of the Characteristic and Influences on Their Personal and Professional Development. Ph.D. Thesis of The Ohio State University dissertation.
[20] Ellis, R. (1994) *The Study of Second Language Acquisition*. Oxford: Oxford University Press.
[21] Huberman, M. (1993) *The Lives of Teachers*. New York: Teachers College Press.
[22] Katz, L. (1972) Developmental stages of preschool teachers. *Elementary School Journal* 73(1).

对外汉语教师教学效能感、
职业倦怠及其关系研究 *

郭 睿

一、引言

教师教学效能感是建立在 20 世纪 80 年代班杜拉（Albert Bandura）提出的"自我效能"（self-efficacy）这一概念上的，是指教师对自己教学能力的一种认识和评价，属于教师信念的一部分。国外 20 世纪 80 年代以来的相关研究主要是对教师教学效能感的概念、维度和相关因素进行了讨论。2000 年以后，有关教师教学效能感的研究在方法上更加多样，研究领域也更加具体，研究范围更加国际化（Klassen *et al*, 2011）。国内从 20 世纪 90 年代初开始对教师教学效能感进行介绍，并设计测量教师教学效能感的量表，阐释其结构和影响因素（如俞国良、辛涛、申继亮，1995），随后也有针对教师教学效能感与其他变量的关系研究（如邵思源，2012）。在对外汉语教学领域，针对对外汉语教师教学效能感的研究很少，笔者只检索到两篇论文（徐彩华、程伟

---

* 原文发表于《语言教学与研究》2017 年第 2 期。

民，2007；徐彩华，2009），其研究采用自陈评定量表的方法明确了对外汉语教师教学效能感的内容、特点和影响因素，以及专家教师和新手教师在教学效能感上的不同。职业倦怠是指服务行业职员所感受到的一种身心极度疲惫（wear out）的综合反应状态（Freudenberger，1974）。国外 20 世纪 80 年代就开始对教师职业倦怠进行研究，主要集中在职业倦怠产生的社会根源及其影响因素。国内对教师职业倦怠的研究主要集中在两个方面，即介绍西方有关职业倦怠研究的状况和使用问卷测量教师的职业倦怠情况（如赵玉芳、毕重增，2003）。具体到对外汉语教师，相关研究很少，笔者只查阅到一篇论文（郭睿，2014），其使用 MBI 问卷对对外汉语教师的职业倦怠进行了调查、分析和讨论，进而提出了一些对策。

教学效能感和职业倦怠都是影响教师教学行为和情绪的重要因素，二者之间的关系也值得深入研究。在普通教育界，针对二者的关系有一些调查研究（如刘晓明，2004；李永鑫、杨瑄、申继亮，2007）。具体到对外汉语教师，笔者没有发现讨论其教学效能感和职业倦怠关系的文献。但有一些类似变量之间的关系研究，比如周丽（2009）对对外汉语教师职业压力与教学效能感关系的讨论。

基于此，本研究的主要目的是探讨对外汉语教师教学效能感和职业倦怠的具体情况，以及二者之间的关系，并为有效缓解对外汉语教师的职业倦怠提供科学依据。

二、研究设计

2.1 被试

本研究采取整群抽样的方法,从北京语言大学三个留学生学院抽取 180 名对外汉语教师作为被试进行问卷调查,得到有效问卷 154 份。其中,男被试 46 人,女被试 108 人;本科学历被试 13 人,硕士 106 人,博士 35 人;助教职称被试 15 人,讲师 114 人,副教授 25 人;教龄 5 年及以下被试 46 人,6 到 15 年 73 人,16 年及以上 35 人[①]。

2.2 方法和工具

本研究使用问卷调查法,具体调查工具为教师教学效能感问卷和职业倦怠问卷两个量表。

教师教学效能感问卷是俞国良、辛涛、申继亮(1995)编制的,共有 27 个题目,包括个人教学效能感和一般教育效能感两个维度。个人教学效能感是教师对自己完成教学任务、教好学生的能力的一种认识和评价;一般教育效能感是教师对教与学的关系、教育在学生发展中的作用等问题的一般看法和判断。该问卷采用 6 点计分法,从"完全不符合"到"完全符合"分别记 1—6 分。题目中有 16 个采取反向计分。各维度得分为本维度所有题目的平均分。被试在量表上的得分越高表示其效能感越高。该问

[①] 教龄分段的依据是 Unruh & Turner(1970:97—101)的教师生涯发展理论,教龄 5 年及以下属于初始教学期,教师在例行教学工作、学生管理、组织教学、被同事认可等方面都存在一定问题;教龄 6—15 年属于构建安全期,教师逐渐在教学上感到安全,也为提升自己专业水平积极努力,以达到更高的教学水平;教龄 16 年及以上属于成熟期,教师在教学各方面都具有了相当的能力和水平,也能较好地改变和提高自己。

卷信度和效度都很高（俞国良、辛涛、申继亮，1995）。在本次测量中，个人教学效能感的内部一致性 α 系数为 0.883，一般教育效能感的内部一致性 α 系数为 0.884。

职业倦怠问卷（Maslach Burnout Inventory，MBI）由 Maslach & Jackson（1981）设计，共有 22 个题目，包括情感耗竭（Emotional Exhaustion）、去人性化（Depersonalization）和成就感低（Diminished Personal Accomplishment）三个维度。情感耗竭是职业倦怠最明显的表征，指教师对教学缺乏热情，感觉自己处于极度疲惫的状态，几乎体验不到职业幸福感；去人性化是指教师对学生表现出消极、否定、冷漠的行为，缺乏必要的同情心；成就感低是指教师倾向于消极评价自己和工作，无法或较少从教学中体验到成就感。该问卷采用 4 点计分，从"从未如此"到"经常如此"分别记 1—4 分。部分题目采用反向计分。各维度得分取其所有题目的平均分。

得分越高说明职业倦怠程度越高。MBI 具有较高的信度和效度（Maslach et al，2001），也具有跨文化的一致性（Enzmann et al，1998）和广泛的使用度（Schaufeli et al，1993）。本次测量中，MBI 情感耗竭内部一致性 α 系数为 0.792，去人性化为 0.561，成就感低为 0.789。

2.3 数据收集与分析

把两个问卷组合成一个整体性的综合问卷，在同一时段利用学期总结会议集体施测。将回收问卷整理编号后，使用 SPSS18.0 对数据进行具体统计分析。

三、统计结果

3.1 被试在教学效能感和职业倦怠上的总体情况

对问卷数据进行描述性统计可知,在教学效能感方面,被试在个人教学效能感和一般教育效能感两个维度上的均值和标准差分别为 4.7968±0.6815 和 3.7429±0.9281。在职业倦怠方面,被试在情感耗竭、去人性化和成就感低三个维度上的均值和标准差分别为 2.4697±0.5452、1.5623±0.4190 和 1.5519±0.4622。

3.2 被试教学效能感和职业倦怠在人口统计学变量上的差异

采用 t 检验对被试教学效能感和职业倦怠在性别上的差异进行分析,结果为:不同性别被试在个人教学效能感上 t 值为 -0.925（P = 0.356 > 0.05）；在一般教育效能感上 t 值为 1.019（P = 0.310 > 0.05）；在情感耗竭上 t 值为 -0.127（P = 0.899 > 0.05）；在去人性化上 t 值为 -0.980（P = 0.329 > 0.05）；在成就感低上 t 值为 -1.235（P = 0.219 > 0.05）。

采用方差分析对被试教学效能感和职业倦怠在学历、职称和教龄上的差异进行检验,结果为:不同学历被试在个人教学效能感上 F 值为 0.823（P = 0.441 > 0.05）；在一般教育效能感上 F 值为 1.691（P = 0.188 > 0.05）；在情感耗竭上 F 值为 3.551（P = 0.031 < 0.05）；在去人性化上 F 值为 1.354（P = 0.261 > 0.05）；在成就感低上 F 值为 2.893（P = 0.058 > 0.05）。在职业倦怠中的情感耗竭维度上进行多重比较（Bonferroni 检验）后发现,本科被试的倦怠程度分别与硕士和博士被试都有显著性差异（P 值分别为 0.035 和 0.040,都小于 0.05）,而硕士和博士被试之间没有显著性差异（P = 1.000 > 0.05）。

不同职称被试在个人教学效能感上的 F 值为 7.184（P＝0.001＜0.01）；在一般教育效能感上 F 值为 2.819（P＝0.063＞0.05）；在情感耗竭上的 F 值为 2.037（P＝0.134＞0.05）；在去人性化上的 F 值为 0.300（P＝0.741＞0.05）；在成就感低上的 F 值为 0.273（P＝0.761＞0.05）。在个人教学效能感维度上进行多重比较（Bonferroni 检验）后发现，助教职称的被试和讲师职称的被试没有显著差异（P＝0.287＞0.05），而助教和讲师职称的被试分别与副教授职称的被试存在极其显著差异（P 值分别为 0.002 和 0.006，都小于 0.01）。

不同教龄组被试在个人教学效能感上 F 值为 5.841（P＝0.004＜0.01）；在一般教育效能感上 F 值为 0.883（P＝0.416＞0.05）；在情感耗竭上 F 值为 7.496（P＝0.001＜0.01）；在去人性化上 F 值为 0.425（P＝0.655＞0.05）；在成就感低上 F 值为 2.119（P＝0.124＞0.05）。在个人教学效能感维度上进行多重比较（Bonferroni 检验）后发现，16 年及以上教龄组被试的个人教学效能感分别与 5 年及以下教龄组和 6—15 年教龄组有显著性差异（P 值分别为 0.003 和 0.034，都小于 0.05），而 5 年及以下教龄组与 6—15 年教龄组的被试没有显著差异（P＝0.692＞0.05）；在职业倦怠中的情感耗竭维度上进行多重比较（Bonferroni 检验）后发现，5 年及以下教龄组被试的情感耗竭程度分别与 6—15 年教龄组和 16 年及以上教龄组被试有极其显著性差异（P 值分别为 0.002 和 0.006，都小于 0.01），而 6—15 年教龄组和 16 年及以上教龄组被试没有显著差异（P＝1.000＞0.05）。

3.3 被试教学效能感与职业倦怠的相关分析

由相关分析可知，被试个人教学效能感与其情感耗竭、去人性化和成就感低的相关系数分别为-0.195（P = 0.016 < 0.05）、-0.552（P = 0.000 < 0.01）和-0.565（P = 0.000 < 0.01），被试一般教育效能感与其情感耗竭、去人性化和成就感低的相关系数分别为-0.231（P = 0.004 < 0.01）、-0.329（P = 0.000 < 0.01）和-0.241（P = 0.003 < 0.01）。

为更具体了解教学效能感与职业倦怠各维度之间的关系，以职业倦怠三个维度为因变量，以性别、学历、职称、教龄、个人教学效能感和一般教育效能感为自变量，进行多元线性逐步回归分析。回归分析结果见表1。

表1 被试职业倦怠各维度影响因素的回归分析结果

因变量	自变量	R	R^2	$\triangle R^2$	F值	$\triangle F$	B	Beta
情感耗竭	教龄	0.234	0.055	0.055	8.788**	8.788**	0.217	0.310
	个人教学效能感	0.356	0.127	0.072	10.972**	12.491**	-0.223	-0.279
去人性化	个人教学效能感	0.552	0.305	0.305	66.731**	66.731**	-0.380	-0.618
	教龄	0.599	0.358	0.053	42.140**	12.501**	0.129	0.240
成就感低	个人教学效能感	0.565	0.319	0.319	71.339**	71.339**	-0.430	-0.633
	教龄	0.614	0.377	0.058	45.742**	14.029**	0.148	0.250

注：* 表示 P < 0.05，** 表示 P < 0.01。

由表1可知，以"情感耗竭"为因变量时，依次进入回归方程的是教龄和个人教学效能感，它们与因变量的多元相关系数（R）为0.356，平方复相关系数（R^2）为0.127，最后模型整体性检验F值为10.972（P = 0.000 < 0.01）。以"去人性化"为

因变量时，依次进入回归方程的是个人教学效能感和教龄，它们与因变量的多元相关系数（R）为 0.599，平方复相关系数（R^2）为 0.358，最后模型整体性检验 F 值 42.140（P = 0.000 < 0.01）。以"成就感低"为因变量，依次进入回归方程的是个人教学效能感和教龄，它们与因变量的多元相关系数（R）为 0.614，平方复相关系数（R^2）为 0.377，最后模型整体性检验 F 值为 45.742（P = 0.000 < 0.01）。

四、分析与讨论

4.1 对外汉语教师教学效能感和职业倦怠的总体特点

对外汉语教师个人教学效能感和一般教育效能感两个维度的均值都超过了中数 3.5。这说明对外汉语教师教学效能感总体较强，尤其是个人教学效能感。调查对象都是中国教师，汉语是其母语，对所教内容都比较精通和熟悉，也有很强的把握能力；另外，96％的调查对象都是对外汉语教学及其相关专业出身，掌握了很多语言教学技巧和方法，当然会有较强的个人教学效能感。

对外汉语教师情感耗竭维度的均值接近于中数 2.5，近乎中度倦怠；去人性化和成就感低两个维度远低于中数 2.5，属于轻度倦怠。这说明：从总体上看，对外汉语教师对教学缺乏足够的热情，感觉很疲惫，不太容易体会到职业幸福感，但也没有对学生表现出太多消极、否定和冷漠的行为，有一定的成就感。因为对外汉语教师的工作量较大，而且重复性较强。87％的调查对象平均每天都有 2—3 节课，除了备课、批改作业、当班主任管理学生等常规任务，还有一定的科研工作。70.13％的调查对象都有 5 年以上教龄，同一内容都教了十几甚至几十遍，繁重、重复的工作使教师们对教学缺乏热情，有疲劳感。对外汉语教师的去人性化属于轻度倦怠，没有对学生冷漠或刻意与学生保持距离，很大程度上可能是因为职业道德的约束。

4.2 人口统计学变量对对外汉语教师教学效能感和职业倦怠的影响

4.2.1 性别对对外汉语教师教学效能感和职业倦怠的影响

不同性别的对外汉语教师在教学效能感上没有显著性差异（$P > 0.05$）。这说明，无论是在对自己完成教学任务和教好学生的信心上，还是对教学在学生汉语发展中所起作用的看法上，男教师和女教师都在一个水平上。这个结果与周丽（2009）的研究结论（认为个人教学效能感在性别上没有显著差别，但在一般教育效能感上有一定差异[①]）部分一致。教学效能感从本质上说是一种职业信念，是对能否胜任汉语教学工作的一种感受，跟男女性别关系不大。

不同性别的对外汉语教师在职业倦怠上也没有显著性差异（$P > 0.05$）。这说明，无论是在对教学热情的高低上，对学生的态度上，还是体验到的成就感程度上，男教师和女教师都差不多。这个结果与唐进（2011）对大学英语教师的研究结果（认为女教师成就感要高于男教师）不一致，但跟李永鑫等（2007）有关中小学教师的研究结果相符合。职业倦怠是一种身心疲惫的综合状态，跟工作任务的繁重程度、挑战性大小等变量相关性更大，跟性别关系不大。从这个角度说，本研究的结论是合理的。

---

① 该文没有提供 P 值，不清楚这里的"一定差异"是否显著。

4.2.2 学历对对外汉语教师教学效能感和职业倦怠的影响

不同学历对外汉语教师的教学效能感没有显著性差异（P＞0.05）。这说明不同学历对外汉语教师都对完成教学任务、教好学生有相当程度的自信，在对"教学对学生汉语水平提高过程中所起作用"的认识上也差不多，都是积极性的。这个结果与周丽（2009）的研究结论（认为不同学历对外汉语教师个人教学效能感差异不显著，而在一般教育效能感维度上差异显著）部分一致。对外汉语教学内容都是基本的汉语要素知识和技能，相对比较浅显，所以无论学历是本科、硕士，还是博士，教师们的教学效能感都很高，其差异没有达到显著性程度。

不同学历对外汉语教师的情感耗竭有显著性差异（P＜0.05），在去人性化和成就感低两个维度上没有显著性差异（P＞0.05），具体表现为本科学历对外汉语教师在情感耗竭上的倦怠程度显著高于硕士和博士学历的教师，而在去人性化和成就感低两个维度上，不同学历教师的倦怠程度没有明显差别。这说明：第一，相对于更高学历的对外汉语教师，本科学历的教师对待汉语教学相对缺乏热情，也更容易感到疲惫，体会不到幸福。这与唐进（2011）的研究结果（认为不同学历大学英语教师在职业倦怠上没有显著性差异）有出入。本科学历的对外汉语教师大多都是20世纪80年代和90年代前期开始从事汉语教学的（此后进入高校当教师都需要硕士及以上学历），年龄已50岁左右，家庭压力和工作压力都相对较大，而且相当一部分教学科研水平提高无望，进入了生涯挫折阶段。Fessler（1985，181—193）的教师职业生涯周期理论也说明，这个年龄的教师一般处在"稳定与停滞期"或"职业消退期"，情感耗竭更严重一些。第二，不同学历对外汉语教师在对待学生态度上和在教学中体验到的成就感程度上都差不多，而且倦怠程度都不高。因为对外汉语教师的职业倦怠是从情感耗竭开始，达到一定程度的倦怠，再蔓延到去人性化和成就感低两个维度。而本研究中情感耗竭的倦怠程度也才中度，还没蔓延到另外两个维度。这个结果也可以与4.1节得出的"职业倦怠程度总体不高"结论相印证。

4.2.3 职称对对外汉语教师教学效能感和职业倦怠的影响

职称在个人教学效能感维度上有极其显著性差异（$P < 0.01$），在一般教育效能感维度上没有显著性差异（$P > 0.05$），具体表现为副教授职称对外汉语教师的个人教学效能感程度明显高于讲师和助教职称的对外汉语教师，而不同职称对外汉语教师的一般教育效能感程度差不多。这说明：第一，副教授职称对外汉语教师比讲师和助教职称的教师有更强的个人教学效能感，对自己的教学行为和效果更有信心，也更愿意挑战较难的教学任务。这与周丽（2009）的研究结论一致。职称是对对外汉语教师科研能力水平的认定。除了在精神上能带来满足感以外，较高的职称往往还能在科研方面给老师带来较强的效能感；在普遍认为科研比教学更难的观念下，高职称对外汉语教师在科研上的效能感比较容易延伸到教学层面；更何况，很多对外汉语教师的科研是面向汉语教学的，也能提升其对汉语教学的理解和把握，进而提高其教学效能感。这个结论可与下文中教龄部分的结论相印证。第二，不同职称对外汉语教师在对"教学在学生汉语发展过程中所起作用"的认识上相对一致，没有明显差异。这种认识跟对外汉语教师对教育的了解和认识水平有关，跟教师的职称关系不大，所以没有明显差异。

不同职称对外汉语教师在职业倦怠上没有显著性差异（$P > 0.05$），说明不同职称对外汉语教师在对工作的热情程度、对学生的冷热程度、对教学成就的体验程度等方面都差不多，没有明显差距。这个结果与唐进（2011）的研究结果相一致。一线教学单位以教学为主，不论职称如何，对外汉语教师几乎上同样数量的课，都很累，在情感上消耗都很大，甚至是透支，对待学习者的态度也基本一致，没有明显差异。另外，一线对外汉语教师的工资主要由上课多少（课时量）来决定，职称虽然也有影响，但不是决定性的，这就导致职称相对较低的对外汉语教师也没有因为工资收入的原因导致明显的职业倦怠。这跟本研究的样本结构也有关系，因为在调查对象中，副教授职称的对外汉语教师只有25人（占16.23%），其余都是中级和初级职称的教师，是大多数。这些教师大概因为自己在学院教师群体中属于大多数而都有一种职业上的安全感，当然不会产生职业倦怠。

4.2.4 教龄对对外汉语教师教学效能感和职业倦怠的影响

不同教龄的对外汉语教师在个人教学效能感上有极其显著性差异（$P < 0.01$），在一般教育效能感上没有显著性差异（$P > 0.05$）。具体表现为，16年及以上教龄组对外汉语教师的个人教学效能感极其显著地高于5年及以下教龄组和6—15年教龄组的对外汉语教师，而不同教龄对外汉语教师的一般教育效能感没有明显差别。这说明：第一，16年及以上教龄组对外汉语教师对自己的汉语教学更有信心，也更愿意挑战更难的教学任务，更相信自己能教好学生。这与周丽（2009）的研究结论基本一致，即教龄越长，个人教学效能感越强。按照教师职业发展理论（Unruh & Turner，1970：97—101），16年及以上教龄组对外汉语教师已经进入成熟期，不仅具有了相当的教学能力和水平，也能较好地改变自己来应对新问题，其个人教学效能感当然很强。而5年及以下教龄的对外汉语教师属于初始教学期，教学经验不足，对汉语教学的复杂性认识也不足，以至于在教学工作和学生管理等方面都存在一定的问题，造成其个人教学效能感不高。6—15年教龄组的对外汉语教师虽然在例行教学工作等方面逐渐感到安全，即进入了构建安全期，但在某些较为复杂的方面仍然会感到自己的教学能力"不够火候"，造成其个人教学效能感仍显著低于处于成熟期（即教龄达到16年）的对外汉语教师。第二，不同教龄的对外汉语教师对"教学在学生汉语发展过程中所起作用"的认识基本一致，没有明显差别，都持一种较为积极的态度，即认为教学能够有效促进学生汉语水平的提升。前面提到过，这种认识跟对外汉语教师对教育的了解和认识水平有关，跟教龄关系不大，所以差别不明显。

不同教龄对外汉语教师在情感耗竭上的倦怠程度有极其显著性差异（$P < 0.01$），而在去人性化和成就感低两个维度的倦怠程度上没有显著性差异（$P > 0.05$），具体表现为5年及以下教龄组对外汉语教师情感耗竭程度显著低于另外两个教龄组的对外汉语教师，而不同教龄对外汉语教师在对学生的消极态度上、所体验到的成就感上没有明显差异。这说明：第一，5年及以下教龄的对外汉语教师有一定程度的教学热情，不会觉得极度疲惫，能体验到职业幸福感。教龄较短的对外汉语教师在教材、学生、教学过程等方面还处在一个学习上升的阶段，其中的收获、成长和新鲜感往往能弥补其情感消耗。而教龄更长的对外汉语教师，无论是按照Unruh & Turner（1970：97—101）的教师生涯发展理论，还是按照 Fessler（1985）的教师职业生涯周期理论，往往处于"构建安全期""成熟期""挫折期""稳定与停滞期"，缺乏有效的收获和成长，上课又多，有关学生的事情又杂，情感耗竭的程度当然会很高。赵玉芳、毕重增（2003）的研究也证明了这一点。第二，不同教龄对外汉语教师在对学生所表现出的消极性态度和行为上、在体验到的教学成就感和对自己工作的评价上，都处在相近水平，即都没有表现出明显的消极性态度和行为，都能体验到一定的教学成就感，也都没有一味地消极评价自己的工作。前面提到，5年及以下教龄的对外汉语教师刚工作不久，一切都很新鲜，当然不会表现出消极性的态度和行为，而且其正处在学习上升的阶段，也能体会到教学成就感。而对教龄较长的对外汉语教师来说，虽然缺乏刚进入这个领域的新鲜感和上升阶段的收获感，但因为有职业道德的约束，也没有对学生表现出明显的消极性态度和行为，而且看到学生汉语水平提高，也能产生一定程度的教学成就感。

4.3 对外汉语教师教学效能感与职业倦怠的关系

对外汉语教师教学效能感两个维度与职业倦怠三个维度呈显著的负相关。这说明，对外汉语教师个人教学效能感和一般教育效能感越强，其职业倦怠程度就越低。个人教学效能感是教师对自己教学能力的一种认识和评价，是一种教学自信心，很具体地渗透在日常教学活动中。个人教学效能感越强，对外汉语教师越能感觉到自己有能力完成任务和教会学生，自然不会再有成就感低的情况；在教学过程中有成就感，就会对学生持积极和热情的态度，学生反过来也会喜欢教师，形成良性互动，去人性化维度的倦怠程度就很低；有了成就感和学生喜欢等积极性的情绪补偿，汉语教师的情感会得到及时有效的补充，也就不会有情感耗竭了。

一般教育效能感是教师对教育和教学一般性的看法。对外汉语教师的这种看法越积极，越容易体验到更多的积极情绪和更少的消极情绪，呈现情感耗竭的可能性就越小（李永鑫等，2007）。对教育作用的看法越积极，越愿意接触和帮助学生，而不会发生疏离学生、对学生冷漠的情况。在此过程中，对外汉语教师也能获得成就感。

进一步的回归分析表明，情感耗竭依次受到教龄和个人教学效能感两个变量的影响，总体上可有效解释"情感耗竭"12.7%的变异量，两个变量的解释率依次为5.5%和7.2%，都是有效预测变量。这与李永鑫等（2007）对中小学教师的研究结果（认为个人教学效能感不能有效预测情感耗竭）不符。主要原因是，中小学教师所教的内容都相对简单，个人教学效能感普遍较高，但其面对的都是未成年的青少年学生，他们在学习上自觉性和主动性较差，上课时具有注意力不稳定、不持久等问题。在管理上教师就需要十足的耐心、细心，也需要耗费大量的情感资源去操心，这造成相当一部分中小学教师的情感耗竭程度较高。自然，中小学教师的个人教学效能感就不能有效预测情感耗竭。对外汉语教师也普遍有较高的教学效能感，但工作中面对的都是成年人，在管理上耗费的情感资源较少，而且很大部分学生都是自费来学习汉语，学习上认真努力，教师在工作上的努力能换来学生较高的学业成绩。另外，工作本身还有跨文化性，有一些有意思的文化对比的内容。综合这些情况，个人教学效能感能够有效预测情感耗竭，是合理的。去人性化依次受到个人教学效能感和教龄两个变量的影响，总体上可有效解释"去人性化"35.8%的变异量，两个变量的解释率依次为30.5%和5.3%,都是有效预测变量。成就感低同样依次受到个人教学效能感和教龄两个变量的影响,总体上可有效解释"成就感低"37.7%的变异量,两个变量的解释率依次为31.9%和5.8%,都是有效预测变量。

可见,个人教学效能感和教龄是对外汉语教师职业倦怠的有效预测变量。其中,个人教学效能感是负向预测,Beta值为负,个人教学效能感程度越高,其教学自信心就越强,越有成就感,当然职业倦怠程度越低。这个结论可与本部分前面"相关分析"的结论相印证。教龄是正向预测,Beta值为正,即教龄越长,对外汉语教师职业倦怠的程度越高。这个结论可以与本文3.2部分的结论相印证。同时,这也与本研究的样本结构有关系。被试中6到15年教龄的有73人(47.40%),16年及以上教龄的有35人(22.73%),这108名教师中副教授只有25人,讲师则有73名,甚至有11名都是16年教龄以上的老讲师。这部分对外汉语教师或多或少地遇到了职业发展的瓶颈,相对更容易产生职业倦怠。

五、结论和启示

5.1 结论

5.1.1 总体情况

从总体上说,对外汉语教师教学效能感较强,尤其是个人教学效能感;对外汉语教师职业倦怠处于轻度与中度之间,其中情感耗竭接近于中度倦怠,另外两个维度属于轻度倦怠。

5.1.2 在性别、学历、职称、教龄等人口统计学变量上的情况

不同性别对外汉语教师的教学效能感和职业倦怠差异不显

著；不同学历对外汉语教师在教学效能感，以及职业倦怠中的去人性化和成就感低等维度上的差异不显著，在情感耗竭维度上的差异显著；不同职称对外汉语教师在个人教学效能感上有极其显著性差异，在一般教育效能感和职业倦怠等方面差异不显著；不同教龄组对外汉语教师在个人教学效能感和情感耗竭等维度上有显著性差异，在一般教育效能感、去人性化和成就感低等维度上差异不显著。

5.1.3 教学效能感和职业倦怠的相关情况

对外汉语教师教学效能感两个维度与职业倦怠三个维度呈显著的负相关。个人教学效能感和教龄是对外汉语教师职业倦怠三个维度的有效预测变量。具体表现为对外汉语教师的个人教学效能感越强，其职业倦怠程度越低；对外汉语教师的教龄越长，其职业倦怠程度越高。

5.2 启示

5.2.1 增强新入职教师和职称较低教师的个人教学效能感

5 年及以下教龄的对外汉语教师属于新入职教师，经验少，教学内容把握和方法选择都还欠"火候"；职称较低的对外汉语教师往往因为职称上的压力，导致花在教学上的精力和时间不多，水平也难提高。这两类教师个人教学效能感不高。如不干预，会引发一定程度的职业倦怠。因此，应积极关注并培训这两类对外汉语教师，提高其教学技能和水平，带领其做一定的科研，进而增强其个人教学效能感。

5.2.2 预防或减轻较长教龄教师的职业倦怠

16 年及以上教龄的对外汉语教师个人教学效能感很强，但情感耗竭也很严重。这说明，对外汉语教师感到情感耗竭的主要原因不是工作太难,而是量太多和低层次重复性强等。因此,应适当减少对外汉语教师的工作量,并引导其做一些研究,增强工作的创造性,以此来应对较长教龄教师由于缺乏新鲜感等积极情绪所造成的情感耗竭,以及由此引发的职业倦怠现象。

5.2.3 通过增强对外汉语教师个人教学效能感预防或减轻其职业倦怠

个人教学效能感是对外汉语教师职业倦怠的有效预测变量。要预防或减轻对外汉语教师的职业倦怠,在关注其他导致职业倦怠因素的同时,应采取切实措施积极提高对外汉语教师的教学能力和水平,增强其个人教学效能感。第一,引导对外汉语教师加强课堂教学基本能力(比如导入、讲解、提问、反馈)的训练和提高。建议汉语教师从对自己课堂教学技能的反思入手,结合优秀教师的录像或案例,扎实提高。第二,创造条件让对外汉语教师提高自己。比如与同一课型的优秀汉语教师(或者叫专家教师)合作,进行有针对性的学习提高。再如与优秀汉语教师上同一节课,细细对比分析优秀汉语教师和自己上课的录像,明确差距在哪个环节,再进行学习提高。第三,改革对外汉语教师的评价制度,建议采取发展性、全面性评价,增强其职业发展的动力。对外汉语教师的评价应以教学为主(而不是以科研为主),有详细明确的细则,让教师觉得公平公正,有职业发展的动力;评价主体应包括专家、学生、同事、教师本人等多个;同时,针对汉语教师在评价中显现出来的不足,学校或学院应给予支持和帮助,以促进对外汉语教师教学水平的提高。第四,形成良好的个人认识(比如教育观、教师角色观等)。对外汉语教师要对自己的汉语教学工作有一个正确的认识和评价,同时也要认识到语言教学的复杂性，并在此基础上形成对自己教好学生的正确认识和评价，能够进行积极、正确的归因。当然，对外汉语教师要有终身学习的意识，不断学习汉语本体知识和教育学等工具性知识；有科研意识，坚持针对课堂教学问题进行行动研究，积累汉语教学的方法和技巧，也有利于提高个人教学效能感，减轻职业倦怠。

参考文献

[1] 郭睿（2014）对外汉语教师职业倦怠：现状与对策，《语言教学与研究》第6期。
[2] 李永鑫、杨瑄、申继亮（2007）教师教学效能感和工作倦怠的关系，《心理科学》第4期。
[3] 刘晓明（2004）职业压力、教学效能感与中小学教师职业倦怠的关系，《心理发展与教育》第2期。
[4] 邵思源（2012）一项对中学英语教师自我效能感的研究——以部分中学英语教师教学行为和教学效果为例，上海外国语大学博士学位论文。
[5] 唐进（2011）大学英语教师的工作倦怠研究，《山东外语教学》第5期。
[6] 徐彩华（2009）对外汉语教师教学效能感的特点，《语言教学与研究》第3期。
[7] 徐彩华、程伟民（2007）对外汉语教师自我教学效能感研究初探，《汉语学习》第2期。
[8] 俞国良、辛涛、申继亮（1995）教师教学效能感：结构与影响因素的研究，《心理学报》第2期。
[9] 赵玉芳、毕重增（2003）中学教师职业倦怠状况及影响因素的研究，《心理发展与教育》第1期。
[10] 周丽（2009）对外汉语教师职业压力与教学效能感的研究，华东师范大学硕士学位论文。
[11] Enzmann, Dirk, Wilmar B. Schaufeli, Peter Janssen & Alfred Rozeman (1998) Dimensionality and validity of the Burnout Measure. *Journal of Occupational and Organizational Psychology* 71(4).
[12] Fessler, Ralph (1985) A model for teacher professional growth and

development. In Peter J. Burke & Robert G. Heideman(eds.)*Career-long Teacher Education*. Springfield: Charles C. Thomas Publisher.
[13] Freudenberger, Herbert J. (1974) Staff burn-out. *Journal of Social Issues* 30(1).
[14] Klassen, Robert M., Virginia M. C. Tze, Shea M. Betts & Kelly A. Gordon (2011) Teacher efficacy research 1998-2009: Signs of progress or unfulfilled promise? *Educational Psychology Review* 23(1).
[15] Maslach, Christina & Susan E. Jackson (1981) The measurement of experienced burnout. *Journal of Occupational Behavior* 2(2).
[16] Maslach, Christina, Wilmar B. Schaufeli & Michael P. Leiter (2001) Job Burnout. *Annual Review of Psychology* 52(1).
[17] Schaufeli, Wilmar B. & Dirk van Dierendonck (1993) The construct validity of two burnout measures. *Journal of Organizational Behavior* 14(7).
[18] Unruh, Adolph & Turner Harold E.(1970) *Supervision for Change and Innovation*. Boston: Houghton Mifflin Company.